요즘 것들의 사생활

결혼생활탐구

900KM

"꼭 맞는 옷과 진한 화장, 고정된 자세로 앉아 있어야 하는 게
저와는 안 어울리는 것 같았어요."

"왜 양가 부모님이 '혼주'라는 거죠? 성인 둘이 만나 결혼하는데,
그 결혼의 주인이 따로 있을 리 없잖아요."

"결혼도 일상처럼 가볍고 즐겁게 해도 되잖아요.
다 같이 모여 게임 한판 즐기면서요."

"아무리 전통이라도 누군가 불편하다면 바뀌어야죠.
그래서 저희는 제사는 안 가기로 했어요."

"우리라도 그런 인식에 사로잡히지 않고,
우리라도 그렇게 안 살기 위해서 노력해야죠."

"5:5의 원칙, 저희 집 가훈이에요.
육아든 살림이든 뭐든 반반씩 해야 직성이 풀려요."

"결혼했다고 해서 모든 걸 희생하는 관계 말고,
하우스메이트 같은 사이가 좋아요."

"'결혼했으니 이 정도 집은 있어야지'라고 한다면
집을 사 주실 거냐고 묻고 싶어요."

"하고 싶은 대로 안 살아도 불안하다면,
하고 싶은 대로 하면서 불안한 게 낫지 않나요?"

"해야 한다는 거 다 한다고 해서
누가 우리 인생 대신 살아주나요?"

목차

일러두기

- 이 책에 실린 인터뷰는 2017년 9월부터 2018년 2월 사이에 이루어졌으며, 인터뷰이의 나이, 결혼 연차 등은 인터뷰한 당시를 기준으로 했습니다.
- 각 인터뷰이 부부의 이름은 가나다 순으로 표기했으며, 본문에는 부부가 사용하는 애칭이나 각자의 닉네임, 성을 뺀 이름을 사용했습니다.
- 인터뷰 본문은 실제 녹취한 내용을 그대로 사용하지 않았습니다. 인터뷰에서 전달하고자 했던 메시지를 보다 뚜렷이 하고 대화가 글로 표현될 때 오해가 없도록 하기 위해 말의 순서나 일부 표현 등을 편집·윤색했으며, 인터뷰이의 최종 확인을 받았습니다.

Prologue

"결혼도 했는데 너희도 이제 돈 좀 모아야지."

"신혼집인데, 대출 좀 끼더라도 번듯한 곳으로 장만해."

"결혼한 지 1년이 넘었는데 애는 언제 낳으려고?"

"유부녀가 이 시간까지 밖에 있고, 남편 밥은 안 차려줘?"

"결혼했으면 어른들한테 안부 전화도 좀 드리고 해야지."

"남자가 무슨 애를 본다고. 그래도 애는 엄마가 키워야지."

부부가 된 지 3년째. '남들 다 하는 목록'이 수두룩한 결혼식이라는 관문을 어찌어찌 패스한 지도 얼마 지나지 않았는데, 결혼이라는 상자를 열어보자마자 어서 빨리 클리어하라고 깜빡이는 '미션'들이 쏟아져 나온다. 안정적인 벌이, 번듯한 집, 2세 계획 등등. 거기다 '옛날 얘기'인 줄로만 알았던 고리타분한 관례들과 조선 시대에서 날아온 듯한 호칭들까지. 결혼의 세계에서 그 모든 건 여전히 '실화'다.

주변의 어른들로부터, 친구들로부터, 직장동료로부터 '결혼하면 원래 다 그런 거다' 같은 얘기를 수없이 들으면서, 처음에는 우리가 정말 뭔가 잘못하고 있다는 생각도 들었다. 분명 우리 둘 사이에는 아무런 문제가 없는데, 연애할 때와 다를 바 없이 서로 아끼며 잘살고 있는데 왜 '결혼하면 이제 어른'이라며 들이대는 잣대를 마주할 때마다 결혼을 괜히 했나 싶은 생각이 드는 것인지. 남들 다 하고 사는 걸 우리만 해내지 못하고 있는 건 아닌가 싶어 불안하고 답답하고. 그러다 문득 의문이 들었다. "남들 사는 대로, 그게 정말 정답이라고?"

왜 결혼과 동시에 저마다 가진 개인의 정체성은 중요한 게 아니게 되는 것인지. 왜 세상은 남들이 정해놓은 정답을 지키며 살아야만 잘 사는 것이라고 말하는 것인지. 결혼생활도 좀 '나답게' '우리답게' 할 수는 없는 것인지. 이대로 점점 각자의 본래 모습은 지워지고 어딘가로 휩쓸려가는 결혼생활은 하고 싶지 않다는 생각이 들었다. '다 그런 거'라는 답에서 벗어나 결혼생활에서도 '우리다움'을 되찾고 싶었다. 누군가는 '제멋대로' 산다고 할지도 모르고, 주변의 질타와 우려가 더 심해질지도 모를 일이지만 그럼에도 불구하고, 세상이 정해놓은 정답으로부터 벗어나 보고 싶었다. 조금 다른 시선을 장착하고 녹슬어가던 상상력을 발휘해보자. 절대 바뀌지 않을 것 같은 이 판을 뒤집을 만한 실마리를 찾아보자. 우리의 결혼식이 그랬던 것처럼.

결혼식 대신 산티아고 결혼행진, 그 후

2016년 봄, 우리 부부는 산티아고 순례길 900km를 함께 걷는 것으로 결혼식을 대신했었다. 그 무모한 도전을 했던 이유는 의외로 명확했다. 전셋집 하나 구하기 힘든 형편인 건 둘째 치더라도, 그 와중에 턱 하니 주어진 정체 모를 '스드메'부터 예단, 예물, 폐백, 이바지까지 그 출처가 의심되는 수많은 리스트들은 사랑의 힘도 뭣도 무기력하게 만들었던 것이다. 남들이 세워놓은 기준에 맞춰, 이미 정해진 것들 중에 선택만 하는 게 정말 결혼일까? 그게 정말 '내 결혼' 아니 '우리의 결혼'일까? 왜 꼭 그렇게 해야 할까? 그저 둘만의 의미 있는 의식만으로도 결혼이 성사된다면 좋을 텐데. 그때 처음 생각했었다. 판을 다시 짜고 싶다고. 좀 더 주체적이며 자유로운 그런 결혼이 필요하다고. 그러다 문득 떠오른 것이 산티아고 순례길이었다. 노르스름한 석양이 비추는 드넓은 들판, 그 한가운데를 오직 두 사람의 생각과 의지로 함께 걷는 일. 그거라면 어쩌면 세상의 요구대로 살도록 짜

여진 견고한 판에 조금은 균열을 낼 수도 있을 것 같았다. 그리고 2년 뒤 모두가 '안 될 것 같다'던 일을 하고야 말았다. 눈물 나게 감격스러운 쟁취의 순간들을 경험한 후 우리는 한 가지 결심을 했다. 앞으로 세상이 우리에게 어떤 카드를 내밀든, 곧이곧대로 받아들이기보다 우리는 우리의 생각과 의지대로 그 판을 한번 뒤집어보자고.

그리고 약속이나 한듯 그렇게 결혼을 쟁취한 지 2년도 안 되어 세상은 우리에게 다시 카드를 내밀었다. 결혼과 함께 당연하게 딸려오는 그 모든 것들의 기로에서 어떻게 살 것이냐고. 그 답에 대한 실마리를 찾기 위해 우리는 두 번째 인생 프로젝트를 시작하기로 했다. 나름의 방법을 찾아가고 있는 우리 같은 '요즘 젊은 부부'들을 찾아가 보기로. 기존의 사회적 통념에 문제의식을 느끼고 자신들만의 라이프스타일을 찾아가고 있는 부부, 남다른 상상력을 발휘해 새로운 시도를 하고 있는 부부들을 수소문했고 그곳이 어디든 찾아가 이야기를 나눴다. 우리가 던진 질문들이 어쩌면 우리와 같은 많은 '요즘 것들'이 마주하고 있는 질문일지도 모른다고 생각하며 페이스북과 유튜브에 그 대화들의 일부를 영상으로 제작해 공유하기도 했다. 그렇게 <요즘 것들의 사생활 : 결혼생활탐구> 프로젝트는 시작되었다.

결혼이 필수가 아닌 시대에 결혼의 진정한 의미를 고민해보는 문제를 시작으로, 유니폼 같은 결혼식이 아닌 두 사람이 온전히 주체가 되는 결혼식은 무엇인지에 대해 이야기했다. 여러 세대에 거쳐 대물림되어온 가부장제의 문제점을 인식하고 바꿔나가기 위해서 우리는 어떤 노력을 해야 하는지, 부부가 동등한 위치에서 살림과 육아를 함께하기 위해서는 어떤 고군분투가 필요한지 등 실질적인 결혼생활에서 부딪히는 문제들에 대해서도 생각을 나눴다. 조금 더 나아가 개인이 직접적으로 해결할 수는 없지만 치솟는 집값에 좌절하기보다, 무한경쟁 시대에 순응하기보다 자신들만의 방식으로 '제멋이 있는' 삶의 형태를 만들어가고 있는 부부들을 만나며 결혼생활의 새로운 대안을 엿보기도 했다.

우리에겐 결혼에 대한 선택권이 있다

결혼이 인생의 과제처럼 여겨지던 동안, 내로라하는 철학자들은 입을 모아 '결혼은 무덤'이라고 얘기했고, 기혼자들은 '결혼은 늦게 할수록 좋다'는 얘기를 스스럼없이 해왔다. 그리고 지금은 비혼, 졸혼 같은 단어가 떠오르고 있는 시대다. 그 변화 앞에서 우리는 결코 결혼을 장려하거나 결혼은 꼭 해야 하는 것이라고 주장하려는 것이 아니다. 오히려 결혼은 필수가 아닌 선택이라는 말에 동의하며, 결혼이 비혼보다 더 좋다고 부추길 생각도 없다. 다만 우리와 같은 이 시대를 살아가는 청춘들에게 결혼이 '선택'이 아닌 '포기'하는 항목이 되지 않길 바랄 뿐이다. 결혼은 마땅히 우리 인생의 선택지 중 하나여야 한다. 두 사람이 만나 함께 살고 싶다면, 누구든 그럴 수 있어야 한다. 앞으로의 결혼은 더 이상 불합리한 의무와 고정관념으로 점철된 '무덤'이 되어서는 안 된다. 무덤 밖으로 나와 두 사람의 의지대로 주체적이고 능동적인 결혼의 형태를 만들 수 있어야 한다.

그 출발점에 <요즘 것들의 사생활 : 결혼생활탐구> 프로젝트가 아주 조금이나마 힘을 보탤 수 있길 바라며 이 책을 엮는다. 열 쌍의 부부와 함께한 대화 속에서 떠오르는 다양한 삶의 모습과 생각들이 결혼이라는 선택지 앞에 놓여있던 까마득한 장벽에 조그만 균열이라도 낼 수 있길 바란다. 또 다른 정답으로서가 아니라, 저마다의 가슴속에서 자신들만의 대안과 가능성으로 밝혀지길 바란다.

Interview 요즘 젊은 부부들을 만나다

Interviewee

안종훈&장진희 부부

33세, 31세 / 결혼 2주 차

#리얼_셀프웨딩
#우리다운_방식으로
#부모님_설득법
#자존감_높여준_결혼

Episode 01

남이 차려준 결혼식은 싫어서

당신이 만약 결혼을 앞두고 있다고 가정해보자. 당연히 좀 더 특별한 결혼식을 올리고 싶을 것이다. 하지만 아무리 둘러봐도 모두가 비슷한 차림새로 공장에서 찍어내듯 하는 결혼식뿐이다. 그런 것을 위해 돈을 쓰는 것도, 시간을 들이는 것도 어쩐지 내키지 않는다. 분명 더 가치 있는 데다 그 에너지를 쓸 수 있을 것 같다. 둘의 이야기가 더 소중히 담길 만한 장소에서 의미 있는 시간을 보낼 수 있으면 좋을 텐데. 피크닉 같은 결혼식, 전시회 같은 결혼식도 떠올려 본다. 하지만 웨딩홀이 아닌 곳을 제법 멋진 식장으로 꾸밀 생각을 하니 머릿속이 까마득하다. 결국은 남의 손을 빌릴 방법을 찾는다. 아니나 다를까, 그런 틈새를 노리고 '스몰웨딩업체'라는 곳에서 '세상에 하나뿐인 특별한' 결혼식을 당신 대신 꾸며주겠다고 한다. 이거다 싶어 찾아가 봤더니 일반 결혼식과 비슷하거나 오히려 더 비싼 비용을 요구한다. 비용도 비용이지만 이건 뭔가 그냥 스타일만 다르게 입은, 결국 남이 차려준 밥상이라는 사실을 알아차린다. '우리가 원한 건 이런 게 아닌데.' 허울뿐인 '스몰웨딩'을 할 바에는 아예 식이라는 걸 하지 말까? 아니면 서툴러도 직접 만들어볼까? 그런데 부모님은 허락하실까? 하객들이 욕하진 않을까?

그러다 결국 가장 일반적인 결혼식을 선택하게 될 가능성이 높다. 그러나 만약 거기서 조금만 더 용기를 낸다면 어떻게 될까? 그렇게 두 번째 방법을 택한 이들도 있다. 안종훈**후니** • 장진희**지니** 부부는 결혼식의 너무 빠른 속도가 불편했다. 말끔한 '새것'들로만 가득한 소비 지향적인 결혼 문화도 자신들과 어울리지 않는다고 생각했다. 그래서 A부터 Z까지 모든 걸 직접 만들어 채우는 방식을 택했다. 웨딩 아치와 장식용 액자를 만들기 위해 집에서 한 시간가량 떨어진 공방을 다니고, 과장된 드레스 대신 나에게 어울리는 드레스를 위해 직접 바느질을 했다. 그렇게 이들의 결혼식은 말 그대로 한 땀 한 땀 만들어졌다.

물론 모두가 이렇게 손수 결혼식의 모든 것을 만드는 것은 불가능하다. 그리고 그것이 다른 결혼식보다 훌륭하다고 단언할 수도 없다. 그러나 객관식 문제에 답을 하듯 정해진 것 중 하나를 선택하는 것보다야, 스스로 몸을 쓰고 마음을 쓰며 만든 답이 조금은 더 창의적이고 멋진 답이 될 수 있지 않을까?

#리얼_셀프웨딩

"낭만적인 해변 결혼식, 저희는 한 땀 한 땀 직접 만들었어요."

얼마 전에 결혼식을 바닷가에서 정말 멋지게 하셨더라고요. 결혼식 당일 어떤 장면들이 기억나는지 얘기해줄 수 있어요?

지니 9월 말이었으니까 완연한 가을이어서, 하늘도 되게 높고, 날도 따뜻하고 좋았어요. 배경으로 바다가 푸르게 있었고요. 그 앞에 흰색 천과 꽃으로 장식한 웨딩 아치가 세워져 있었고, 나무 소품들로 장식을 한 그런…. 이를테면 되게 드넓은 식장이었죠. 하객 분들은 스무 명 정도 계셨고요.

굉장히 소수정예 하객이었네요. 어떤 분들을 초대한 거예요?

후니 원래는 거리가 너무 멀기도 해서 직계가족끼리 10명 내외로만 하려고 했었어요. 그래서 친구들도 안 부르려고 했는데, 얘기하다 보니까 꼭 참석하고 싶다는 친구들, 결혼식 준비하는 데 도움을 준 친구들이 하나둘 늘어나면서 정말 가까운 사람들로만 스무 명이 된 거죠.

결혼식 진행은 어떤 식으로 했나요? 주례도 있었나요?

지니 주례는 없었고, 대신 서로 혼인서약 같은 걸 써와서 읽었어요. 제가 글을 하나 썼고, 후니는 시를 가져와서 읽었고요. 또 저희 어머니가 축사를 해주셨고, 후니 어머니께서는 인터뷰로 인사 말씀을 해주시는 정도로 대신했어요.

혹시 바닷가에서 하게 된 특별한 이유가 있었나요?

후니 실은 처음부터 바닷가에서 하려고 한 건 아니었고요. 작은 결혼식을 염두에 두면서 하객이 한 서른 명 정도 올 수 있는 공간을 알아봤어요. 카페나 대여공간도 알아봤지만 저희가 생각하기에 마땅치 않았어요. 그러다가 탁 트인 자연에서 해도 좋겠다는 생각을 하게 됐고 지니가 그럼 바다에서 하면 어떨까 하는 제안을 했는데 너무 좋을 것 같은 거죠. 저희가 날짜를 9월 말로 잡았으니까 가을 날씨에도 참 어울리겠다는 생각이 들어서 바닷가로 정하게 된 거예요.

굉장히 한적한 바닷가였잖아요. 동해에서 그런 곳을 어떻게 찾았나요?

지니 강릉과 동해 중간 지점이었는데요. 그냥 무작정 내비게이션을 켜고 양양에서부터 강릉까지 크고 작은 해변을 전부 다 들어가 봤어요.

후니 하나씩 들어가 보면서 사람이 적고 피해 덜 주는 곳을 찾은 거죠.

지니 마음에 드는 바닷가는 해변관리사무소 쪽에 직접 전화도 해 보고, 그런 식으로 발품 팔아서 찾게 된 곳이에요.

그럼 아무것도 없는 바닷가에 식장을 차린 셈인데, 준비하는 데 품이 정말 많이 들었겠어요.

지니 저희는 처음부터 전부 셀프로 준비하기로 마음먹고 시작했거든요. 웨딩 아치부터 꽃장식, 포토존, 의상, 청첩장… 심지어 장식용이었던 나무 액자까지 기성품을 사지 않고 직접 다 만든 거예요. 사실 처음에는 저희 둘이서 다 만들어보자는 생각이었는데, 친구들이 '재미있겠다, 참여하고 싶다.' 그러는 거죠. 자연스럽게 '그럼 나는 이걸 해줄게, 저걸 해줄게.' 이렇게 됐어요. '너네 결혼하면 사회 봐 줄게, 축가 해줄게.' 장난 삼아 얘기했던 친구가 있었는데 진짜 그 친구가 사회와 축가를 해줬고. 그러면서 식이 풍부해졌어요. 우리끼리 이 결혼식 이름도 D.I.O 웨딩이라고 붙였어요. D.I.Y에서 Y(yourself)를 O(ourselves)로 바꾼 거죠. 그리고 부제를 '함께 만드는 결혼식'이라고 지었죠. 그러니까 처음에는 둘이 준비하는 셀프웨딩이었는데, 그게 가족, 친구까지 넓어지게 된 경우죠. 우리가 함께 만들었다는 걸 뜻하기도 하고, 사람들과 함께 만들어가는 삶이라는 의미도 담았어요.

요즘 셀프웨딩, 스몰웨딩 많이 하지만 그렇게 모든 걸 직접 만드는 경우는 정말 드물어요. 어떻게 준비했는지 좀 더 구체적으로 소개해주세요.

지니 일단 저희가 운이 좀 좋았던 게, 셀프웨딩을 기획하고 있을 즈음에 마침 '마을공방 사이'라는 곳에서 '청년 제작자 찾기'라는 지원사업이 뜬 거예요. 밑져야 본전이니까 재미 삼아 기획안을 내봤는데, 덜컥 된 거죠. 그쪽에서도 굉장히 재미있게 봐주시고. 그래서 소품을 만들 수 있는 약간의 재료비와 기술 지원을 받게 됐어요. 그러면서 만들려고 했던 것들의 퀄리티가 조금 더 높아진 거죠. 그 외에도 친구들이 정말 많이 도와줬어요. 웨딩 아치의 경우는 공방에서 일하는 제 친구가 뼈대 만드는 걸 도와줬고, 꽃장식이랑 부케, 웨딩 원피스는 손재주 좋으신 이모랑 함께 만들었고요. 베일과 귀걸이 이런 것들은 친하게 지내는 뜨개 작가 언니가 만들어 줬고, 또 뜨개 기술들을 좀 알려줘서 제가 직접 소품들을 만들 수 있게 해줬죠. 아, 청첩장도 신경을 많이 썼어요. 저는 정말 하객들이 귀한 초대를 받은 느낌이 들었으면 좋겠고, 바닷가 결혼식의 느낌을 청첩장에서부터 느꼈으면 좋겠다 싶었거든요. 그래서 황마 천을 이용해서 카드를 포장하고, 강릉에 답사 갔을 때 주워온 조개껍데기를 붙이고,

말린 유칼립투스 잎도 꽂고. 하나하나 정성 들인 만큼 받는 분들도 좋아해주셨어요.

이렇게 열심히 준비를 했는데 결혼식 당일에 '멘붕'에 빠진 사건이 있었다면서요?

후니 결혼식 전날 친구 두 명이랑 저희 집에서 자고 아침에 장인어른의 트럭도 빌려서 잘 출발을 했거든요. 다 챙겼다 생각했는데 가다 보니까 글쎄, 제 옷이 없는 거예요, 예복이.(웃음) 아 이걸 어떻게 하지? 사실 결혼식 준비하면서도, 만약에 우리 결혼식 하는데 바람 불어서 아치 쓰러지고 해도 그거대로 재미있을 거 같다, 웃어넘길 수 있을 거 같다 그런 얘기 했었거든요? 근데 예복이 없으니까 이건 뭐랄까, 정말 웃어넘길 상황이 아닌 거예요. 되게 당황했고, 다시 돌아갈 수도 없는 상황이었거든요.

지니 맞아, 되게 멀리 와있었어요.

후니 설상가상으로 길도 막히기 시작하고, 도착 예정 시간은 점점 늦어지고 있고. '멘붕'이 왔죠. 근데 일단은 가야 되니까, 그럼 일단 가서, 거기서 새로 사자. 그렇게 마음을 추스르고 다시 가는데, 이번에는 트럭 천막이 문제인 거예요. 천막이 고무 끈이랑 노끈으로 묶여 있었는데, 이게 시속 80km로만 달려도 맞바람이 쳐서 줄이 막 끊어지는 거죠. 그러면서 백미러도 안 보이는 상황이고. 제가 트럭 운전을 그때 처음 하는 거였는데, 좀 무서운 거죠. 그래서 갓길에 세우고 끈 묶고 다시 출발하고. 그거를 한 여섯 번 정도 반복한 거 같아요. 그렇게 해서 겨우 도착했는데, 이번엔 웨딩 아치 세울 봉이 없는 거예요. 봉을 집에 또 두고 온 거죠.(웃음)

지니 기둥만 있었어요.(웃음)

후니 진짜로 주저앉아서 울 뻔했어요.

지니 그리고 그거 만들어준 친구한테 되게 미안한 거예요. 근데 마침 포토프레임 세우려고 갖고 왔던 각목 두 개가 있었거든요. 그걸로 그 자리에서 대충 뼈대로 활용해서 겨우 세우고. 옷은 다행히 식사 자리에서 더럽혀질까 봐 하나 더 챙겨간 빨간색 바지가 있었는데, 그냥 그걸 입자. 윗옷은 앞서가던 이모한테 부탁해서 근처에서 아무거나 흰색으로 사다 달라고 하고. 이렇게 임시방편으로 해결했는데, 결과적으로 오히려 준비했던 거보다 나은 거예요.(웃음) 원래 준비한 건 베이지색 바지였는데, 여분으로 챙겨간 붉은색 바지가 색깔이 쨍하니 사진도 훨씬 더 화사하게 나오고. 셔츠도 더 예쁜 걸 사오셨더라고요. 저희는 사실 있는 옷을 가져간 거였는데, 덕분에 선물 받았죠.

후니 하지만 그때 제가 기분이 정말 안 좋아져서… 원래 그게 제가 못 챙긴 거잖아요. 근데 짝꿍 탓을 하게 되더라고요. 미안했죠.

지니 제가 총괄을 했잖아요. 내 옷은 있는데 후니 옷만 없으니까 저도 약간 뻘쭘하고. 근데 사실 속으로는 '내 옷은 있어서 다행이다' 생각했어요, 내 것은 직접 만든 건데 갑자기 살 수도 없잖아요.(웃음)

우여곡절이 많았네요. 그래도 결혼식 당일에 하객들이 다 같이 십시일반으로 도와줬다고요.

후니 사실 저희가 기획한 행사라서 결혼 당사자인 신랑 신부가 정신이 없으니까, 하객 분들이 알아서 설치부터 정리까지 많이 도와주셨었죠. 정말 따로 뭘 해달라는 말도 안 했는데 많은 분들이 어떻게 알았는지 도움이 필요한 부분들을 척척 하나씩 맡아서 해주던 모습이 아직도 기억에 남아요. 감사하고, 뭉클하고 그랬었죠.

#우리다운_방식으로

"전 재산 쏟아붓고 끝낼 게 아니라 새로운 시작이 돼야 하잖아요."

이렇게 하나하나 직접 만든 결혼식을 준비하기까지 얼마나 걸렸나요?

후니 결혼 얘기가 나왔던 게 올해(2017년) 5월 마지막 주였고요, 상견례를 6월 중순에 했고, 그 뒤부터 기획을 시작해서 총 3개월 정도 걸렸죠. 뭔가 제대로 만들기 시작한 건 2개월 정도고요.

고생은 했지만 둘의 새로운 시작을 직접 함께하는 노동을 통해 만들어 냈다는 것에서 오는 성취감은 꽤 컸을 것 같아요. 어땠어요?

후니 사실 이게 지니의 계획으로 시작된 일이라, 솔직히 말하면 저는 한창 만들 당시에는 좀 힘들었어요. 목공에서 제일 힘든 게 사포질이거든요. 사포질을 계속 하다 보면 손이 아프고 팔이 아프고 다음날 알 배기고, 아 내가 이걸 왜 하고 있나 하는 생각을 하게 되더라고요.(웃음) 근데, 어느 순간 하나하나 만들어지는 과정 속에서 즐거움이 있고, 또 결혼식 당일에 저희가 고생해서 만든 것들이 설치된 것을 볼 때 그 뿌듯함은 이루 말할 수가 없었어요. 어쩌면 2~3천 원 주고 쉽게 살 수 있었을지 모르지만 그런 것들과는 비교도 할 수 없을 만큼 예뻐 보이더라고요.

지니 전 솔직히 말하면 만들어가는 내내 너무 좋았어요. 제 꿈 중에 하나가 후니와 같이 뭔가 제작을 하는 거였거든요. 근데 후니는 절대 나서서는 안 해요, 게으름뱅이라. 그런 점에서 저는 나름의 목적을 이룬 거죠.(웃음) 물론 인상 쓰고 사포질했지만, 만들다가 후니가 어느 날 저한테 그러는 거예요. 왜 수작업으로 만든 제품 가격이 높게 책정되는지 이제야 알겠다고. 제가 원래 하는 일이 그런 거였잖아요. 문화예술단체에서 핸드메이드 쪽 MD 일을 하면서 워크숍을 자주 열었었는데, 그 이유가 손님들이 만드는 사람의 마음을 알아줬으면 좋겠다고 생각했기 때문이었거든요. 수작업으로 만든 게 이런 과정을 거친다는 걸 알면 그 상품도 달라보이니까요. 근데 그걸 제 짝꿍이 몸소 느낀 거잖아요. 그래서 더 뿌듯했던 거 같아요.

말이 쉽지, 얘기만 들어도 정말 까마득하네요. 어떻게 결혼식의 하나부터 열까지 모든 걸 직접 만들 결심을 했나요?

지니 우리가 결혼에 대해 몇 년간 얘기를 나누면서 늘 생각했던 게 결혼식에 '우리다움'이 표현됐으면 좋겠다는 거였어요. 우리 삶이 결혼식에 담겼으면 좋겠다, 앞으로 어떤 삶을 살고 싶은 건지, 결혼식을 보면 보였으면 좋겠다 했었거든요. 우리가 할 수 있는 범위 안에서 자급자족하며 살아보자는 게 우리 삶의 모토인데, 결혼식도 마찬가지였던 거예요. 그리고 돈이 많이 안 들었으면 좋겠다는 것도 있었어요. 요즘 청년들 돈 없잖아요. 결혼에 몇천만 원씩 쓰는 게 말이 안 되죠. 딱 저희 분수에 맞는 결혼식을 하고 싶었어요. 돈 안 들이고도 충분히 우리도 즐겁고 하객들도 즐거운 뭔가를 할 수 있지 않을까? 그냥 한 번 증명해보자. 그중에 하나가 뭐든 직접 만드는 거였죠.

후니 저는 사실 지니를 만나기 전에는 제가 어떤 결혼식을 하게 될 거라고 상상한 적은 없었는데, 오히려 그랬기 때문에 지니의 의견을 따를 수 있는 상황이 됐던 거 같아요. 사실 지니가 결혼을 하자고 했을 때 둘 다 회사를 그만둔 지 4~5개월 됐을 때여서 모아둔 돈은 거의 다 썼었고, 이렇게 힘든 상황에 무슨 결혼식을 할 수 있을까 싶었던 게 사실이에요. 근데 하나하나 직접 만들어가자고 하니까 굉장히 좋은 방법이라고 생각했어요. 지니가 평소에도 뭔가 배우고 만드는 걸 좋아하니까 잘 따라가면 되겠다 싶었던 거죠.

그동안 다른 사람의 결혼식장에도 많이 가 봤을 텐데, 다니면서 어떤 생각을 했었나요?

후니 결혼식이 보통 30분 정도 걸리잖아요. 너무 빨리 지나가더라고요. 그 30분 안에 200여 명의 손님들과는 어떤 소통이 가능하며, 오신 분들의 축하는 어떻게 받나 하는 생각이 들었던 거 같아요.

지니 맞아요. 너무 빠르죠. 아직 식이 다 끝나지도 않았는데 다음 식 축의금을 받고 있고. 그런 게 제가 보기에는 좀 충격적이었다고 할까요. 어릴 때는 모르다가 성인이 돼서 바라보니까 이건 아니다 싶었던 거죠. 그리고 꽉 맞는 옷과 진한 화장이 저하고는 너무 안 어울릴 것 같았어요. 거의 고정된 자세로 계속 앉아 있어야 되는데 제 성격상 그거 안 되거든요. 돌아다녀야 직성이 풀리는 성격이라. 그래서 그런 것들 보면서 저는 좀 자유로운 결혼식이 하고 싶다는 생각을 했었던 것 같아요.

식 외에도 결혼할 때 챙겨야 할 것들이 한두 가지가 아니잖아요. 그런 것들은 어떻게 하셨어요?

후니 예단이나 혼수 외에도 여러 가지 준비해야 할 게 많죠. 근데 저희 집안도 지니 집안도 그렇고 풍요로운 편은 아니라 그런 부분은 생략하는 게 좋겠다고 생각해서 양가 부모님께 말씀드렸어요. 근데 저희 어머니가 이거는 신랑 쪽보다는 신부 쪽에서 속상해할 수 있는 일이니 여쭤보라고 하시더라고요. 그래서 장모님께 여쭤봤는데 다행히 장모님께서도 전혀 그런 건 중요하지 않다고 하셔서, 그런 절차들은 전부 다 생략할 수 있었어요.

지니 결혼한다고 하면 꼭 그때가 끝인 것 같잖아요, 모든 걸 새로 들여야 되고. 마치 내 인생에서 최고의 황금기는 결혼식이라는 것처럼요. "난 아닐 건데? 나중에 더 좋게 살 건데?" 이런 식의 생각이었던 것 같아요. 결혼하면 가장 부담되는 게 집 문제라고들 하는데 저희는 집도 따로 구하지 않고 제가 원래 혼자 자취하던 집에서 살기로 했고요. 가구 등도 새로 사기보다는 제가 원래 쓰던 것들을 그대로 쓰기로 했어요. 또 여자들은 자기 인생에 가장 예쁜 날이 결혼식이어야 한다고 헤어, 메이크업 받고 그러는데 전 그것도 좀 낯설었어요. 왜 이날만 예뻐야 하나 싶고.(웃음) 스튜디오 촬영도 저한테는 너무 어색해서 굳이 하고 싶지 않았어요. 그래서 그런 걸 대체할 수 있는 방법으로 찾았던 게, 퇴사 후에 가기로 계획했던 제주 여행 때 셀프웨딩 사진을 찍기로 한 거죠. 집에 있는 옷을 다

꺼내서 커플룩처럼 맞추고, 삼각대 들고 가서 찍었어요. 그런 식으로 결혼식에 드는 비용을 최소화할 수 있는 방법은 없을까 여러 방면에서 고민을 많이 했던 거 같아요. 저희는 끝이 아닌 시작점이 될 수 있는 결혼식을 만들고 싶었거든요.

근데 사실 이렇게 한다고 했을 때, 주변에서 응원해준 분들도 많았겠지만 우려와 걱정의 목소리도 분명 있었을 것 같거든요.

후니 사실은 저희가… 그걸 예상해서 부정적인 피드백을 하실 것 같은 분에게는 결혼 소식을 아예 알리질 않았어요.(웃음)

지니 맞아요, 진짜. 그래서 하객이 스무 명이 된 거예요.

후니 충분히 응원해줄 수 있는 사람들한테만 알린 거죠. 긴가민가 싶은 사람들한테는 좀 고민하다가 알렸고. 그렇다 보니까 정말로 그런 우려의 시선은 받지 않았고요.(웃음) 다들 저희가 어떻게 결혼식을 하게 될지는 상상하지 못했지만 저희를 믿어주고 응원해주셨어요.

#부모님_설득법

"부모님과의 협상은, 길게 보고 꾸준하게 밑밥을 깔아둬야 해요."

근데 지니 님은 원래 처음부터 결혼에 대해 긍정적이었던 건 아니라고 했잖아요. 근데 어쩌다 이렇게 적극적으로 결혼을 추진하게 된 건가요?

지니 제가 결혼하기 싫었던 이유 중 하나는, 내 삶이 변하는 거였어요. 새로운 가족과의 만남으로 인해 내 삶이 변한다면 저는 버틸 수 없을 거라 생각했던 거죠. 저희 집은 저를 좀 자유롭게 키워 주신 편이었거든요. 제가 하는 일에 간섭 같은 게 전혀 없으셨고요. 덕분에 하고 싶은 대로 선택하며 잘 살아왔어요. 어찌 보면 행운이죠. 그런데 갑자기 시댁이 생기면 대부분 그저 바라봐 주는 게 아니라, 오히려 참견을 더 많이 하시잖아요. 저는 그런 식으로 제 삶의 방식들을 바꿔야 하거나 억압받는다면 절대 못 버틸 것 같다는 생각이 강했던 것 같아요. 그래서 쉽사리 결혼에 대해 받아들이지 못했었죠. 하지만 후니를 만나면서 조금씩 마음이 열리더라고요. 언젠가부터 자연스럽게, 만약 결혼한다면 후니였으면 좋겠다 생각했고요. 그랬기 때문에 한 2~3년간 조금씩 '조율'을 해 나갔던 것 같아요. 후니를 통해서 후니네 어머님과 결혼에 대한 생각들이 정리되게끔 노력을 많이 했고, 그런 것들이 조율이 많이 됐다는 느낌을 받은 게 근래였죠. 아무리 그래도 어디서 그런 용기가 나왔는지. 어느 날 문득 '결혼을 해야겠다'는 생각이 든 거예요, 갑자기. 그래서 바로 후니에게 얘길 했죠. 그랬더니 이번에는 후니가 진짜 괜찮은 거냐고, 마음의 각오가 다 된 거 맞냐고, 그동안 많이 고민하지 않았냐고 계속 묻더라고요. 근데 이게 한번 마음을 먹으니까 희한하게 별게 아닌 게 되더라고요. 그렇게 진행을 하게 된 거죠. 즉흥적이었어요, 정말.

후니 저는 사실 지니 만나고 1년도 안 돼서, 아니 3개월 정도 됐었나? 그때 바로 이 사람이랑 결혼을 해야겠다고 생각했었거든요. 그래서 몇 번 얘기를 했었는데, 굉장히 부담스러워하더라고요. 그러면 네가 하고 싶어질 때 말만 해라, 난 언제나 마음의 준비가 되어 있다고 했었고. 그렇게 시간이 흘렀죠. 그리고 올해 결혼하게 된 건데, 사실 저희는 작년까지만 해도 결혼할 계획이 전혀 없었어요. 근데 갑자기 지니가 자기가 마음을 먹었으니 바로 진행해야겠다는 거예요.(웃음) 그래서 3개월 만에 결혼 준비를 해서 식을 올리게 된 거죠.

결정은 즉흥적이었지만, 말씀하시는 걸 들어보니 아마도 오래전부터 준비를 해왔던 것 같아요. 혹시 '조율'을 했다는 것에 대해서 구체적으로 말해줄 수 있나요?

지니 아무래도 후니네 가족과의 관계에 대한 부분이 많았어요. 저희가 만난 지 2주 만에 서로를 부모님께 소개했거든요. 그땐 결혼의 의미가 아니었고, 저희 집은 원래 좀 개방적인 편이라 그냥 좋아하는 사람이니까 후니를 소개했었죠. 후니네 집도 자연스럽게 받아들이실 거라고 하더라고요. 그래서 저도 인사를 드렸었는데, 제가 느끼기에 어머니의 태도가 약간 제가 예상한 것과는 다른 거예요. 저를 딸 같이 여기겠다고 하시고, 갑자기 뭔가 훅 들어오는 느낌인 거죠. 저로서는 지금 연애한 지 한 달도 안 됐는데 어떻게 딸이 되나 하는 생각이 들면서 부담스러웠죠. 그래서 어머님 만나고 오면 자주 싸우게 됐어요. 그렇게 계속 투닥거리다가, 후니가 어느 날 결심을 한 거예요. 어머니한테는 죄송하긴 한데, 나쁜 자식이 되기로 한 거죠.(웃음) 그때부터는 후니가 중간에서 많이 끊었어요. 어머니께 "진희한테 연락 좀 하지마!" 이런 식으로 좀 단호한 태도를 보였죠. 아마 그때 어머니께서 속상하셨을 것 같긴 해요. 근데 그렇게 좀 거리를 두고 나서 제가 마음이 편해졌고, 시간이 흐르면서 저도 후니네 가족을 자연스럽게 대하게 되더라고요. 그리고 지금은 적당한 거리감이 있는 사이가 된 것 같아요. 여전히 너무 친하게 지내는 건 힘들고요. 지금 너무 좋아요.

적당한 거리감은 필요하고, 그런 면에서 잘 맞춰 가신 거 같아요. 후니 님 역할도 중요했던 것 같고요.

후니 사실 저는 지니를 만나기 전부터 이대로 그냥 뒀다가는 내가 결혼을 못 하겠다는 생각을 했던 것 같아요. 그러니까 저희 집 환경이라든가 어머니의 생각 같은 것들이 제가 보기에 그랬어요. 그렇게 심한 편은 아니라고 해도 이대로는 결혼을 못 할 수도 있겠다, 불효를 좀 해야겠다 싶었죠. 그래서 어머니와 일부러 부딪쳤었고, 그런 과정들이 결국은 도움이 된 거 같아요. 예를 들면 TV를 같이 보다 드라마에서 굉장히 표준형 가족이 나오면 "저런 가족은 저렇게 하고 이런 가족은 이렇게 하는데 엄마 생각은 어때?" 넌지시 물어보기도 하고. "엄마는 며느리가 생기면 명절에 어떻게 할 거야?"라고 물어봤던 적이 있는데 처음에는 "당연히 며느리가 해준 밥 먹어야지."라고 얘기하셨기든요. 근데 지속적인 대화를 통해서 "명절에 뭐 하지 말자, 그냥 사서 먹자." 정도까지 바뀌게 만든 거죠. 이런 식으로 저 나름대로 제가 결혼을 해도 아내가 될 사람에게 미안하지 않을 환경을 조금씩 만들어가려고 했었어요. 그렇게 밑밥을 깔아놨었는데, 진짜 황당했던 건 그때 그렇게 맞춰놨던 게 막상 결혼할 때가 되니까 바뀌신 거예요.(웃음) 그걸 다시 설득하는 데 또 2~3년이 걸린 거죠.

지니 그런 식으로 저보다 결혼할 마음을 일찍 먹었던 후니가 제가 가진 결혼에 대한 생각을 계속 어머님께 흘려보냈어요, 3년에 걸쳐서. 제가 직접 투입된 거는 1년 정도고요.

아주 긴 시간 동안 천천히 설득을 했던 거네요. 최종적으로는 어떻게 합의에 도달하게 됐는지 궁금해요.

후니 저도 저희 어머니가 그런 생각을 가지고 계실 줄은 몰랐어요. 나름 어머니와 할 얘기, 못할 얘기 다 하면서 친구같은 관계로 지내왔다고 생각했는데 막상 결혼을 할 거라고 하니까, 또 작은 결혼식을 한다고 하니까 '아니 그럼 내가 그동안 뿌린 축의금은 어떻게 되는 거냐'라고 해서 놀랐죠. 제가 '그거 받을 생각 하지 마라, 나도 받을 생각 없다' 그러니까 거기서부터 트러블이 생긴 거죠. 마치 저희의 결혼식을 본인의 사업인 양 생각하시는 게 굉장히 불편했고 그래서 그 부분에서 많은 얘기를 오랫동안 나눴던 거 같아요.

지니 저는 웬만하면 시댁과의 직접적인 교류는 피하려고 했기 때문에, 설득도 할 수 있는 한 후니가 직접 하게끔 했었거든요. 근데 자꾸 후니를 통해서 제 생각을 전하는 꼴이 되니까 싸움이 되는 거예요. 맨날 어머님과 싸우고 '아! 어머니랑은 말을 못하겠다.' 이렇게 되니까, 내가 나서야 될 때가 왔구나 싶은 거죠. 그래서 명절 때 한 번 찾아 뵀어요. 그리고 저희가 결혼식을 작게 하고 싶은 이유에 대해서 설명을 드렸고, 이렇게 했을 때 뭐가 좋은지 말씀을 드렸어요. 저도 어머니 친구분들 만나서 다 인사드리고 싶다, 근데 그럴 거면 최소한 제가 누군지 아셔야 되지 않겠냐, 그냥 얼굴만 휙 보는 거 말고 가서 일일이 인사도 드리고 소개도 하고. 이러려면 작게 해야 된다. 이런 식으로 설득하는 과정을 오랜 시간 거쳤죠. 그러다 보니까 어머님도 마음을 여시더라고요.

후니 저희 어머니는 처음에 작은 결혼식이라는 것 자체도 전혀 상상해 보지 못하셨던 것 같았어요. 어디서 본 적이 없으니까 모르시다가, 제가 언젠가부터 그런 얘기를 꺼내니까 TV나 신문 같은 데 비슷한 얘기가 나오면 찾아보시더라고요. 언젠가 한 번은 당시에 TV에서 어떤 사람들이 등산복을 입고 산에서 스몰웨딩을 하는 걸 봤다고. 근데 그렇게 나빠 보이지 않더라고 얘기를 하시는 거예요. 그래서 아, 점점 열리고 있구나, 시간이 약이다 싶었죠. 그렇게 점점 열리기 시작해서 나중에는 더 간단하게 하는 것도 좋다고 하셨어요. 둘이 반지만 교환하는 걸로 끝내는 식도 오케이래요. 대신에 피로연을 하자고. 그거 하나만 들어달라고.(웃음)

지니 사실 피로연에 대해서도 처음엔 제가 좀 완강했거든요. 그게 꼭 필요한 건가 싶고, 우리가 추구했던 방향과도 맞지 않았기 때문에. 근데 시간이 지나면서 부모님도 욕심을 버리셔서 나중에는 작은 식당 하나 빌려서 친한 사람들만이라도 부르게 해달라는 정도까지 규모가 작아지더라고요. 그래도 처음보다는 부모님과의 의견 차이가 많이 좁혀진 거니까, 이 정도는 들어드리는 걸로 합의를 본 거죠. 대신 정말 친한 열 분 정도씩만 모시기로 마지막 합의를 했어요. 근데 여기서 또 문제가 되는 게 저희 친가거든요. 제가 저희 집안 첫째이고, 아버지도 첫째, 할아버지도 첫째. 게다가 개혼이에요. 난리가 나셨쇼. 그래서 저희 쪽 친척들께는 안 알렸어요.(웃음) 결혼식을 아예 안 한다 그랬어요. 한다고 하면 엄청 많은 분들이 오실 거거든요. 아무리 오시지 말라고 해도 분명히 오실 거예요. 그래서 그냥 알리지 않기로 했어요. 그래서 친가 쪽은 제가 결혼했는지도 아직 모르고 계세요.(웃음) 나중에 뭐라고 하셔도 어쩔 수 없죠, 그거에 대해서는 제가 감수하기로 한 거죠.

#자존감_높여준_결혼식

"이 정도로 좋을 줄 몰랐는데, 결혼식으로 힐링한 느낌이에요."

이렇게 설득하는 과정도 힘들고, 이미 갖춰진 것을 선택하는 결혼보다 훨씬 불편한 게 사실이잖아요. 혹시 진행하면서 후회한 적은 없었나요?

지니 이제와서 말이지만 직접 행사를 기획해서 해보는 것도 처음이다 보니 행사 당일에 대한 계획을 조금 더 세밀하게 세웠었으면 좋았을 텐데 싶고. 그게 잘 안돼서 친구들의 손을 많이 빌리고, 또 약간 어수선하게 된 것들이 조금 아쉽죠. 그래서 사실은 결혼식 끝나고 나서 좀 걱정했어요. 즐거워 보이긴 했는데, 좀 불편하지 않았을까? 힘들진 않았을까? 준비 과정부터 정리 때까지 계속 같이 있어줬으니까요. 근데 집에 와서 영상을 돌려 보는데, 다들 계속 웃고 있는 거예요. 잘 안 웃으시는 저희 아버지까지 정말 즐겁게 웃고 계시고. 그걸 보고 나니까 아 거짓말 아니구나 싶었어요. 그리고 오히려 친구들에게 초대해줘서 고맙다는 얘기를 듣는 거예요. 그 말이 너무 이상하면서도 참 고맙고 행복해서, 후회라든지 이런 건 전혀 없어요.

후니 결혼식 과정 내내 느꼈던 거 같아요. 저희 둘만 소박하게 준비해서 하려고 했다가 많은 사람들이 이렇게 자발적으로 도와줘서 진행된 거잖아요. 언제 이런 호사를 누려 보겠어요. 보통 결혼하려면 은행에서 대출을 받아야 되잖아요. 근데 저희는 친구들한테 그런 마음이나 손길을 대출받은 느낌이라고 할까요? 물론 앞으로 갚을 일이 많겠지만, 그게 되게 좋았던 거 같아요. 딱 하나 후회되는 게 있다면 초대하지 못한 친구들한테 미안하다는 거예요. 이렇게 행복했던 결혼식에 함께하는 경험을 다른 친구들과도 공유할 수 있었다면 좋았을 텐데 하는 생각이 들어서. 사실 이 정도로 행복할 거라고 상상을 못 했었거든요. 그냥 소박하게 잠깐 하고 밥 먹고 끝나겠지 하고 생각했는데, 생각보다 너무 즐거웠었고 그게 너무 큰 의미로 저희에게 다가온 거죠.

지니 맞아요. 시작할 때는 그냥 결혼을 하는 것 자체가 의미 있는 거니까 부족하지만 할 수 있는 만큼만 하자는 생각이었는데, 오히려 이렇게 해보고 나니까 결혼식을 준비했던 그 시간들이 더 값지게 느껴졌어요.

결혼 준비가 관계를 틀어지게도 한다지만, 두 분에게는 오히려 치유의 시간이었을 것 같다는 생각이 드네요.

지니 정말 맞아요. 제가 그동안 알게 모르게 사람에 대한 경계라든가 불신이 좀 있었거든요. 원래는 사람을 좋아하던 타입이었는데 언젠가 상처를 받고 나서 쉽사리 사람한테 다가가기가 어려워졌었죠. 후니를 만나고 나서 많이 나아졌지만 아직도 제 안에 그런 마음이 좀 남아 있었거든요. 근데 결혼식을 준비하면서 친구들과 함께하다 보니까 내가 여태 무슨 생각을 했던 건가 싶고, 이렇게 진심으로 함께해주고 축하해주는데 그동안 왜 그렇게 다가가지 못했는지, 부끄러운 마음이 들더라고요. 예전 같았으면 부담이라고 느꼈을 마음들을 고마움으로 다시 받았고, 그러고 나니까 마음이 충만해진 거죠. 너무 따뜻했고, 자존감이 높아졌달까요.

후니 저는 사실 그동안 먹고 살기 바빠서 늘 하고 싶은 것들은 뒷전에 두고 포기하면서 살아왔었어요. 미래를 기대하지도 않았고요. 근데 지니를 만나면서 가정을 꾸린다는 걸 생각하게 됐고 미래를 생각하게 됐고, 결혼식 준비하면서 소소하지만 우리끼리 이렇게 했음 좋겠다 했던 것들을 이루어낸 거잖아요. 제 입장에서는 인생에서 처음으로 꿈꾸고 그려왔던 것들을 이뤄본 거예요, 결혼식을 통해서. 그 성취감이 저한테는 큰 에너지가 된 것 같아요. 결혼식 당일도 새벽부터 일어나 하루 종일 쉬지 않고 뭔가 했던 거잖아요. 근데 전혀 피로가 느껴지지 않았고, 집에 가는 길에도 어깨가 너무 가벼웠었거든요. 근데 그게 최근까지도 이어져서 여러 가지로 의욕이 많이 생겼어요. 굉장히 신기한 경험이죠. 무슨 약을 먹었나 싶을 정도로.

두 분의 이야기가 이제 결혼을 꿈꾸는 사람들에게 힘이 될 수 있을 것 같아요. 그런 사람들에게 혹시 해주고 싶은 말이 있을까요?

후니 많은 사람들이 결혼을 준비하면서부터 부모님과 많이 부딪치는 거 같아요. 어렸을 때부터 자식이 하고 싶어 하는 걸 부모님이 지지해주시는 환경도 있겠지만, 그렇지 않고 정해진 대로 살기를 바라는 환경에서 자라 오신 분들이 많으니까요. 그동안 부모님의 그늘에 있으면서 부모님 입맛에 맞춰 살아오다가 갑자기 결혼을 통해서 자신의 주장을 드러냈을 때 부모님과 마찰이 생기는 건 당연한 것 같아요. 그래서 제가 말씀드리고 싶은 건, 평소에 자신의 생각에 대해서 부모님께 조금씩이라도 내보이라는 거예요. 그러려면 내 자신에 대해서 아는 게 먼저 중요한 거 같아요. 내가 어떤 걸 했을 때 행복하고 어떻게 살고 싶은지를 먼저 알고 나서, 나에 대해 확신이 생기면 다른 사람들의 시선이라든가 부모님의 우려나 걱정들을 이겨낼 수 있는 힘이 생기는 것 같거든요.

지니 제가 이렇게 추진력 있게 결혼식을 준비한 것 같지만 사실 고민이 많았어요. 손님들이 불편해하거나 욕하는 거 아닐까 싶고. 그때 어떤 친구가 이런 말을 하더라고요. '결혼식은 어떻게 하든 욕을 먹는다'고.(웃음) 이상하게 그 말이 위안이 되는 거예요. 그러니까 아무리 호화스럽게 해도 욕을 먹고 그러지 않아도 욕을 먹을 텐데, 그렇다면 마음을 비우고 나 스스로라도 후회가 덜 되게 해보자. 이런 마음을 먹고 했던 거 같아요. 그랬더니 오히려 다들 진심으로 좋아해줬고요. 그러니까 원하는 거 전부는 못하더라도, 할 수 있는 걸 일단 해보는 거. 내가 돌이켜 봤을 때 후회되지 않게. 그걸로 충분해요.

Interviewee

서정민&천민경 부부

39세, 34세 / 동거 2년 6개월, 결혼 5개월 차

#동거와_결혼_사이
#결혼식_대신_록페
#이유_있는_반항
#효도_말고_의리

Episode 02

대출받으려고 혼인신고 했는데요

함께 산 지 2년이 넘었고, 그러므로 공간도 살림도 경제적인 부분도 공유하며, 누구보다 서로를 잘 알고 사랑하는 커플이 있다면, 우리는 그들을 부부라고 부르지 않을 이유가 있을까? 단지 혼인신고를 하지 않고 결혼 선언을 하지 않았다는 이유로 말이다.

서정민**다미안** • 천민경**에바** 부부는 2년을 동거하다 '대출'을 받기 위해 혼인신고를 했다. 그게 아니었다면 혼인신고는 꼭 하지 않아도 됐을 거라는 생각에는 여전히 변함이 없다. 법적으로 부부라는 명명이 없더라도 계속 함께했을 것이고, 결혼을 한 지금도 서로가 가장 어여쁜 '애인'이라 말한다. 두 사람에게는 어떤 형식이나 관례보다도 서로의 취향과 관심사가 더 중요해서, 클럽에서 둘이 가장 좋아하는 록 밴드 음악을 즐기며 결혼을 기념했다. 그런 이들이 서류 한 장으로 하루아침에 '며느리'나 '사위' 같은 역할이 '생겨난다'는 생각에 동의할 리 없었고, 그래서 그것들을 고분고분 행할 생각도 없다. 그렇다고 해서 과연 이들에게 결혼이 가볍고 무의미한 것이라고 말할 수 있을까?

흔히 결혼이라는 것을 신성한 무엇, 무겁고 진중한 과제처럼 받아들이는 통념과는 다르지만, '혼인신고' 자체는 별 의미가 없다고 가볍게 말하는 이들의 결혼은 오히려 조금 더 순수한 의미의 약속이고, 그래서 더 자유롭고 가볍게 동행하자는 선언 같다. 결혼이 더 이상 우리 사회에서 상대에 대한 합법적인 구속장치가 아니고, 결혼으로 인해 주어지는 의무와 역할에 매몰되지 않아도 된다면. 역설적이게도 그것이 가장 행복한 결혼이 아닐까?

#동거와_결혼_사이

"동거해보고 결혼하는 거 좋아요, 그러지 않을 이유가 없어요."

동거는 어떻게 시작된 건가요?

다미안 '이제 우리 1일이야'라고 한 날, 만나서 산책하다가 놀이터에서 제가 '자고 가요'라고 했어요. 매우 당연한 듯이.

에바 추운데 뭐 하러 집에 가냐고, 우리 집에서 자고 가라고. 그런 식이었는데, 마침 저희 집이 그때 춥기도 하고 해서.(웃음) 그때부터 거의 다미안 집에서 지냈어요.

다미안 그렇게 두 달 정도 사귀다 이사를 하게 됐어요. 그때 한창 연남동 건물들이 팔리고 헐릴 때였거든요. 저희 집도 허물어야 된다고 주인이 나가 달래요. 이사할 곳 알아보는데, 마침 에바 네도 곧 이사를 가야 한다는 거예요. 그때 에바는 친구 둘과 같이 살고 있었는데, 그 친구들도 저와 아는 사이였어요. 그러다 보니 자연스럽게 '넷이 같이 살자' 이렇게 된 거죠.(웃음) 방이 세 개인 집 구해서, 큰 방을 저희 둘이 쓰고, 나머지 방 두 개는 친구들이 하나씩 쓰고. 그렇게 넷이서 8개월 정도 살다가, 둘이 이 집으로 나온 게 2년이 넘었어요.

그렇게 같이 살기 시작하면서는 거의 부부나 다름없었겠네요.

다미안 사실 그렇게 넷이 같이 살면서 살림을 합쳤을 때부터 거의 결혼한 거나 다름이 없었던 거 같아요. 공간이 합쳐지면, 살림이 합쳐지고, 경제활동도 자연스럽게 합쳐지게 되니까. 저희가 공식적으로는 2017년

4월에 결혼했지만, 생활 면에서는 그 전과 후에 달라진 게 거의 없거든요.

꽤 오래 결혼하지 않고도 잘 살았는데, 문득 혼인신고를 해야겠다고 생각한 이유는 뭔가요?

에바 저희는 사실 꼭 혼인신고를 안 해도 됐어요. 꼭 해야 된다는 생각은 없는 사람들이었는데…

다미안 대출 때문에 했어요.(웃음)

에바 맞아요. 대출 때문에…

다미안 공식적인 부부가 되면, 우리 관계에는 달라진 게 없는데 법적으로는 달라지는 게 좀 있잖아요. 마침 우리나라에서는 결혼하면 이용할 수 있는 제도적 장치 같은 게 있으니까 한 것뿐이죠. 어쨌든 이 사회는 가정이라는 특정한 형태를 권장하고 보호해주기 위한 몇 가지 장치들을 갖고 있으니까. 사실 그건 마침 저희가 남자 여자였기 때문에 가능한 혜택들이긴 한데, 어쨌거나 우리는 우리의 상황에서 이용할 수 있는 수단이 몇 가지 있었고, 이왕 같이 살 거면 그거라도 활용하자는 거였죠. 이를테면 내가 혹시 수술을 해야 되는데 의식이 없으면 이 사람이 결정할 수 있고, 또는 감옥에 가도 자주 면회 올 수 있고, 내가 죽어도 내 재산 또는 내 빚을 가져갈 수 있고. 신혼부부라는 명목으로 저리 대출도 할 수 있고요. 결론은 대출 때문에 결혼한 거예요.(웃음)

정말 그 이유로 결혼을 결심했다고요? 대출은 어떤 이유로 한 건지 여쭤봐도 돼요?

에바 저희가 스페인 덕후거든요. 오래전부터 함께 가고 싶던 곳이 까미노Camino de santiago여서 준비하고 있었는데, 여행 자금이 부족한 거예요. 마침 그때 다미안도 회사에서 잘리고.(웃음)

다미안 비행기표는 진작에 예매를 해뒀는데 여행할 돈이 없다, 어떡하지? 신혼부부면 대출받을 수 있지 않나? 그렇다면 혼인신고…? 뭐 이런 식으로.(웃음) 덕분에 까미노 여행은 신혼여행이 됐고요.

에바 저는 특별히 이 사람과 결혼을 해야겠단 생각을 가지고 연애한 건 아니었거든요. 서른 즈음부터는 좀 편하게 사람을 만나고 있었거든요. 어차피 누굴 진지하게 만나본다 한들 그게 내 맘대로 되는 것도 아니고, 그렇게 초반에 재다가 오히려 헤어지기도 하니까요. 그냥 힘을 빼고 편하게 사람들을 만나보자. 그래야 좋은 사람도 알아볼 수 있을 테니까. 그러던 중에 다미안을 만났고, 정착이 된 거죠.

다미안 나한테 코 꿰였지.

에바 어 완전 꿰였지.(웃음) 근데 살아봤을 때 거슬리는 부분이 있었다면 혼인신고든 뭐든 안 했겠죠. 뭐 다행히 지금까지는 그런 부분이 없었던 거고. 전 먼저 살아보고 결혼하는 거 좋은 거 같아요.

다미안 맞아. 좋은 거 같아요. 그러지 않을 이유가 없어요.

결혼이 물론 약간의 안전장치도 되겠지만, 동거로 같이 살던 때보다 어쩌면 자유롭지 못한 부분도 생기지 않았을까 싶은데.

다미안 누군가는 결혼이 부부라는 이름으로 이 사람을 나에게서 도망가지 못하게 하는 구속장치라고 생각할 수 있는데, 저희는 그건 아니라고 생각해요. 이제 우리는 부부이므로 이만큼의 의무가 있다거나, 서로에게만 충실해야 한다는 식으로요. 저는 의무라는 측면에서 본다면 결혼은 아무것도 아니라고 생각해요. 이혼하면 되잖아요.

에바 맞아요. 사실 '법적인 결혼'이 우리에게 의미하고 있는 건 대출 말고는 여전히 거의 없다고 생각해요.

다미안 '동거'에서 '결혼'으로 바뀌든 말든 우리 둘 사이에는 변화가 없는데, 어쩔 수 없이 주변에서 그런 변화가 감지가 되는 거 같긴 해요. 특히 가족들에게 좀 의미가 생기는 거죠. '아 이제 결혼식도 했으니까 어른이다' 그런 것들. 그걸 가장 먼저 느낄 수 있는 건 호칭. 그전까지는 에바네 집에 가면 그냥 '정민아~' 이렇게 부르시다가 이제는 '우리 사위~' 이러시고. 또 제 부모님 집에서는 에바를 둘째 아들의 여자친구로만 아셨는데, 이제는 '어엿한 우리 집안의 며느리'라고 여기시고요. 물론 그렇게 부르시는 게 공식적으로 가족이 된 것을 좋아하고 반가워하는 표시이겠지만, 그러면서 당연스럽게 '의무'라는 것도 생기는 느낌이에요. 정확히 말하면 부모님은 우리에게 이제 그런 의무가 '생겼다고 생각'하시는 것 같아요. 근데 저는 그렇게 생각하진 않거든요. "아닌데 엄마. 에바는 그냥 내 와이프일 뿐이야." 이런 식으로 제가 툭툭 얘기하긴 해요.

그럼 두 사람에게 '부부'라는 건 어떤 의미인가요?

다미안 글쎄요. 보통은 연애 오래 하다 보면 연애의 결실이 결혼이고, 결혼하면 인생 할 일 끝. 뭐 이렇게 생각들을 하는 모양인데, 저희는 그렇게 생각하지는 않았고요. 그렇기 때문에 연애의 진화형이 부부인가 생각했을 때 그것도 아닌 것 같아요. 그냥 우리 둘이 잘 지내는 게 중요했고, 잘 지내고 싶어서 같이 살았고, 같이 살면 그게 부부 아닐까. 그러니까 사실 우린 이미 부부였던 거죠. 부부가 되고 와이프 되면 애인이 아닌 건 아니잖아요. 애인은 말 그대로 사랑하는 사람이란 뜻이고, 우린 계속 애인 하고 싶고, 그렇게 평생 함께할 거라는 약속을 한번 해보는 게 부부 아닐까 싶어요.

#결혼식_대신_록페

"결혼식은 클럽에서 록밴드 파티로 대신했어요."

그렇다면 결혼식은 왜 하게 된 거예요? 그것도 너무 신나게(?) 하셨잖아요.

다미안 결혼생활은 이미 하고 있었지만, '식'이라고 하는 건 기념할 날짜를 하나 만드는 거라고 생각했거든요. 양가 부모님, 양가 집안이 어쩌고 하는 건 제 머릿속엔 없었고요. '우리 앞으로도 계속 사랑하면서 같이 살기로 했어, 이 핑계로 술이나 한 번 먹자, 축하해줘, 기념 한 번 하자.' 그 정도의 의미였어요.

그래서 그런 재밌는 방식을 떠올리신 거군요. 예식은 없고 대신 두 분이 좋아하는 밴드 공연과 북페어를 기획했잖아요. 그 아이디어는 어쩌다 나온 거예요?

에바 다른 결혼식 가봐도 뭔가 재미가 없더라고요. 우린 이왕 할 거면 재미있게 하자 하다가 저희 둘 다 좋아하는 밴드 음악을 접목해보자 싶었어요. 록페스티벌 같은 결혼식 어떨까. 둘 다 그런 거 워낙 좋아하니까. 다미안도 듣자마자 동의를 하더라고요. 거기다 우리가 독립출판을 하고 있으니까 그것도 같이 접목하면 재미있겠다 싶어서, 그것들을 결합한 작은 페스티벌 형식의 '결혼파티'를 준비하게 됐어요.

클럽에서 했잖아요. 아마 우리나라에서 결혼식을 그렇게 어두운 지하 공간에서 한 경우는 최초일 것 같아요.(웃음)

에바 결혼식이라는 것보다도 우리가 관심 있는 건 밴드 공연이니까 처음부터 홍대에 있는 클럽을 빌려야겠다 생각했어요. 근데 좀 괜찮은 데는 이미 다 대관이 되어있는 거예요. 좀 넓다 싶으면 너무 비싸고. 아니면 술 반입이 안 되고.

다미안 아니, 록 음악을 틀어 놨는데 술 못 먹는 건 불법 아닌가? 엄히 다스려야 돼…(웃음) 여하튼 그렇게 알아보다가, 딱 한 곳이 생각났어요. 예전에 홍대에서는 대표성이 있는 클럽이었던 곳인데, 마침 몇 달 전부터 저녁엔 술 팔면서 무대를 개방해 놓는 식으로 운영하고 있었어요. 공간은 좀 칙칙하고 작긴 하지만, 무대 세팅이 어느 정도 되어 있어서 밴드가 공연하는 데도 괜찮을 것 같고, 대관료도 저희 형편에 맞아서 거기서 하게 됐어요.

포스터 보니까 제목이 '딴나라 딴따라 딴딴따단'이라고 적혀 있던데, 이거 뭔가 발음 테스트 같기도 하고. 무슨 뜻인가요?

에바 제목이 좀 어렵죠.(웃음)

다미안 나름 의미가 있긴 해요. '딴나라'는 뭔가 좀 다른 세상 얘기 같을 거란 뜻이고, '딴따라'는 우리가 음악 하는 딴따라 같은 사람들이라는 거고, '딴딴따단'은 결혼행진곡에서 따온 거긴 한데. 뭐, 말장난이죠. 밴드와 책방을 섭외할 때 이 행사가 어떤 거라는 걸 설명해야 하잖아요. 근데 밴드한테 '결혼식인데 와주세요'라고 하면 이해시키기 어려운 거죠. 결혼식에서의 연주라고 하면 환한 결혼식장에서 하는 들러리식 축하공연을 떠올리기 쉽잖아요. 근데 우린 그런 걸 원하는 게 아니니까, 파티 제목 자체에 결혼식이라는 말을 굳이 안 쓴 거죠. 대신 '딴나라 딴따라 딴딴따단'이라는 제목을 짓고 독립출판과 록 음악을 접목하는 행사라고 소개를 했던 거죠.

라인업(?)을 보니까 꽤 알려진 실력파 뮤지션들과 대표적인 독립책방들이 참여했더라고요. 원래 안면이 좀 있던 분들인가요?

에바 그건 아니고, 그저 팬이었죠. 이 핑계로 평소 관심 있던 팀들에게 연락을 하기 시작한 거예요. 연락처를 백방으로 알아봐서 메일 넣고, 카톡 보내고 그런 식으로. 아, 슈퍼키드 쪽은 제가 예전에 덕질을 좀 했던 역사가 있어서 직접 멤버한테 연락해서 섭외했고요.(웃음)

다미안 아시안체어샷은 공연 보러 갔다가 제가 꽂혀서 섭외했죠. 요즘 드물게 터프한 느낌이 좋은 팀이라 적극 추진했고요. 에바가 최근 즐겨 듣던 밴드 중에 실리카겔이라는 밴드가 있어서 섭외했어요. 근데 저희도 사실 부르면 진짜 올 줄 몰랐죠.(웃음)

에바 정말 1, 2, 3 순위로 생각하던 세 팀이 거절 없이 바로 섭외가 됐어요. 물론 밴드 섭외비를 저희 가진 예산 중 가장 많이 쓰기도 했고요.

다미안 사실 이런 저예산 행사에는 아티스트들에게 '저희 좋은 의미로 하는데 저렴하게 해주시면 안 될까요?' 이런 식으로 하는 경우가 많은데, 저희는 그러고 싶진 않았어요. 우리도 어렵지만, 저도 음악 하는 입장에서 음악 하는 사람을 부를 때 매너는 지키고 싶었거든요. 그래서 당연한 얘기지만 연락할 때도 최대한 예의를 갖춰서 하고, 공연은 최대한 평소처럼, 맘대로 해달라고 했어요. 참여해주시는 것만으로도 영광이니까요.

에바 책방 섭외는 저희가 스페인 사진집을 독립출판으로 내면서 입고하려고 독립책방들을 많이 다녔었는데, 덕분에 그때 안면을 튼 책방들이 좀 있었거든요. 이 행사에 있으면 되게 의미 있겠다 싶은 책방 사장님들한테 연락을 드렸죠. 감사하게도 책방도 모두 참여해주시겠다고 했고요. 그렇게 밴드와 서점을 섭외해서 좁고 누추한 공간이었지만 행사를 하게 됐어요.

행사 전에 텀블벅에서 펀딩도 받았었잖아요. 반응은 어땠나요?

다미안 섭외비나 진행비, 대관료, 포스터 인쇄비, 술도 사야 되고… 여러 가지 준비할 건 많은데 당장 가진 건 없으니까 텀블벅에 프로젝트로 만들어서 올리게 됐어요. 그러니까 결혼식의 입장권을 판 셈이죠. 그 입장권을 얼마로 책정해야 할까 고민을 많이 했어요. 생각해보니까 사람들이 보통 결혼식 가면 5만 원 정도 내는 거 같았거든요. 근데 그 돈 내고 경험하는 게, 한두 시간 동안 재미없는 식 멀뚱하게 보다가 모르는 사람들 사이에 껴서 사진 찍고, 밥 한 끼 얻어먹고 오는 거란 말이죠. 그러기 위해서 옷도 빼입어야 되고요. 사람들에게 '아, 시간 썼다, 돈 썼다'라는 기분이 들게 하는 것도 싫었고, 그래서 내가 '바쁜데 오게 해서 미안해' 하는 기분이 드는 것도 싫었어요. 섭외에 더욱 공을 들인 이유도 그래서였어요. '이 공연 보는 것만으로도 5만 원 값은 한다'라는. 다행히 섭외가 잘돼서 자신감도 생겼죠. 그래서 파티 입장료와 술 한 잔, 책 한 권 교환권까지 해서 1인당 4만 5천 원으로 표를 올렸어요. 현장에서 책방들이 가져온 책들 중 맘에 드는 책을 책 교환권과 바꿔갈 수 있게 했고요. 그 금액은 나중에 저희가 책방에 정산해주는 방식으로.

와, 정말 의미있으면서도 획기적인 방법 같아요. 얘기 듣다 보니까 그날 참석 못한 게 정말 아쉽네요. 현장은 어떤 식으로 꾸몄나요?

에바 클럽이 지하 2층이었거든요. 내려가는 계단 밑에 바가 있고, 바 왼쪽에 책방들이 책을 펼쳐 놓고, 앞이 바로 무대.

다미안 낮에 먼저 리허설 하면서 무대 세팅도 해놨어요. 사람들이 4시부터 오면 맥주 한 잔씩 마시면서 책을 구경할 수 있게 동선을 짰죠.

에바 어른들은 초대를 안 했고요, 주례는 저희 친구가 봐줬어요. 그 친구 덕분에 우리가 만난 거라. 주례라는 것도 사실 형식은 없었고 그냥 그 친구가 편지를 써와서 읽어줬어요. 내용 중에 제일 기억나는 건, 둘 다 가난한데 가난한 둘이 만나서 산다니 걱정된다 뭐 이런 말이었나?(웃음)

다미안 웃긴 말이었는데, 뒤에 앉아있던 제 동생은 울고…(웃음)

#이유_있는_반항

"싫은 거 빼니까 남는 게 없어서 그랬어요."

부모님은 뭐라고 하시던가요? 혹시 서운해하시거나 그러진 않았을지.

다미안 살짝 서운하셨을 수 있죠. 결혼식 다음날 아버지한테 전화해서 '저희 잘했어요' 하는데, 아버지가 면목이 없다고 하시더라고요. 저는 그냥 모른 척 '왜?' 하고 물었죠. 어른들은 저희가 당연히 해야 할 걸 못했다고 생각하시는 모양이더라고요. 그래도 그렇게 하는 거 아니라고, 그래도 할 거는 해야지 하시면서. 그래서 다시 말씀 드렸죠. 우린 못한 게 아니라 안 한 거라고. 그렇게 스스로 동의할 수 없는 방식으로 하고 있는 내 모습을 생각하면 너무 자존심이 상해서 하고 싶은 대로 한 것뿐이라고. 저희가 결혼식은 서울에서 그렇게 우리끼리 하겠다고 처음 말씀 드렸을 때도 엄마가 '그럼 고향에 버스 보낼 거냐'고 물으셨어요. 저는 그때도 '아니, 왜?'라고 반문했었죠. 사실 뭔 뜻인지 저도 알지만 일부러요. "내 결혼식이잖아, 내가 아는 사람들이 와야지. 내가 모르는 사람들이 왜 와. 엄마 아빠도 내가 초대해야 오는 거야, 내 손님으로."라고 말했었어요. 이때도 좀 서운하셨을 거예요. 물론 제가 워낙 어릴 때부터 제 주장이 뚜렷하고 멋대로 하는 놈이라는 걸 아셔서 그런지 크게 놀라시진 않았지만요.

에바 저희 집은 사실 두 분이 이혼하신 지 오래 되셨어요. 그래서 '네가 원하는 대로 잘 살면 되고 나도 너한테 폐 안 끼치게 잘 살게'라고 말씀하시는 분위기예요. 제가 고향 내려갔을 때 식사하면서 넌지시 결혼식 안 하고 이렇게 하려고 한다고 말했었는데, 별 반응 없으시더라고요.(웃음) 그러면서도 약간은 '혹시 우리가 이혼해서 그렇게 하는 거 아닌가?'라고

DGBD
322-3792

생각하셨던 거 같아요. 저희 아빠가 그러시더라고요. 그럼 피로연만 나중에 제 고향에서 하자고. 해줄 게 없으니까 그거 열어서 사람들한테 돈 받으면 주시겠다고요. 근데 저는 돈 안 줘도 괜찮으니까 그렇게 안 해도 된다고 했죠.

두 분은 일반적인 결혼식 가면 재미가 없었다고 했는데, 그중에서도 가장 마음에 안 들었던 건 어떤 거였나요?

에바 보통 결혼식 하는 거 보면 거의 다 부모님 손님이고, 내 뜻대로 하는 건 거의 없잖아요. 인형처럼 앉아있다가 끝나고. 그런 게 제가 보기엔 하나도 매력이 없는 거죠. 물론 그런 걸 좋아하는 사람은 그렇게 하면 되겠지만, 저는 아니었어요. 게다가 막 부모님 한복 입고 앉아 계시고, 절하고, 울고 그런 게 익숙하지도 않고, 너무 오글거리더라고요.

다미안 말이 나와서 말이지만, 사실 따지고 보면 저는 한국에서 하고 있는 결혼식의 거의 모든 요소가 맘에 안 들어요. 싫어하는 거 빼고 좋아하는 거만 해볼까 했더니 남는 게 없는 정도였으니까. 이를테면, 결혼식장 가면 '혼주'라고 해서 부모님 이름 써 있잖아요. 그것도 왜 결혼의 주인이 양가 부모님이라는 건가 싶더라고요. 설마 이 인간들의 주인이라는 건가? 고개가 갸우뚱해지는 거죠. 물론 품 안에서 키워서 열일곱, 열여덟 때 시집 장가 보내던 때라면 부모가 혼주가 맞을지도 몰라요. 철모르는 것들 부모가 엮어준다는 의미로. 근데 저희는 인생의 더 큰 부분을 부모님과 떨어져 살았고, 부모에게 의존하고 있지 않아요. 그런 성인 둘이 자기들끼리 만나서 자기들끼리 산다는데, 그 결혼의 주인이 부모일 리 없거든요. 그런 면에서 타이틀과 내용이 안 맞는 거죠. 또 하나는 행진할 때 신부 아버지가 신부 손을 잡고 걸어오다가 절반쯤 가서 신랑에게 넘겨주잖아요? 그러면 남편이 나머지 길을 신부 손을 잡고 같이 걸어가고요. 그것도 어떻게 보면 여자가 남자의 소유물이라는 의미가 담긴 거죠. 여자 인생길의 중간까지 아버지가 소유했다가, 그 소유권을 결혼하는 남자한테 넘겨주고. 결국 여자는 그 길 어디에서도 혼자 걷는 구간이 없어요. 마치 여자는 혼자 살 수 없는 존재라는 뜻 같은 거죠. 그것만 봐도 기분 나쁘잖아요. 저는 그런 문화에 협조해줄 의향이 전혀 없는 거예요. 주례도 그래요. 꼭 주변에서 가장 성공한 남자를 주례로 세워서 아무도 듣지도 않는 얘길 시키잖아요. 그게 싫어서 우린 주례는 꼭 여자분한테 부탁하자 했던 거예요.(웃음)

에바 좀 삐뚤어졌죠.(웃음)

다미안 자꾸 비틀어 보여주고 싶어요. 생각해볼 만하지 않냐 하는 식으로요. 그런 선택을 해서 삶으로써 증명하고 싶은 마음도 있었던 것 같아요.

결혼식 자체 말고도 결혼 전후로 결혼할 때 해야 한다는 것들이 굉장히 많잖아요.

다미안 이게 사실 애매한 게, 지금 우리가 하는 게 전통 방식도 아니고 그렇다고 서양식도 아니잖아요. 식은 식대로 서양처럼 하얀 드레스에 턱시도 찾고. 근데 서양식이면 폐백도 할 필요 없을 텐데 그건 또 하고. 또 결혼하기 전에 양가에 몇백, 많게는 몇천만 원 줬다 받았다 하는 건 뭔지 모르겠고. 평생 안 볼 먼 친척들한테까지 안 입을 옷 해주고, 안 덮고 잘 이불 사주고. 한마디로 두 집안에서 평생 몇십 년 동안 모아놓은 재산을 그때 터트리는 거잖아요. 주변에서 돈 싹 끌어모아 가지고 짠 하고 돈 잔치 하는 건데, 저는 그렇게 끌어모을 재산도 없었지만, 한다고 한들 그게 무슨 의미가 있나 싶었어요. 내용이 실질적이지 않다면 그 형식도 필요 없다, 좋은 내용을 갖고 있는데 형식이 그것과 어울리지 않는다면 그 형식을 바꿀 필요가 있지 않나 그런 생각을 하죠.

에바 저희는 반지도 안 했어요, 결혼반지도. 옷 해주고 어쩌고… 우리 옷도 없는데요. 우리에게 결혼식은 우리가 결혼했다라고 하는 걸 알리는 것이고 그 의미를 담을 수 있는 형식이면 되는데, 그것과 상관없는 형식들이 너무 많이 있잖아요. 그래서 그런 것들은 다 생략한 거죠.

근데 사실 이럴 때 주변에서 꼭 한마디씩 하잖아요. 부모님보다도 주로 친척이나 주변에 먼저 결혼한 사람들이. '그렇게 하는 거 아니다' 그러면서요.

에바 다행히 제 친구들 중에는 결혼한 친구가 없기도 하고, 비슷한 생각을 하는 친구들이 대부분이라 그런지 저는 아직까지는 그런 얘기 들어본 적은 없어요. 근데 오히려 다미안 쪽 주변에서 말이 좀 있었죠.

다미안 누구는 맘대로 사니까 좋아보인다 하고, 또 누구는 '야 인마 그게 그렇게 되냐? 너도 살아봐, 안 돼~ 그렇게 못해.' 하는 식이죠. 제발 못하라는 기원이라도 담긴 것처럼. 한 번은 예전 회사 상사였던 분이 저한테 부모한테 그러면 안 된다고 하시더라고요. 물론 흔히들 그렇게 생각한다는 건 알겠어요. 결혼이 두 사람 일이 아니라 집안끼리의 행사라고 생각하고, 그러니 할 수 있는 건 다 하는 게 부모님 배려하는 거라고. 근데 그렇게 말하는 분들에게 오히려 궁금한 건, 그 형식들이 왜 있었는지 생각은 안 해봤냐는 거죠. 정말 부모님이 혼주였던 그 시대에는 그랬을 수 있어요. 근데 과연 지금 이 시대에도 그런 게 필요한가? 이렇게 생겨먹은 사람들끼리 21세기에 결혼하는데? 과연 아직도 혼주가 있고, 그런 형식이 있어야 하나? 저는 그렇지 않다고 생각하고, 동의할 수 없는 걸 제 결혼식에서만큼은 거부하겠다는데 그게 문제가 있나 싶어요. 그리고 사실 이렇게 하는 사람 얼마 되지도 않는데 그냥 가만 내버려두면 되거든요. '재밌네' 그러면 되는데. 사실 저는 대부분의 사람들이 하는 것처럼 간편한 방법을 선택하는 것도 문제는 없다고 생각해요. 근데 조금 더 재밌게 하고 싶은 사람들이 이렇게 하는 거니까 너무 놀라지는 말았으면 좋겠어요. 응원은 못하더라도 '넌 어차피 못할 거야'라는 식의 힘 빠지게 하는 그런 말들만은 좀 안 했음 좋겠죠.

#효도_말고_의리

"효도는 결혼으로 하는 게 아니잖아요."

상견례 때도 민망한 상황이 펼쳐지는 경우가 많더라고요. 두 분은 상견례를 결혼파티 후에 했다고 들었는데, 분위기 어땠나요?

다미안 걱정했던 것만큼은 나쁘지 않았던 거 같아요. 근데 역시나 일반적으로 한국에서는 결혼하면 딸 가진 쪽이 마치 죄인인 것처럼 되는 건

지, 은연 중에 그런 말들이 나와서 신경이 쓰였죠.

에바 이를테면 남편 부모님이 '잘 키워서 우리 집에 보내주셔서 감사합니다.' 하시는 그런 말들? 어른들로서는 인사치레로 하는 말인 건 알죠.

다미안 알지만… 저로서는 '어? 아닌데?' 싶은 거죠.

에바 상견례 끝나고 나서 우리끼리 얘기하면서 그랬죠, "나는 누구 소속도 아니고 그냥 나인데?"(웃음)

다미안 부모님은 여전히 내가 부모님 소속이고, 결혼하면서 우리 소속으로 이 사람을 끌어왔다고 생각하시는 거 같아요. '보내주셔서 감사합니다'라고 말하는 건, '이제 이 사람은 당신 집안 사람이 아니고 우리 집안 사람이에요'라는 뜻이잖아요. 물론 아버지는 별 뜻 없이 의례적으로 한 말이셨겠지만 저는 그게 결례라고 생각했어요. 게다가 저는 저조차도 부모님에게 속해있다고 생각하지 않거든요. 그냥 거기 '출신'인 것뿐이죠.

부모님 얘기가 나와서 말인데, 결혼을 마치 평생 할 효도 몰아서 하는 이벤트로 생각하는 분위기도 있는 거 같아요. '결혼식만큼은 부모님 뜻대로 해드려야지'라거나, '결혼하면 효자 된다'는 말도 있잖아요.

다미안 부모는 나를 낳아주고 길러준, 나와 첫 인연을 맺은 가장 특별한 친구죠. 어려운 환경에서도 힘겹게 우릴 키워주고 책임을 졌으니까 그 의리를 느끼는 게 당연한 거고. 그래서 부모님이 행복했음 좋겠고, 무슨 일 있으면 도와주고 싶고. 그렇게 가족에 대한 의리의 마음이 있으면 된다고 생각해요. 굳이 효도라는 개념은 필요하지 않다고 생각해요. 근데 세상에 의리 없는 놈들이 많아서 제발 이 정도는 지키라고 효도라는 형식이 생겼던 것뿐이죠. 옛날 사회 기준의 형식이. 근데 지금은 대부분 부모와 같이 살고 있지도 않고, 또 부모도 자식도 각자 일하면서 살잖아요.

그러면 그냥 각자 인생은 각자 책임지는 거죠. 자식도 부모도 '내가 잘 살고 있고 행복하니 걱정 마시오' 하는 게 맞다고 생각해요. 그리고 요즘 것들만 사생활이 있는 게 아니라, 부모님들도 자기 사생활이 있었으면 좋겠어요. '우리 아들 언제 오나' 하면서 평생 그렇게 자식 생각만 할 게 아니라 두 분이서 할 일도 만들고 할 얘기도 하고 그랬으면 좋겠어요. 그러다 부모와 자식 간에 또 서로 도울 일이 생기면 돕는 거죠. 근데 그게 의무는 아니라고 생각해요. 상황에 따라서 할 수도 있고 안 할 수도 있는 건데, 이런 생각들이 한국 사회에서는 잘 받아들여지지 않는 것 같아요. 저는 늘 부모님을 생각하면 안쓰럽고, 저도 가진 거 없지만 가면 용돈 얼마라도 챙겨드리고 오려고 하고, 다정한 편이거든요. 하지만 그건 효자라서가 아니라 가장 특별한 친구를 향한 의리고 마음인 거죠. 그리고 중요한 건 그게 무엇이 됐든 내 일이고 내 부모라는 거예요. 결혼했다고 해서 그게 배우자의 일이 될 순 없어요. 결혼식도 그렇고, 그 이후의 일들도. 만약 상대가 자진해서 뭔가 해드리고 싶다고 한다면 고마운 일이지만, '며느리인데 왜 이 정도도 안 해? 딴 집 며느리는 다 이 정도는 하더라'라는 논리로 접근한다면 그건 제가 소박맞을 일이라 생각해요. 단지 그거 때문에 이혼해도 된다고 생각해요.

결혼하면서 처음 듣는 '예의'나 '상식' 같은 것도 많은 것 같아요. 예를 들면 결혼하고 첫 시어머니 생신상은 며느리가 차려야 한다는 것도 결혼하고 처음 알았어요. 제 친구들은 다 그렇게 했다길래 굉장히 놀랐었죠.

다미안 그렇게 당연한 거면 교과서에 써놔야 되는 거 아니에요? 그래야 안 헷갈리지.(웃음)

에바 맞아요. 일단 저희는 '이래야 한다'라든가 뭐 그런 거에 대해서는 거의 모른다고 보시면 돼요. 모르기 때문에 안 하는 거고, 알더라도…

다미안 알더라도 동의가 안 되면 안 하죠.

에바 아, 저희도 얼마 전에 시어머니 생신이었거든요. 신혼여행 다녀와서 얼마 안 됐는데, 깜빡하고 있다가 며칠 전에 안 거예요. 그래서 다미안만 급히 내려갔었어요.

다미안 여행 다녀오면서 날짜 개념이 없어졌는지 깜빡한 거예요. 그래서 에바한테는 미리 얘기도 못한 상황이라 부랴부랴 저만 내려갔었던 건데, 다음날 엄마가 살짝 그런 얘길 하시더라고요. 원래는 결혼하고 내려와서 인사하고 그러는 거라고. 화 내신 것도 아니고 그 마음이 이해가 안 가는 것도 아니었어요. 주변에서 '누구 며느리가 이렇게 했다더라' 그러면 부럽잖아요. 게다가 저희 엄마는 그동안 맏딸이자 맏며느리로서 역할을 다 하며 살아오셨거든요. 없는 형편에서도 챙기고 희생하고 하면서. 그러다 보니까 엄마도 갈등이 되시겠죠. 그래서 이번에 터놓고 얘기를 좀 드렸어요. "나는 결혼을 했다고 해서, 내 아내가 된 사람에게 '당신은 우리 집에 이런 의무가 있어'라고 말할 자격이 나에게 하나도 없다고 생각한다. 명절 때도 '같이 갈래?'라고 부탁해볼 순 있다. 하지만 이건 부탁이기 때문에 거절해도 화내거나 비난할 근거가 없다. 그러니까 앞으로 이런 일이 있을 때 얘긴 해볼 수 있지만, '여자니까 우리 집 가자, 결혼했으니까 우리 집안일 모셔야 된다'라는 식은 내가 요구할 수 없으니 엄마도 그건 양해를 해줬으면 좋겠다. 그리고 혹시라도 '얘네가 우릴 무시하나, 싫어하나'라고 생각하진 말아 달라. 어떤 건 정말 몰라서 안 하는 거고, 어떤 건 납득이 안 돼서 못하는 거다. 엄마가 서운해도 어쩔 수 없다." 이렇게 말씀드리고 왔어요. 엄마도 그냥 끄덕끄덕 하셨는데, 속으로 그랬겠죠. '아, 이 자식 말로 이길 수가 없어'라고.(웃음)

이번 명절에는 어떻게 하실 생각인가요?

다미안 이번엔 마침 명절 연휴 직전에 지방에 출장이 있어서, 같이 갔다가 들를 예정이에요. 하룻밤 정도 자고 바로 올라와서 연휴는 대부분 서울에서 보내게 될 것 같아요. 집에 가더라도 아마 다른 일들로 바쁠 거예요. 마침 아버지와 작업하고 있는 책이 있어서 원고도 하나 받아와야 되고, 앨범도 뒤져서 사진도 뜯어와야 되고. 부족한 원고에 대해서 편집자로서 갈구고.(웃음) 일부러 그래요. 엄마 아빠 앉혀놓고 다른 일 시켜요. 다른 데 좀 신경 쓰시도록. 그 사이에 에바가 좀 편히 쉬었으면 하고.

에바 그래도 사실 쉬는 게 쉬는 게 아니에요. 물론 다미안 집이 그렇게 불편한 집도 아니고 뭔가 시키지도 않으시는데 이상하게 그런 거 있잖아요. 아무 말도 안 했지만 뭔가 해야 될 거 같고 가만히 있으면 이상하고.

다미안 괜히 엄마가 과일이라도 썰어오면 안절부절… 아버지가 커피 끓이러 부엌만 가 있어도 안절부절못하는 게 다 보여요.

에바 정말 이렇게 먹기만 해도 되나? 이런 생각이 드니까…

처음이라 어색하기도 하고, 왠지 며느리 역할을 내가 안 하는 거 같기도 하고 그런 느낌이잖아요. 그럴 때 남편은 어떻게 하면 좋을까요?

다미안 이러고 앉아서 티비 봐야죠.(농담)

에바 그러면 이혼감이죠.(웃음)

다미안 사실 그래서 같이 가면 저도 힘들어요. 계속 신경 써야 되거든요. 그래서 뭔가 자연스러운 분위기가 됐으면 해서 일부러 무슨 할 일이 생기면 가위바위보를 한다든가 그렇게 하거든요. 물론 그냥 남의 집에 가도 그런 일 도와줄 수 있잖아요. 그런 개념으로 생각했으면 좋겠고, 저희 부모님 댁에 가도 그런 수준을 벗어나지 않길 바라요. '이제 시집왔으니 이건 네 일이야.' 그런 식은 곤란하죠. 만약 저희가 부모님 집에 얹혀살거나 또는 부모님께 받을 게 많다든지, 그럼 해야겠죠?(농담)

젊은 사람들도 부모로부터 스스로 자립하겠다는 각오가 필요한 것 같아요. 결혼이든 뭐든 마음대로 하고 싶다면요.

다미안 저는 딱 대학 오기 전까지만 부모님 도움을 받았고, 혼자 서울 올라와서부터는 그냥 제가 알아서 살았거든요. 무슨 일이든 해서 혹은 굶으면서.(웃음) 그렇게 살아왔었기 때문에 부모님도 저에게 이것저것 요구하거나 강요하지 않아요. 어떻게 들릴지 모르겠지만, 저는 '가장 좋은 유산이 가난이다'라고 생각하거든요. 저도 저희 부모님께 다른 기대나 목적이 없어요. 그냥 건강하게만 살아주셨으면 좋겠고. 인간 대 인간으로 만나는 게 좋고. 그래서 서로 상관 안 하고 내 맘대로 살 수 있는 것도 있죠. 주변에 그런 고민들 있잖아요. '저는 이런 걸 하고 싶은데 부모님이 반대하세요' 이런 거. 근데 만약 부모님 집에 살면서 부모님한테 용돈 받고 부모가 등록금 내주면, 부모가 원하는 대로 살아줄 수밖에 없어요. 그러니까 경제적 독립이 중요해요. 부모 돈 받고 부모 집에서 살고 있다면, 냉정하게 얘기해서 그 삶은 부모 인생의 연장이거든요. 자기 맘대로 하고 싶으면 풍족하지 못하더라도 경제적으로 독립되어 있어야 해요.

지금 우리 세대에 결혼 때문에 고민하는 친구들이 많이 있잖아요. 뭔가 잘못된 건 알겠는데 어떻게 다르게 할지도 막막하고, 그게 맞는 건지도 모르겠고. 그런 분들에게 해주고 싶은 얘기 있나요?

다미안 쉽지 않다는 건 알아요. 보통은 부모님, 친구들 때문에 그렇게 못하고, 또 돈 때문에 그렇게 못하죠. 가족들이 많은 경우에는 더 힘들어지죠. 그런 여러 가지 여건들 때문에 사실 자유로운 결혼식을 할 수 있는 사람들은 굉장히 소수일 거예요. 왜냐면 포기해야 될 게 많으니까요. 뿌린 돈을 생각하면 돈 걷는 형식도 맞춰야 될 거고. 그러니까 사실 가장 쉽고 부모님한테 잔소리도 안 들어도 되고 가장 돈이 덜 드는 게, 또는 돈이 남는 게 바로 일반적인 결혼식이죠. 속 편하게 할 거면 그냥 해도 돼요. 근데 사실은 그거야말로 그 사람들에게 결혼식이 별 의미가 아니란 뜻이죠. 모두가 결혼을 준비하면서 '우리는 어떻게 만났고, 우리는 어떤 사람들이기 때문에 우리에겐 어떤 결혼식이 어울려'라고 생각했다면 이렇게 모든 결혼식이 다 똑같아지지는 않았겠죠. 정말로 자신들에게 이 결혼식이 의미가 있다면, 또 내 것으로 하고 싶다면 기꺼이 그만큼의 귀찮음과 어려움은 감수할 수 있을 거예요. 어른들 세대와의 갈등은 있을 수밖에 없어요. 최대한 우리 맘대로 하고, 그런 갈등들은 그냥 감당하자는 거예요. 그 갈등을 회피하기 위해서 대충 맞춰주는 식으로 넘어간다면, 결국 그 갈등을 우리 다음 세대가 지게 되는 거잖아요. 우리가 억압이라고 느끼고 맘에 안 드는 게 있다면 우리부터 거부를 해야 우리 다음 세대부터는 그게 좀 당연해지지 않겠나 생각해요. 말만 하면 입만 산 사람이 되는 거니까.

에바 그리고 좀 더 멋대로 살아도 괜찮다고 말해주고 싶어요. 멋대로 살라는 게, '에라 모르겠다' 하고 엉망진창으로 살라는 게 아니라, 자기 자신에 대해서 좀 더 생각을 많이 해봤으면 좋겠다는 거예요. 결혼이라는 것도 결국엔 내가 행복하게 살기 위해 하는 거잖아요. 내가 뭘 원하는지도 모르고 '할 때가 되었으니' '적당한 사람'과 하는 결혼이라는 게 무슨 의미가 있나 싶어요. 누군가는 결혼을 하지 않는 게 더 행복할 수도 있고 누군가는 동성과 사는 게, 또 누군가는 고양이와 사는 게 더 행복할 수도 있는 거니까요. 모든 일에 부모님도 아니고 남의 시선도 아닌 '내'가 중심이 되어야 한다고 생각해요. 자신에 대한 질문을 많이 던져보면 좋겠어요.

어쨌든 두 분은 결국 결혼을 했지만, 이 글을 보는 분들에게 결혼을 권장하고 싶으세요?

다미안 결혼식을 안 할 수 있다면 안 하는 것도 좋고, 더 나아가서는 결혼 자체를 안 하는 것도 좋다고 생각해요. 우리는 했지만요. 저희는 어떤 이유였든 이렇게 결혼했고, 그럼으로써 결국은 이 사회가 원하는 걸 하나 순응하고 맞춰준 게 된 꼴이지만, 궁극적으론 결혼 안 해도 아무렇지도 않은 사회가 더 좋은 거 같아요. 물론 서로 사랑하는 관계들이 많으면 좋죠. 하지만 그 사랑을 꼭 법적으로 묶어두지 않아도 괜찮은 사회, 사랑하지 않는 관계가 됐을 때 헤어져도 괜찮은 사회가 됐으면 좋겠어요. 또, 어떤 형태의 가족이라도 그게 아무렇지도 않은 사회인 게 더 좋다고 생각해요. 지금처럼 특정한 형태의 가족만 인정해주는 것 말고, 그 형태에서 벗어나 있는 사람들이 많이 생겨나고 인정받을 수 있으면 좋겠어요. 그러니까 사람들이 더 용기를 내고, 대담해지고, 좀 되바라진 상상력들을 더 발휘했으면 좋겠어요. 결혼식을 해도, 결혼 자체를 안 해도, 어떤 방식으로 해도 괜찮으니까 자기가 원하는 대로, 내 것은 내 것답게 했으면 좋겠어요. 그런 사람들이 많아져야 우리도 좀 덜 외롭고, 좀 덜 이상해 보이잖아요.(웃음)

Interviewee

강은미&전석병 부부

38세, 42세 / 결혼 6개월 차

#결혼식_대신_게임_한판
#신혼집_고르는_신기술
#요즘st_신혼생활

Episode 03

결혼도 게임하듯 가벼워도 괜찮아

결혼이 삶의 필수가 아닌 시대에 결혼하기 좋은 나이라는 게 따로 있을까? 이제는 '결혼 적령기'라는 기준도 흐릿해져 가고 있는 마당에, 나이에 떠밀려 결혼을 선택하기보다는 그저 마음이 동했을 때 하는 결혼이 더 자연스럽고 옳은 선택일 것이다.

강은미**은미**•전석병**석병** 부부는 결혼을 삶의 계획표에 포함하지 않고 살아왔던 사람들이다. 프리랜서의 삶에 만족하던 이들은 언제 할지도 모를 결혼을 위해 결혼자금을 모으는 일도 애초에 그만뒀다. 과연 '뿌린 돈'을 걷는 날이 올까 싶어 아주 가까운 사람이 아니면 결혼식에도 웬만하면 참석하지 않았다. '비혼주의자'는 아니었지만, 결혼하지 않는 삶도 썩 나쁘지 않다고 생각했다.

그러다 우연히 이웃사촌으로 만난 두 사람은 친구로 지낸 지 5년 만에 연인이 되었고, 2년 만에 결혼을 결심했다. 부부의 평균 나이 40세. 결혼 적령기가 몇 살까지인지는 관심 없었지만, 이제라도 서로라면 함께하는 삶도 괜찮겠다 싶었던 것뿐이다. 단, 결혼이라는 이벤트가 일상을 침해하는 건 싫었다. 그래서 결혼식의 귀찮은 절차는 모두 생략했다. 대신 친구들과 평소 하던 대로 게임 한판 하는 거로 대신하기로 했다. 신혼집은 남들이 안 찾는 가장 오래되고 낡고 싼 집만 골라 살던 주특기를 살려 부부의 평소 활동 영역을 벗어나지 않는 서울 시내에 마련했고, 신혼여행은 매년 그랬듯 추석 연휴에 맞춰 다녀오기로 했다. 이렇듯 결혼을 잠시 틈날 때마다 하는 스도쿠 게임처럼, 무심한 듯 그러나 창의적으로 풀어나갔다.

결혼한 지 이제 6개월 차. 그 사이 신혼집에는 '홍수'가 났고, 명절에는 '시댁에서 안 자고 오기' 미션을 성공시켰다는 얘기를 별거 아니라는 듯 툭툭 내뱉는다. 앞으로도 추석 때는 쭉 여행을 다니기로 했다는 이 부부의 '쿨내' 진동하는 신혼생활을 듣고 있자니, 이쯤에서 마음에 걸리는 게 하나 생각났다. 프로젝트를 시작할 때 편의상 '요즘 것들'의 나이를 대략 20~30대로 정의했던 것. 내가 틀렸다. '나이와 상관없이 청개구리 기질 다분하며 제멋대로 사는 부부'인 그대들, '요즘 것들'로 임명한다.

#결혼식_대신_게임_한판

"귀찮아서 그랬어요. 이것저것 따지고 준비하다 가는 결혼 못 할 것 같더라고요."

두 분은 '비혼주의자'까지는 아니었지만 그동안 결혼 생각 없이 살아오셨잖아요. 어쩌다 결혼을 마음먹게 되었던 건가요?

은미 저도 예전에는 결혼하려고 마음먹은 적도 있었어요. 나이도 좀 있다 보니 결혼할 뻔한 일도 있었고요. 근데 그렇게 마음먹었을 땐 그게 잘 안 되더라고요. 그 이후에 결혼 안 하고 사는 것도 나쁘지 않다는 생각을 했고요. 이 사람과 2년 사귀는 동안에도, 한 1년 6개월까지는 결혼 생각이 없었어요. 근데 어느 날 자연스럽게 그런 마음이 생기더라고요. 결혼이라는 게 미래에 대한 우리끼리의 약속이잖아요. 당연히 서로에 대한 믿음이 있는 상황이었지만, 그래도 그 정도 약속을 해두면 오히려 더 마음이 자유롭지 않을까 싶었던 거 같아요.

석병 저는 그동안 살면서 한 번도 결혼하고 싶다는 생각을 했던 적이 없었어요. 그동안 만났던 여자친구들이 결혼하자고 했을 때도, 저는 거절했어요. 그동안 연애하던 여자친구들은 대부분 좀 의존적인 타입이었는데, 저는 그게 부담스러웠던 거 같아요. 그랬는데 이 사람을 만나고 나서 자연스럽게 결혼이란 걸 해도 괜찮을 거 같다는 생각이 들더라고요. 일단 사람이 굉장히 독립적인 거예요. 자기 일 똑 부러지게 잘하고, 누구에게든 의존하지 않는 성격이고. 그런 걸 보면서 이 사람이라면 같이 살아도 좋겠다는 생각이 들었던 거 같아요.

자유로운 타입의 분들이라 그런지 결혼식도 굉장히 파격적으로 하셨어

요. 식 없이 카페에서 게임을 했다고요. 그렇게 하게 된 이유가 있었을까요?

은미 일부러 특이하게 하려고 한 건 아니고, 말하자면 그냥 귀찮아서 그랬어요. 그냥 아무리 생각해도 결혼식은 너무 귀찮은 게 많은 거예요. 이것저것 알아봐야 하고 챙겨야 할 것도 너무 많고. 이러다간 도저히 결혼을 못 할 거 같았거든요.(웃음)

그래서 카페에서 친구들끼리 게임을! 너무 궁금한데요. 대략 어떤 식인 거예요?

은미 말 그대로 결혼식 대신 카페에서 친구들 모아놓고 게임하면서 노는 파티를 한 거예요. 저희가 연애 전부터 오랫동안 친구 사이였거든요. 그 친구들 모임이 있는데, 크리스마스이브 때마다 한 친구가 운영하는 카페에 모여서 항상 게임을 하면서 놀았었어요.

석병 그렇게 평소 놀던 대로 그냥 우리 결혼하는 기념으로 한 번 더 하자 했죠. 그렇게 해서 다들 모였고 게임 한바탕 하고 노는 걸로 퉁 친 거죠.

게임이라면 어떤… 보드게임? PC게임?

은미 아, 그런 게임은 저희 어려워서 못해요.(웃음) 그냥 그런 거 있잖아요. 아무 책이나 동시에 펼쳐서 내용 중에 사람이 제일 많이 나오면 승! 뭐 이런 게임들이요.

석병 랜덤 게임 같은 거 아시죠? 그냥 제기차기, 동전 던지기 같은 소소한 게임들을 종이에 50개를 적어 놔요. 그리고 뽑기를 해서 아무 게임이나 하는. 그런 단순한 게임들을 하면서 노는 거예요.

그런 단순한 게임이 다 같이 즐기기엔 최고죠. 그래도 그런 행사를 다 준비하려면 꽤 신경 쓸 게 많았겠는데요?

석병 다행인지 불행인지 그 카페 하는 친구가 그런 게임을 만들고 진행하는 '레크리에이션 병'에 걸려 있어요.(웃음) 게다가 그 카페가 넓기는 또 꽤 넓어요. 최적의 조건이었죠. 그래서 저희는 결혼 생각했을 때부터 거기서 해야겠다고 이미 마음속에 정해두고 그 친구한테 툭 던져봤는데, 흔쾌히 수락을 하더라고요. 고마웠죠. 그렇게 그 친구가 공간을 빌려주고

진행도 아예 맡아주기로 한 거예요.

은미 그동안 다들 그 친구가 진행하는 게임들을 너무 재미있게 했었고, 우리도 많이 해봐서 이게 어느 정도 흥행(?)이 될 거라는 건 알고 있었거든요.(웃음) 만약에 카페를 따로 빌려서 하려고 했으면 만만치 않은 일이었을 텐데, 그 친구 도움을 많이 받았어요.

그래도 결혼식 대신인데 서약식이라든지 그런 건 없었나요?

은미 아, 서로 편지 읽었어요. 근데 그마저도 남편이 써놓은 편지를 잃어버리는 바람에 현장에서 막 지어내고.(웃음)

석병 그것도 결혼식이라고 당일에 정신이 없더라고요. 수첩에 한 열 줄 적어 놨었는데, 와서 보니까 수첩이 아무리 찾아도 없는 거예요. 기억을 더듬어서 하는데 잘 생각이 안 나서 한 다섯 줄 정도만 즉석으로. 엉망이었죠.(웃음)

그때 부모님은 안 오신 거죠?

은미 부모님하고는 한 달 뒤에 따로 식사만 했어요. 어차피 인사는 드려야 하니까, 친척들까지 한자리에 불러서 밥 먹고 인사하는 걸로 했죠. 장소는 저희 집이 수원이고 처가가 안양이어서 그 중간 지점인 군포에서. 그게 또 어느 한쪽에 더 가까우면 좀 그렇잖아요.

그동안 많은 결혼식을 봤을 거잖아요. 혹시 그때 봤던 기존의 결혼식에 대한 생각이 지금 두 분의 '게임하는 결혼 파티'에 영향을 준 부분이 있나요?

은미 예식장이 요즘에야 많이 좀 예뻐지고 했다지만, 사실 제 스타일은 아니었거든요. 어색하게 만들어진 것 같은 공간이 일단 마음에 안 들었고, 그래서 은연중에 '저렇게 밉게, 복잡하게 하기는 싫다' 뭐 그런 생각을 했었죠. 근데 막상 알아보니까 또 그렇게 안 하고 조금만 다르게 하려고 해도 너무 비싼 거예요. 그래서 아예 모든 걸 생략하는 게 낫겠다 싶었죠. 옛날 같았으면 그냥 아무것도 없는 공간 빌려서 내가 직접 다 스타일링을 해서 할까 하는 생각도 했을 텐데, 이게 시간이 좀 흐르면서 저도 결혼식이라는 것에 대한 욕심도 좀 없어지고 꼭 그렇게도 할 필요 없겠다 싶어진 거 같아요.

석병 저는 사실 예전부터 결혼에 대한 생각이 정말 없었어요. 그래서 남의 결혼식도 잘 안 갔었거든요. 물론 저를 고용해주는 클라이언트의 결혼식이라든가 그런 데는 생계를 위해서 좀 가고.(웃음) 아무튼 저는 그동안 '뿌린 것'도 별로 없다 보니까 결혼식을 안 해도 별로 아쉬울 것도 없었고요. 그런 상태였는데, 마침 그런 친구도 주변에 있고 아내와도 생각이 맞아서 우리만의 파티를 진행하게 된 거죠.

부모님은 그렇게 하는 것에 대해서 아쉬워 하거나 반대는 안 하셨나요?

은미 저는 사실 결혼식에 대한 이런 생각이 이 사람 만나기 전부터 있었거든요. 부모님한테도 종종 얘기했었고요. 그래서 엄마도 시댁에서도 괜찮다고 하면 그렇게 하는 것도 상관없다고 하셨어요. 물론 약간 아쉬워는 하셨지만 그렇게까지 강경하지는 않으셔서, 수월한 편이었죠.

석병 저희가 좀 늦게 결혼하는 거잖아요. 둘 나이를 합치면 거의 80이 되는 거죠.(웃음) 그러다 보니 양가 부모님 입장에서는 결혼을 하겠다는 것만으로 좋아하시더라고요. 저희도 만약 20대나 30대였으면 부모님들이 바라는 게 많았을 거예요. 근데 일단 어느 정도 포기하고 있던 상태에서 그렇게라도 한다니까 '그래 너네 맘대로 해라, 어떻게든지 결혼만 해라' 이런 입장인 거죠.(웃음) 부모님도 그렇고 주변 사람들의 기대치를 한껏 낮춰 놓으면 우리 마음대로 하는 게 가능하더라고요.

보통 결혼식은 짧은 시간에 실수 없이 하기 위해서 미리 많은 걸 준비하고 동선도 맞추고 분 단위로 계획 짜고 하는데 두 분 결혼식은 랜덤 게임에, 결혼 서약식도 즉석에서 하고. 가볍게 즐기는 느낌이에요.

은미 저희는 결혼도 그냥 일상의 한 부분처럼 생각해서 힘을 좀 뺐던 거 같아요. 결혼 때문에 서로의 일이나 생활에 지장 받지 않았으면 좋겠다고 생각했고요. 그래서 그냥 천천히 하나씩 했죠. 4월에 그렇게 파티하고, 5월 하루 가족들끼리 밥 먹고, 6월 말에 이사하고, 신혼여행은 추석 연휴 때 맞춰서 가고. 그냥 그렇게 짬 되는 대로 했었던 거 같아요.

결혼 비용도 많이 들지 않았을 것 같아요. 결혼식 대신 신혼여행이나 다른 데 좀 더 투자를 했던 건가요?

석병 저희는 그동안 결혼 생각이 없었기 때문에 따로 결혼 자금을 모아두지 않았었거든요. 그러다 보니 '뭘 아껴서 뭐에 투자하자'가 아니고 '전체적으로 다 아끼자' 그런 거였죠. 신혼여행도 가기 훨씬 전에 최저가일 때 미리 예약해놓고. 아내가 그런 걸 잘해요.

은미 결혼 생각하고 나서 둘이 적금을 만들었어요. 최대한 그 안에서 해결하려고 했고.

석병 그때 우리 50만 원씩 넣었나?

은미 웃기지마, 20만 원씩…(웃음) 아무튼 그렇게 400만 원을 모았어요. 축의금도 받고 하니까 이래저래 그걸로도 충분하더라고요.

#신혼집_고르는_신기술

"깨끗한 집보다 '내놓은 집'이 좋아요. 우리 스타일대로 살 수 있으니까."

신혼집이 좀 특이해요. 13평 3룸. 실제로 보니까 꽤 넓어 보이는데요?

석병 여기가 계약서상으론 42m²거든요. 그니까 13평 맞는데, 옛날 집이라 그런지, 체감되는 건 좀 넓게 느껴지죠. 잘 구했어요.

은미 방이 세 개니까 그런 것 같기도 해요. 하나는 침실로, 하나는 옷방으로, 원래 거실이 없는 집인데 가장 큰 안방을 거실로 꾸몄어요. 이 정도면 신혼집으로 충분하죠.

보내주신 주소로 찾아오는데 처음에 잘못 온 건가 싶었거든요. 굳이 신혼집으로 이런 낡은 집을 고른 기준이 있었나요?

은미 다른 거 없어요. '내놓은 집'이라서 골랐어요. 집 보러 다녀보면 되게 깔끔하게 해놓고 유난히 집주인이 굉장히 신경 쓰겠다 그런 집 있잖아요? 저흰 그런 건 선택을 안 해요. 집을 우리가 좀 손댈 수 있는 데, 주인이 신경 안 쓰고 낡고 오래되고 가격은 싼 데. 그런 데만 찾아다니거든요. 집 계약할 때도 아예 '셀프 인테리어에 협조한다'라는 항목을 계약서에 넣었어요.

석병 그리고 저희는 집에 있는 시간이 많아서 주변 시설과 교통이 좋은 조건을 생각한 거죠. 서울에서 계속 활동을 하니까 외곽보다는 중심에 위치하는 게 좋고요. 좀 낡았더라도 그런 조건의 집을 찾았던 거 같아요.

보통 신혼집 하면 기준이 있잖아요. 2~30평대 깔끔한 아파트 많이 찾고. 대출을 해서라도, 아니면 부모님한테 도움 받아서라도 다들 그런 식으로 많이 하잖아요.

석병 저희는 애초에 그런 생각은 1도 없었죠. 둘 다 오랫동안 독립해서 살다 보니까 이런 게 더 자연스러운 거예요. 우리 형편에 맞는 집을 찾는 게. 그리고 이런 낡은 집을 찾는 게 가능했던 이유가 저희가 예전에도 남산에 있는 거의 50년 된 아파트에 살았었거든요. 저는 집으로 살았고, 아내는 사무실로 얻어서 살면서 이웃 주민으로 5년을 알고 지냈죠. 이웃사촌으로 처음 만났던 건데, 그때 거기서 만났다는 건 둘 다 그런 취향이 맞는다는 거거든요. 싸고, 낡고, 넓은 곳의 매력을 안다는 거죠.(웃음)

은미 둘 다 그런 분위기를 좋아하는 성향이에요. 물론 새것도 좋긴 한데 우리 스타일이 아닌 새것에는 관심 없어요. 그리고 우리 물건들도 이런 데 어울리지, 새로 지은 아파트 같은 데는 좀 안 어울리는 거 같거든요. 그래서 그런 거는 아예 고민을 안 했죠.

그래도 서울 시내 한복판에서 집 구하고 또 새로 인테리어도 하려면 돈이 많이 들지 않나요?

석병 여기가 전세 1억 2천이거든요. 그중 반은 버팀목 대출로 했고요. 사실 망원동에서 이 정도면 정말 싼 거예요. 깨끗하고 새로 지은 데 말고, 낡고 오래된 곳 중에서도 잘만 찾으면 서울에서도 충분히 살 수 있어요.

은미 혼수는 저희가 둘 다 자취를 오래 하다 보니 가전제품 같은 건 어느 정도 다 있어서 새로 산 건 거의 없어요. 인테리어는 페인트칠하고 벽지, 장판만 바꿨는데 느낌이 많이 달라졌죠. 많이 들진 않았어요.

석병 아내가 인테리어, 패브릭 쪽 일을 해서 감각이 있어요.

보는 눈이 남다른 거 같아요. 망원동 한복판에서 이런 곳을 찾다니. 낡은 집이라 불편한 건 없나요?

석병 저희 이사 오자마자 집에 홍수가 났었죠, 3층인데.(웃음) 그때 장마여서 비가 엄청 많이 온 날이었어요. 너무 많이 비가 오니까 옥상에서 작은 균열 사이로 빗물이 내려오기 시작한 거예요. 원래는 양쪽 배수구로 나가야 하는데 거기가 관리가 안 돼서 막혀 있었고, 또 방수공사도 안 된 상태라 수압 때문에. 그래도 다행이었던 건 저기 TV 안테나 케이블 구멍 있잖아요. 딱 거기서만 물이 수도꼭지 틀어놓은 것처럼 콸콸콸 나왔어요. 그것만 계속 밤새도록 받아서 버리고 받아서 버리고 했죠. 그래도 제가 예전에 비슷한 일로 응급팀(?)을 부른 경험이 있었어요. 연락을 했더니 오셔서 물을 자동으로 내보내주는 펌프를 옥상에 설치해주더라고요. 일단 지금은 집주인한테 얘기해서 옥상에 자동으로 작동되는 펌프를 설치해놨고, 내년 봄쯤에 집주인이 방수공사를 해주기로 했어요.

엄청난 에피소드인데 아무렇지 않게 얘기하시네요! 여기가 그런 관리가 따로 안 되는 게 좀 불편하겠어요.

석병 네, 여기 단점은 관리사무소가 없다는 건데요. 그래서 주변도 청소 잘 안 돼 있고 주차 문제도 좀 있고. 불편한 것들이 좀 있죠. 근데 다 장단점이 있는 거니까요.

은미 사실 그래서 관리비가 없어요. 그러니까 그런 건 감수를 하는 거죠. 대신 내 집처럼 좀 해놓고 살 수 있으니까. 발생하는 문제는 이렇게 하나씩 해결하면 되고요.

아무래도 두 분은 프리랜서라서 집에서 일도 하니까 같이 있을 때가 많은 것 같은데, 서로의 영역이 좀 나뉘어져 있나요?

석병 와이프는 해방촌에 사무실이 따로 있고, 주로 집에서 일하는 사람은 저예요. 저 혼자 살 때는 방 하나를 작업실로 썼었는데, 결혼하면서 거

©Kang&Jeon

실 한쪽 벽으로 압축됐어요.(웃음) 그래도 여기만은 제 영역이고 치외법권이에요. 물론 깔끔한 스타일의 와이프가 보기에는 마음에 안 들겠죠.

은미 집이 좁으니까 처음에는 해방촌 사무실을 같이 쓰자고 했거든요. 근데 싫대요. 그러니까 이 정도면 감지덕지죠.(웃음)

석병 저는 집이 좋아요. 그래서 그냥 여기라도 끝까지 사수했죠. 가끔 답답하면 근처 카페에서도 하고요.

은미 저는 만약 집에서 할 일이 있으면 저쪽 주방 테이블에서 노트북 가지고 하고 남편은 거의 여기서. 근데 사실 이쪽 거실 테이블까지 다 점령하고 자기 공간처럼 써요. 지금 되게 불쌍한 척하는데, 아니에요.(웃음)

왠지 해방촌에 있다는 사무실도 여기랑 비슷한 느낌일 것 같아요.

석병 누가 해방촌에 작업실 있다고 하면 부자인 줄 아는데, 사실 거기도 월세 10만 원이에요. 예전에 거기가 와이프 집 겸 작업실이었죠.

은미 그때도 부동산에서 너무 좋은 데만 소개시켜주는 거예요. 그래서 그렇게 좋은 데 필요 없고 싸고 넓은 데 알려달라고 해서 찾은 곳이죠. 언덕에 있긴 한데 여기도 집주인이 전혀 터치 안 하는 데라서 집값도 안 올라요. 월세 이번에도 안 올랐어요.

남들이 다 원하는 그런 곳이 아닌 블루오션을 잘 찾고 개성있게 활용할 줄 아시는 거 같아요. 부러운 능력이네요.

은미 일부러 특이한 걸 찾는 건 아니고 저희 스타일에도 맞고 형편에도 맞는 데를 찾다 보니까 그렇게 되는 거 같아요. 공간하고의 인연도 사람 보듯이 보다 보면 나타나는 거 같더라고요. 조급한 마음 없이, 장점들을 선택적으로 보면 되는 거죠. 뭐든 다 충족하긴 힘들잖아요.

석병 보통 잘 선택하지 않는 걸 선택하는 그런 성격 때문에 와이프가 절 선택한 거 같아요. 그런 모험심이 고맙다고 제가 항상 얘기해요.(웃음)

#요즘st_신혼생활

"각자의 사생활은 존중하되 최소한의 룰은 지켜야죠."

서로 독립적인 생활을 오랫동안 유지하던 두 사람이 같이 살게 되었을 때 부딪치는 부분도 많을 것 같은데, 두 분은 어땠나요?

은미 다른 건 별 문제가 없는데, 남편이 '취미 덕후'예요.

석병 취미가 많은 게 취미죠. 제일 즐기는 건 커피. 지금 반 바리스타 급으로 하고 있고요.(웃음) 그리고 최근에 새롭게 생긴 취미는 자전거예요.

은미 사실 취미 자체를 뭐라고 한 적은 없어요. 그리고 취미 한다고 뭘 자꾸 사는데 그것도 어차피 자기 돈으로 사는 거니까 상관없죠. 근데 문제는 정리를 잘 못 한다는 거죠.(웃음) 커피 한 번 하면 원두 가루 여기저기 떨어져 있고. 그럴 때 디스를 좀 하죠. 그리고 짐이 엄청 늘어난다는 거예요. 저희 집이 작잖아요. 지금 베란다에도 짐이 엄청 많은데 점점 더 늘어나고 있어요. 지금 저기 롱보드도 있고요, 자전거 있죠, 기타 있죠, 미니카 있죠, 커피 있죠, 필름카메라는 장까지 만들었죠. 그 모든 취미가 짐이라는 게 문제죠. 그래서 정리가 안 되면 제 사무실에 좀 갖다 놓고 정리하면 좋겠다고 말해둔 상태거든요. 그럼에도 불구하고 이 공동 공간이, 내 생활이 침범받는다고 느끼면 그땐 강력히 항의를 할 거예요.(웃음)

석병 그래서 요즘은 조심히 하고 있어요. 몰래 몰래 조그만 거로.(웃음)

서로 명확한 생활 방식이 있다 보니까 느슨하게나마 규칙 같은 걸 좀 정하는 것도 좋을 거 같아요.

은미 그런 게 있었어요. 요리를 언제부턴가 제가 주로 하고 있는 거예요. 남편은 설거지만 하고. 근데 요리는 굉장히 창의적인 활동이잖아요. 메뉴도 고민하고 여러 가지 생각하면서 만들어야 하는데, 설거지는 단순 노동이잖아요. 그게 좀 얄미운 거예요. 이건 좀 불공평하다 싶어서 월수금은 제가 요리하고 화목토는 남편이 요리하기로 바꿨어요. 그리고 이렇게 돌아가면서 해야 둘 다 우리 살림을 잘 알게 되고, 혹시 서로가 없을 때에도 같은 상태를 유지하면서 생활할 수 있는 거잖아요.

석병 그리고 또 하나는 술 먹는 부분. 제가 그동안 살면서 전 여친들한테 하도 덴 게 많아서인지(웃음) 그게 신경이 쓰이더라고요. 술 먹는 자체보다 술 먹고 연락을 안 하는 그런 거.

은미 사실 저도 술을 좀 먹는 편이거든요. 그래도 이 사람이 싫어하니까 자제를 좀 하는데, 가끔 거래처들과 편하게 먹는 분위기가 되면 먹던 버릇이 있어서 계속 먹게 되는 거예요. 그리고 술 먹기 시작하면 연락을 안 하는거죠.(웃음)

석병 이 사람이 원래 스타일이 좀 그래요. 평소에도 연락을 자주 하는 스타일은 아닌데, 술 먹으면 더 안 하는 거죠. 그럼 저는 걱정되잖아요.

은미 그래서 결혼하고 나서는 술자리가 생기면 그냥 이 사람이랑 같이 나가요. 같이 술 먹는 거죠. 그러니까 마음이 편하더라고요.(웃음)

석병 보통 제가 토하고 끝나긴 하지만요.

그렇게 해도 결정이 잘 안 되는 문제는 어떻게 하나요? 누구 의견을 주로 따르는 편인지.

석병 저희는 주사위 던져요. 신혼여행 가기 전에도 마지막에 갈 나라를 정하는데 몇 박을 하느냐로 의견이 팽팽히 갈렸어요. 그때 주사위를 굴렸죠. 이 주사위가 YES와 NO밖에 없거든요. 근데 그때 NO가 나와서 그냥 원래대로 갔죠.(웃음) 의견 일치가 안 될 때는 그냥 더 고민 없이 그렇게 결정해요.

그거 좋네요, 게임하듯이 주사위로 결정하기. 그럼 서로 탓할 일이 없잖아요. 그런 거 외에, 돈 관리 같은 건 어떻게 하나요?

석병 그것도 기본적으로 서로 터치 잘 안 해요.

은미 둘 다 프리랜서라 안정적이지 않으니까 저희는 처음부터 똑같이

100만 원씩 내서 생활비로 쓰고 나머지는 각자 관리하기로 했어요.

석병 최소 150만 벌어도 100만 내면 되니까 부담 없어요.

은미 생활비 낼 정도만 벌자는 거죠. 공동생활비에서 적금도 좀 넣고요. 그 외는 알아서 해요.

석병 경조사비도 각자 따로 해요. 내 집안은 내가 하고, 너네 집안은 너가 알아서. 그게 깔끔하잖아요. 괜히 신경 안 써도 되고. 물론 어른들한테 드릴 때는 그냥 같이 주는 식으로 얘기하지만요.

저희가 먼저 인터뷰했던 다른 부부(ep.07 참고)**랑 굉장히 비슷한 방법이에요! 그런 게 '요즘 스타일'인가 봐요.(웃음) 얼마 전에 명절이었잖아요. 두 분 같은 스타일이면 명절도 별 걱정 없을 거 같은데요?**

은미 저도 그럴 줄 알았는데.(웃음) 결혼하기 전에는 이 사람이 집에 전화를 한다거나 다녀온다거나 그런 걸 못 봤어요. 그리고 제가 결혼식 안 하고 싶다 했을 때도, '우리 집안은 그냥 결혼한다고 통보만 하면 돼~' 이런 식이었거든요. 그래서 굉장히 '내놓은 자식'이구나 생각을 했었죠.(웃음) 근데 막상 결혼해보니까 아닌 거예요. 가족들이 남편을 은근히 끔찍하게 생각하시더라고요. 막둥이라서. 그러다 보니까 남들에 비해서는 시댁 강도가 센 편이 아닌데 저는 애초에 그럴 거라고 생각을 못 해서인지 좀 부담이 되더라고요.

가장 부담이 됐던 건 뭐였나요?

은미 저는 다른 것보다도 명절날 시댁에 가서 하룻밤 자고 와야 되는 상황이 제일 부담이 컸어요. 부모님은 딱히 그런 얘길 안 하셨는데 남편

형제들이 다 그렇게 하고 계시거든요. 다른 많은 집들도 그렇게 하고 있고. 저는 그게 싫더라고요. 남의 집에서 하룻밤 잔다는 게 별거 아닌 거 같아도 생활 습관도 다르고 여러모로 불편하잖아요. 그래서 저는 성인이 된 후 독립해 나와 산 이후로 친정에도 잘 안 갔거든요. 저희 엄마도 서로 피해 주지 말자는 스타일이라 저희 집에 오셔도 잠깐 있다가 빨리 일어나려고 하지, 딸 집이라고 눌러 앉아서 하루 종일 있으려고 하지 않아요. 그런 분위기에서 살아왔는데, 시댁에서 자고 와야 될 것 같다는 얘길 들었을 때 제 생활을 침범당하는 느낌이 강하게 들더라고요. 저한테는 그게 좀 각오해야 되는 일인 거죠. 그래서 제 SNS에 한번 고민상담 식으로 올려봤었어요.(웃음)

보통 시댁이 멀면 많이들 그렇게 하고 있긴 하죠. 다른 친구들은 뭐라고 하던가요?

은미 사실 그렇게 물어보면서도 속으로는 자고 와야 될 각오를 어느 정도 하고 있었어요. 왜냐면 대부분 그렇게 당연하게 하고 있으니까요. 근데 사람들 반응이 의외더라고요. 절대 자고 오지 말라고 하는 거죠. 특히 먼저 결혼한 친구들이 본인도 지금까지 그렇게 해오고 있지만, 그게 첫 단추를 잘못 껴서 그런 것 같다고요. '포지션에는 후퇴가 없다' 이런 말을 하는 거예요. 처음 포지션이 중요하다는 거죠. 그 얘길 들으니까 좀 환기가 되더라고요. 제가 어릴 때부터 '착한 사람 콤플렉스' 같은 게 있었거든요. 그걸 계속 벗어나려고 노력해왔고 지금 어느 정도 극복했다고 생각했는데, 이상하게 결혼하자마자 다시 거기에 빠진 것 같다는 느낌이 들면서 이러면 안 되겠다는 생각이 들더라고요. 그래서 남편한테 명절에 시댁에서 자고 오지 말자고 얘길 했죠.

그래서 결론은 어떻게 됐나요?

은미 결론은 안 자고 왔죠.(웃음)

석병 저는 이유 불문하고 와이프가 자고 오기 싫다고 하면 그렇게 해야 된다고 생각을 했어요. 그래서 첫 단추를 한 번 잘 껴보기로 했죠. 명절 전날에 할 일 다 끝내고 나서 '우리는 안 자고 가겠다, 갔다가 내일 차례 지낼 때 다시 오겠다' 이렇게 바로 말씀을 드렸더니 아버지가 '대체 왜 가는 거야' 그러시더라고요. '이런 게 요즘 스타일이야' 하고 문 닫고 나와 버렸어요.

그냥 돌직구로 날렸네요. 그 후에 부모님이나 다른 가족들이 뭐라고 안 하시던가요?

은미 다들 말문이 막히신 건지 몰라도 딱히 별 말씀은 없으셨는데, 뒤에서 욕했을 수도 있죠.(웃음) 근데 뭐 그것까지 어쩔 순 없는 거니까. 그리고 만약에 대충 핑계를 대고 나오게 되면, 앞으로도 계속 핑계를 대야 하니까 그냥 아예 처음부터 '안 잔다'는 걸로 대놓고 얘길 하자고 했던 거였어요.

석병 결혼했는데 가족들한테 저희를 맞춰줄 순 없잖아요. 저는 한 사람만 맞추면 된다고 생각해요.

은미 그래도 남편의 이런 부분이 고맙긴 하죠. 만약 이런 걸로 우리부터 대립했으면 이 사람 설득하는 데 에너지가 더 많이 들었을 텐데. 다행이죠.

그럼 앞으로도 계속 이렇게 지낼 생각인가요?

석병 저희 부모님들이 강요하는 스타일은 아니에요. 또 제가 말 잘 안 듣는 막둥이로 포지션이 돼 있기 때문에, 거절하면 더 이상 얘기 안 하시는 스타일이거든요. 앞으로도 자고 오는 일은 없을 거예요.

은미 저희만 이러는 게 좀 미안하긴 한데, 할 수 없죠. 근데 저는 이번 일이 다시 한 번 제 마음을 다잡는 계기도 된 거 같아요. 그렇게 하고 싶지 않은 걸 똑바로 말하고 안 해봤다는 건 잘한 거 같아요. 그리고 그거 하나를 제 뜻대로 하기로 하니까, 오히려 다른 걸 더 잘하고 싶어지더라고요. 전화도 전에는 좀 안 했었는데 알아서 전화도 좀 드리게 되고. 저는 앞으로도 부모님께 '내가 잘해드리고 싶을 때' 잘해드리고 싶어요.

그건 잘 결정하신 것 같아요. 근데 명절에 일이 그것만 있는 건 아니잖아요. 어땠어요?

석병 그전에는 명절에 집에 가도 동네 친구들 만나러 나가서 놀기 바빴거든요. 근데 처음으로 저도 다섯 시간 전 부치면서 부엌에 같이 있었어요. 아내한테 미안해서 거길 못 뜨겠더라고요.

은미 제가 봤을 때 이 사람은 저한테 미안한 것도 있었겠지만, 명절에 남자들이 할 일 없이 앉아 있는 데 끼는 게 더 어색했던 것 같아요. 그래서 와서 뭐라도 거드는 게 덜 어색해서 겸사겸사 한 걸 거예요.(웃음)

석병 아니야, 잘못 알았어. 난 자길 위해서 한 거야.(웃음)

은미 근데 저도 비슷하거든요. 괜히 어중간하게 서서 기웃거리면서 대화거리 찾고 그런 거보다 차라리 육체노동이 편한 거예요. 그래서 알아서 좀 한 거고, 대신 다음날 친정 가서 설거지를 남편 시켰죠.(웃음) 근데 저희 엄마가 난리가 났어요. 왜 사위한테 일을 시키냐고. 제가 '엄마 나 시댁에서 몇 시간 일하고 왔는지 알아? 그러니까 사위 좀 시켜도 돼.' 그랬거든요. 근데 보면 시댁은 그런 생각 안 하시잖아요. 며느리 왔으니 일하는 거 당연하게 생각하시죠. 저는 단순히 일한다는 자체보다도 그런 걸 너무 당연하게 여기는 분위기는 좀 별로인 거 같아요.

'요즘 스타일'대로 밀고 나가서, 명절에 아예 부모님 댁에 안 가는 건 어떻게 생각하시나요? 다른 부부는 각자 자기 집으로 가는 거 추진해보신다 그러더라고요.

석병 안 그래도 저희 추석 때는 양가 다 안 가고 여행 가기로 했어요. 매년 추석은 여름휴가를 가는 거로.

은미 왜냐면 제가 예전부터 프리랜서니까 따로 여름휴가라는 게 없잖아요. 그래서 항상 추석 때 여행을 갔어요. 거래처 같은 데가 다 같이 쉬

는 때가 그때밖에 없으니까.

석병 그걸 강조했죠. 그리고 저희 집은 대외적으로는 이 사람이 가장이에요. 어른들한테 며느리가 돈을 더 많이 벌어오고 일도 많다고 말을 해놓아서, 며느리가 바쁘다고 하면 이해하게끔. 물론 실제로는 누가 가장이든 상관없는 체제이긴 한데. 전화 오면 옆에 있는데도 며느리 오늘 일 나갔다고 일부러 좀 그러죠.

은미 어른들한테 무조건 '요즘 스타일'을 들이밀면 갈등이 생기잖아요. 그런 식으로 좀 '시나리오'가 있어야 되는 거 같아요.

Interviewee

박은지&이재룡 부부

30세, 29세 / 결혼 2년 차

#시댁이_불편한_이유
#제사는_안_갑니다
#집안일은_모두의_것
#효도는_셀프

Episode 04

할 말은 좀 하는 며느리입니다만

누구나 결혼을 했다고 해서 전통적인 결혼 문화에 대해서도 동의를 한다는 뜻은 결코 아닐 것이다. 하지만 말을 꺼내기 껄끄럽다는 이유로, '잠깐이니까 참자, 나만 참으면 모든 게 평화로워'라는 마음으로 동의하지 않는 일을 한 번 두 번 그냥 넘어가다 보면, 그것은 은연중에 당연한 것이 되어 있기 마련이다. 그리고 어느 날 정신을 차렸을 때, '불편하지만 당연히 해야 되는 것'들로만 가득 찬 이상한 결혼생활을 마주하게 될지도 모른다.

그런 결혼생활은 원치 않았던 박은지**은지** • 이재룡**재룡** 부부는 결혼을 앞두고 마치 예상문제를 풀어보듯 앞으로 결혼생활에서 발생할 문제들에 대해 대화를 시작했다. 가사 분담은 어떻게 할 건지부터 시작해, 결혼 후 양가에 전화나 방문은 어떻게 할 건지, 명절에 여자들만 일하는 것에 대해 어떻게 생각하는지 등 결혼 문화에 대한 서로의 가치관을 확인하는 과정이었다. 그 과정 속에서 은지 씨 눈에 한없이 특별해 보이던 재룡 씨가 사실은 일반적인 가부장적인 분위기 속에서 자라온 평범한 남자였다는 것도 알았고, 재룡 씨 눈에 그저 사랑스럽기만 하던 은지 씨가 어른에게도 '할 말은 할 수 있는' 강단 있는 사람이라는 것도 알았다. 그때부터 두 사람은 갈등을 피하기보다 더 많은 대화를 통해 그 간극을 좁혀가기로 했다. 그리고 결혼한 지 2년이 다 되어가는 지금, 두 사람은 살면서 감지되는 작은 불편도 허투루 넘기지 않게 됐다. 어른들의 '별 뜻 없이 한 말'에도 아닌 건 아니라고 말하게 됐고, 선을 넘는 참견에는 '그건 저희가 알아서 할게요'라고 말할 줄 알게 됐다. 동의하지 않는 것에 휩쓸려가는 대신 '버르장머리 없는' 사람이 되기로 한 건 오롯이 두 사람만의 독립적인 결혼생활을 위한 선택이었다.

꼬박꼬박 할 말 다 하는 이 '요즘 것들'에게 누군가는 '원래 결혼하면 다 그런 법'이라며 체념 어린 조언을 할 것이고, '그게 싫으면 결혼하지 말았어야지'라고 눈을 흘길지도 모른다. 그러나 이들이라면 그런 날 선 시선 앞에서 이렇게 말해줄 것이다. "그러려고 결혼한 거 아닌데요."

#시댁이_불편한_이유

“별 일 하지 않았어도, 별 뜻 없이 한 말이라도 불편할 수 있거든요.”

두 분은 양가 부모님 댁에 얼마나 자주 가시나요?

은지 저희는 되도록 명절, 생신 같은 일이 있을 때만 가고 있어요. 사실 이것도 결혼 전에 얘기했던 부분인데요, 신랑 직장이 시댁에서 가까웠기 때문에 신혼집도 근처로 마련하다 보니 은연중에 시댁에 자주 가야 될 것 같은 분위기였던 거죠. 근데 둘 다 일을 하고, 우리 둘이서 온전히 함께 보낼 수 있는 시간이 주말밖에 없잖아요. 그래서 너무 의무적으로 부모님을 찾아 뵙기보다는 생일 같은 행사가 있을 때 공식적으로 만나 뵙자고 합의를 해서 그렇게 하고 있어요.

가끔이라도 시댁에 가면 주로 어떻게 시간을 보내죠?

재룡 아무래도 오랜만에 가면 저희 부모님이 말을 무척 많이 하세요. 저보다는 주로 아내를 통해서 하시는 거죠. 솔직히 저는 귀찮으니까 그냥 소파에 앉아 쉬면서 모른 척할 때가 많았어요. 가끔 아내가 ‘자기가 대답 좀 해~’ 그러긴 했는데, 아내가 잘하고 있으니까 솔직히 문제라는 생각을 못 했어요. 근데 아내에게도 그게 어려운 일이라는 걸 알고 나서는 저도 참여하려고 노력하고 있어요.

은지 저는 저희 친정에 같이 갔을 때 혹시라도 남편이 불편해할 수 있는 질문 같은 게 나오면 대답을 제가 ‘스틸’하는 편이거든요.(웃음) 남편이 불편함이 없도록요. 남편도 저와 시부모님의 사이에서 그런 역할을 해줬음 좋겠죠. 제가 말하기 불편한 것을 대신 잘 어필해준다든가, 중재하는 역할이 서로에게 필요하다고 생각해요.

반대로 처가댁에 갔을 때는 어떤가요?

재룡 사실 처가댁에서 저도 편하지는 않아요. 잘해주셔도 아직 어색한 게 있죠. 밥을 먹고 접시라도 치우려고 하면 아버님이 가만히 있으라고, 그냥 가서 티비나 보라고 하시니까.(웃음) 분위기가 다르긴 한 것 같아요.

은지 저희 엄마 아빠는 나서서 이런 거 하지 말라고 하시죠. 그니까 신랑은 저희 집에서 완전 백년손님 대우를 받고 있는 거고, 저희 시부모님이 되게 잘해주시지만, 저는 어쩔 수 없는 며느리인 거고. 그 미묘한 차이가 있죠.

부모님과 대화가 많이 오가다 보면 의도치 않게 불편한 상황이 생길 때도 있잖아요. 두 분은 그런 경험한 적 있었나요?

은지 물론 좋은 시부모님이시지만, 어른들의 '별 뜻 없이 하신 말'이 확 꽂힐 때가 있잖아요. 어른들은 그렇게 살아오셨기 때문에 무심결에 하는 말이지만, 저희가 듣기에는 성 역할을 규정한다든가, 차별적인 발상이 묻어있는 말이 오갈 때가 생각보다 많아요. 악의가 없더라도 말이죠. 언젠가 명절이었는데 친척 어른들과 술자리가 끝나서 정리하던 중에 남편이 먼저 일어나 접시를 들고 부엌으로 갔어요. 그걸 보신 아버님이 농담처럼 "쟤가 지금 설거지를 다 하러 가네, 귀하게 키운 아들인데." 그러시는 거예요. 일단 그게 사실도 아니었지만, (남편도 부모님이 바쁘실 때 혼자 식사도 하고 설거지도 했다는 걸 알고 있었거든요.) 그런 팩트가 중요한 게 아니라 결혼하고 아들이 변했다고 말하고 싶으셨던 거죠. 결과적으로 남편이 안 하면 누가 하라는 말이겠어요. 제가 해야 되잖아요.(웃음) 아버님께 침착하게 웃으면서 한마디 드렸죠. “아버님, 저도 귀한 자식이에요, 저도 설거지 안 해보고 컸어요.”라고. 아버님이 약간 당황하시면서 우리 며느리 천상 여자인 줄 알았는데 아니라고, 그러면서 넘어가긴 했죠. 별말 아닌 것 같지만, 그런 게 바로 아들은 언제까지고 돌봐줘야 하고 보호해줘야 하는 존재이고, 그러니 그 외의 일들은 며느리가 해야 한다는 식의 발상이 담긴 말인 거예요. 남편은 물론 제게 귀한 사람이지만, 그게 부모님이 귀하게 키우셔서는 아니거든요.

그런 상황은 사실 생각지 못하게 튀어나올 때가 많은데, 이럴 때 남편 분은 어떻게 대처하는 편인가요?

재룡 솔직히 말하면 그 상황에서는 뭐가 문제인지 바로 깨닫지 못할 때가 상당히 많았죠. 아내가 따로 집에 와서 그때 그랬었다고 얘기해주면 그때서야 그럴 수 있었겠구나 하는 생각을 하게 되더라고요. 제가 평소에 아무 생각 없이 받아들였던 말이나 농담처럼 했던 말들에 대해 다시 한 번 생각해보게 됐고요.

은지 사실 제 남편이 특별히 무심한 게 아니라, 그런 말을 들었을 때 불편함을 느끼는 사람과 불편한 줄 모르는 사람의 사이에 사회적 배경이 있다고 생각하거든요. 그런 걸 계속 강요 받아왔던 입장과 그런 걸 전혀 신경 쓰지 않고 살아왔던 입장에 대한. 그래서 저는 묵혀 두지 않고 바로 말을 다 하는 편이고요. 그 당시에는 저도 ‘어? 이게 뭐지?’하고 넘어가게 되는 그런 상황도 많거든요. 그런 것도 나중에 남편과는 얘기를 꼭 하는 편이에요. ‘그때 내가 좀 불편했다. 이런 건 아닌 것 같다’라고. 그러면 남

편은 저에게 그냥 좀 넘어가자거나 참으라고 하는 게 아니라, 내가 바라는 관계에 대해 귀 기울여주죠. 그래서 이런 대화가 가능한 것 같아요.

한 번에 터뜨리지 않고 꾸준히 얘기하는 거 좋은 거 같아요. 공감대도 계속 쌓아갈 수 있고. 하지만 정작 어른들에게 할 말을 한다는 건 아무래도 좀 어렵잖아요.

은지 저도 처음에는 며느리인데 그러면 안 되는 것 같다는 생각을 했었어요. 시댁 가면 잘해야 되고, 부지런도 떨어야 되고, 어머님이 요리 이거 할 줄 아냐고 물어보시면 할 줄 안다고 해야 될 것 같고. 우리가 어릴 때 왜 '신부수업'이란 얘길 많이 듣고 자랐었잖아요. 여자는 음식도 잘하고 집안일도 잘하고 그래야 시집 잘 간다고. 그런 교육을 잘 받고 성장한 사람처럼 보여야 좋은 아내라는 생각이 저한테도 깔려있었던 것 같아요. 그랬었는데, 점점 이건 아닌 것 같다는 생각이 드는 거죠. 여자라고 실제로 살림을 따로 배웠던 것도 아니잖아요. 그러니 그런 것들이 남편만큼 저에게도 어려운 일이고요. 둘이 동등하게 결혼을 했는데 저에게만 온당치 않은 역할이 부여되는 건 불공평하다는 생각이 들면서, 어른들에게도 할 얘기는 좀 해야겠다는 생각이 들었어요. 이렇게 얘기함으로써 그것에 대해 한 번쯤 생각해볼 수 있는 기회가 될 수 있을 거라 생각해요. 어쨌든 부모님들도 지금까지 그런 생각을 안 해보고 살아오셨으니까요.

보통은 잠깐이니까, 일년에 몇 번 안 되니까 그냥 넘어가자 하게 되는 거 같아요. 그 말 꺼내는 게 껄끄럽고 불편하니까. 근데 그렇다고 그냥 방치하면 결국은 바뀌지 않겠죠.

은지 제가 시댁 가는 게 1년에 몇 번이나 되겠어요. 그중에서도 제가 특히 불편함을 느끼는 건 명절 정도거든요. 명절은 1년에 딱 두 번인데, 그 두 번 내가 참으면 모두 편안하고, 남편도 가서 그만큼 잘해주면 되고. 저도 알고 있죠. 근데 그렇게 하면 결국 저의 며느리로서의 낮은 지위를 인정해야 되고, 또 그 화살이 남편한테 가서 우리를 싸우게 만들잖아요. 저는 남편과 건강한 관계를 만들고 싶거든요. 그걸 유지하기 위해서 노력하는 거예요. 물론 큰 갈등으로 이어져서는 안 되겠지만 아무리 작은 일이라도 '좋은 게 좋은 거'라고 생각하면서 넘어가는 것보다는, 싫은 건 싫다고 얘기를 해서 풀어야 한다고 생각하고요. 옳지 않은 것에 대해서는 옳은 쪽으로 가기 위해서 노력해야 된다고 생각해요. 그 과정이 불편하고, 싸우게 되더라도.

아무 말씀 안 하셔도, 아무것도 안 시켜도 이상하게 불편함을 느끼는 게 되는 건 무슨 이유일까요?

은지 저도 시댁에서 저에게 요리나 설거지를 하라고 시키신 적은 없어요. 그러나 저는 그 자리에서 혼자 '설거지를 내가 해야 되나?' 같은 생각을 항상 하게 되죠. 남편은 전혀 그런 부담을 느끼고 있지 않고요. 반대로 저희 집에 가면 남편은 '어? 설거지는 내가 해야 하는데 어머님이 하시네?' 같은 생각은 아마 하지 않을 거예요. 거기에서 차이가 생기는 거고, 실제로 일을 하고 안 하고를 떠나서 일단 그런 분위기에 대한 심적인 불편함이 있다는 걸 좀 알아줬으면 좋겠죠.

재룡 사실 처음에는 그런 생각도 했었어요. 실제로는 어른들이 시키시는 것도 별로 없고, 한 일도 없는 거 같은데 왜 저렇게 불편해 하나. 이런 생각도 안 했다면 거짓말이죠. 근데 아내와 좀 더 깊은 얘기를 해볼수록 그 심정이 이해가 되더라고요. 일 자체가 힘들지 않더라도 그 불편함에 대한 근본적인 이해가 필요했던 거예요. 혼자 내버려두는 게 아니라 같이 해야 하고요. 거긴 저희 집이니까요. 관계가 더 나아지기 위해서는 그걸 공감하고 들여다보려고 해야 하는 것 같아요.

저희도 설거지 관련해서 비슷한 상황이 늘 반복됐는데, 앞으로는 남편과 같이 하겠다고 말씀드리고 나서는 시댁에 가서도 덜 불편하고 남편과도 싸울 일이 없어졌어요.

은지 맞아요! 그렇게 표현했을 때 훨씬 관계가 편해지지 않나요? 내가 뭔가 부당한 대접을 받고 있다고 느꼈는데 그걸 그냥 '어차피 자주 하는 것도 아니고 좀 참자'라고 생각하는 것과, 그걸 어떻게 순화해서라도 '남편이랑 같이 할게요'라고 말하는 것은 정말 천지 차이가 있는 거 같아요. 다른 사람의 요구를 거절하거나 싫다는 표현을 하는 건 누구에게나 어려운 일이지만, 나 자신을 지키기 위해 때로는 용기가 필요하다고 생각해요.

#제사는_안_갑니다

"아무리 전통이라도 누군가 불편하다면 바뀌어야죠."

상견례 때 아버님이 제사에 참석하라고 해서 당황하신 적이 있었다고요. 어떤 상황이었나요?

은지 그러니까 그때까지만 해도 신랑 집안 분위기 같은 건 신랑한테 전해 들은 게 전부여서 방심하고 있었거든요. 남편이 늘 '우리 엄마는 안 그래' 라고 했었고. 근데 정말 어머님은 안 그러시는데, 아버님이 굉장히 그런 걸 중요하게 생각하시는 분이셨던 거예요. 갑자기 상견례 중에 '다음 주에 제사 지내는데 내려오라'고 하시는 거죠. 순간 당황했죠. '음… 제사? 내 인생에 제사가?' 그런 생소함과 함께 '아 뭔가 시작됐다' 이런 느낌이 들었던 거 같아요.

재룡 아빠는 그게 나름 애정표현이셨을 거예요. '이제 가족이다' 그런 뜻이었던 거 같은데, 사실 저도 제사 얘길 그 자리에서 꺼낼 줄은 몰랐어서 당황하긴 마찬가지였죠.

은지 결혼한다는 게 당연히 남편 집 제사에 참여해야 된다는 걸 의미하는 건가 싶고 결혼 준비하면서 한동안 마음이 안 좋았었죠. 실제로 제사에 가지는 않았지만요.

전통적으로는 결혼하면 며느리를 시댁 사람이라고 여기기 때문인 것 같아요. 보통 명절은 어떻게 보내나요?

재룡 명절과 제사를 충북 제천에서 지내거든요. 원래는 할머니, 할아버지께서 사시는 집이었는데 지금은 두 분 다 안 계시고 행사 있을 때 거기서 모여요.

은지 그러다 보니 거리가 좀 있어서 시댁에 가서 하룻밤 자고 다음날 차례 지내고 난 뒤에 바로 친청에 가요. 다른 집들과 비슷한데, 제가 음식을 하지는 않아요. 어머님이 명절에 일찍 내려오면 어색하고 일도 많으니까 그냥 밤 늦게 오라고 하셔서, 저희가 도착하면 음식 준비는 거의 끝나있어요.

일반적인 집들에 비해서는 생각보다 힘들게 보내진 않는 편인 거 같은데, 실제로는 어떤가요?

은지 맞아요. 차례 끝나자마자 너희는 빨리 올라가라고 저희를 친정에 올려보내세요. 시어머니는 명절에 지금까지 한 번도 친정을 못 가셨대요. 그 말을 듣고 저도 모르게 '어떻게 그렇게 살아요'라는 말이 튀어나오더라고요. 어머님은 저한테는 그런 걸 대물림하지 않겠다고 하셨어요. 감사하죠. 근데 문제는, 그때도 모든 가족들에게 저희 부부가 친정에 가야만 하는 피치 못할 이유가 있어야 한다는 거예요. 저희 엄마가 명절에도 출근을 하시거든요. 그러니까 사돈이 출근을 한 시에 하니까 얼굴이라도 보려면 얘네가 그전에 빨리 도착을 해야 된다 이런 식으로. 늘 어떤 핑계가 있어야 되고, 그렇게 허락을 받고, 배려를 받고 간다는 느낌 자체가 이상한 거죠. 이건 당연한 거 아닌가 했는데, 배려를 받아서 친정에 가야 한다는 게.

명절이 아닌 일반 제사에도 참석하시나요?

은지 아뇨. 저희는 제사는 안 가요. 안 가기로 했어요.

재룡 원래 결혼하기 전부터 제사는 갈 때도 있고 안 갈 때도 있었어요. 결혼하고부터 꼭 가야 하는 건 아니라고 생각해서 저희는 참여하지 않기로 했어요. 아빠가 "장손 노릇을 해야지" 같은 말을 하시긴 하죠.

은지 제사가 추석 일주일 전인가, 그렇게 날짜가 붙어 있기도 하고 어머님도 본인이 고생하신 걸로 충분하다고 하세요. 항상 어머님은 본인은 힘들게 해오셨지만 우리에게 강요하려 하지 않으시고 저희 둘이 행복하면 됐다고 해주셔서 정말 감사하죠. 근데 감사는 하되, 죄송해하지는 않으려고 해요. 며느리가 당연히 제사상 차려야 한다는 생각 역시 차별적으로 주어진 역할이라고 생각하기 때문에, 제사를 돕지 않는 것에 대한 죄책감 같은 건 안 가지려고요.

제사 문화에서 가장 이해가 되지 않는 게 그런 거죠. 남자 집 제사상인데 며느리들이 모든 준비를 한다는 거. 남자들은 보통 절만 하고.

은지 맞아요. 명절 때 차례상도 그렇고요. 여자들이 요리를 하고 준비하는 동안, 남자분들은 아침에 목욕하고 오시고, 며느리들이 차려놓은 걸로 식사만 하시고. 제사상을 준비하는 건 늘 여자들의 몫이잖아요. 그리고 또 하나 적절하지 않다고 생각하는 건, 여자만 남편 쪽 제사에 참여해야 한다는 거거든요. 백 번 양보해서 남이 아니고 남편의 조상이니까 같이 할 수 있다 하더라도, 그렇게 치면 우리 집 조상도 남편한테 보여주고 똑같이 해야 되지 않나 싶죠.

그런 풍경을 보고 있자면 제사라는 형식이 꼭 필요한 걸까 싶기도 해요. 그런 노동력 착취의 방식 말고도, 돌아가신 분을 기억하고 기리는 방식

은 얼마든지 있을 것 같거든요.

재룡 저도 제사라는 형식은 꼭 필요 없다고 생각해요. 명절에도 가족들끼리 오랜만에 만나서 밥 먹고 그런 분위기는 좋다고 생각하지만, 꼭 그 때가 아니어도 된다고 생각하고요.

은지 오늘날 현대사회에서 제사든 차례든 왜 꼭 그렇게 지내야 하나 싶죠. 근데 제가 이런 얘기를 기사로 쓴 적이 있는데 제가 지금껏 기자로 일하면서 썼던 기사 중에 가장 악플이 많이 달렸어요.(웃음) 대부분 '전통을 왜 무시하느냐, 전통은 소중한 것이다' 이런 댓글들이더라고요. 전통, 물론 중요하죠. 그런데 '명절증후군' 같은 걸 겪는다는 건 누군가는 결코 그 시간이 즐겁지 않다는 뜻이잖아요. 전통이 중요하지 않다는 게 아니라, 전통이 누군가를 불편하게 만들고 있다면 지금은 바꿀 때가 된 거 아닌가 하는 거죠. 그러지 않으면 또 몇십 년 몇백 년 계속해서 누군가를 그렇게 불편하게 할 텐데. 결국은 모두 행복하자고 하는 일일 텐데, 그게 아무리 전통이라도 안 좋은 것들이 더 많이 남아있다면 바뀌어야 된다고 생각해요.

전통적인 것 중에 또 불편하게 남아 있는게 '호칭'인 것 같거든요. 그것에 대해서 생각해보신 적 있으신가요?

은지 저는 엄청 생각해봤어요.(웃음) 왜냐면 일단 남편의 여동생을 아가씨라고 불러야 된다는데 그 아가씨라는 말이 너무 어색한 거예요. 입에 붙지도 않고. 심지어 시누이의 남편을 서방님이라고 불러야 되더라고요. 너무 이상하잖아요. 되게 다 고어 같은 느낌이랄까요? 문제는 말 자체가 입에 안 붙으니까 부르기가 어색한 거예요. 친하게 지내고 친근해지려면 호칭부터 부르기 쉬워야 된다고 생각하거든요. 근데 그런 이상하게 껄끄러운 호칭 때문에 더 멀어지는 느낌이에요.

재룡 맞아요, 호칭이 좀 더 관계를 불편하게 만드는 게 있는 거 같아요. 일단 편하게 말을 걸 수가 없으니까요.

은지 그 호칭이 껄끄럽게 느껴지는 데에는 아마도 그 언어가 생긴 시대 배경에 결국 이유가 있겠죠. 남존여비 사상이 그대로 적용돼 있는 거거든요. 뭐 시'댁'인데, 처'가'라고 하는 것부터 시작해서, 여자가 남자 쪽 호칭을 부를 때에는 다 존칭이잖아요. 도련님, 서방님 같은. 근데 남편이 처가 식구들을 부를 때에는 '처형'이나 '처제'처럼 존칭이 아닌 걸로 되어 있죠. 이런 문제들까지 일일이 열거하지 않더라도, 호칭이 쉬워야 심리적인 거리감도 가까워지는 거라고 생각하기 때문에 폭넓게 생각했을 때 이젠 정말 호칭의 업데이트가 필요한 시점이라는 생각이 들어요.

그런 가족끼리의 호칭도 있지만, 부부끼리 서로 부르는 호칭도 어른들이 조정해주는(?) 경우가 더러 있더라고요.

은지 저희는 남편이 연하이기도 하고, 연애 때부터 이름을 부르거든요. 근데 언젠가 시어머니가 사람들 있을 때는 호칭을 좀 바꿔야 되지 않겠냐고 얘기하신 적이 있어요. 근데 제가 한 번도 신랑을 '재룡 씨'라고 불러본 적이 없잖아요.(웃음) 그렇다 보니까 역시나 그 말이 입에 붙지도 않고 어색하더라고요. 결국 어른들한테 남편에 대해 얘기할 때는 '남편이~'라고 말을 하고, 직접적으로 부르게 될 때는 아예 안 부르는 식으로 자꾸 의식하게 되더라고요.(웃음)

재룡 저도 정말 말을 못 걸겠더라고요.(웃음) 그냥 하던 대로 아내 이름을 부르면 안 되나 싶고 고민이 되는 거예요. 지금은 그냥 다시 이름 부르는 걸로 정리가 됐지만요.

은지 이것도 결국 아까 말했던 것과 맥락상 비슷하다고 생각하는데, 서로를 편하게 부를 수 있다면 그게 제일 좋은 호칭이 아닌가 싶어요. 호칭 때문에 말을 안 하게 된다든가 하는 건 정말 좀 그렇잖아요.

#집안일은_모두의_것

"아내가 '집사람'이라는 생각은 접어주세요."

주변에서의 불평등함을 바로잡기 위해 노력하는 만큼, 부부끼리의 조율도 중요하잖아요. 두 분 가사분담은 어떻게 하고 있나요?

은지 가사분담에 대해서도 결혼 전에 굉장히 여러 번 합의를 해서, 지금은 잘 분담해서 하고 있는 편이에요. 예를 들어 빨래는 남편 담당, 요리는 제 담당 이런 식으로요.

재룡 그냥 잘할 수 있는 사람이 맡고 있어요. 빨래는 키가 작은 아내가 세탁기 안에 든 걸 빼기가 힘드니까, 그런 건 할 수 있는 사람이 하면 되는 거고요.

얼마 전에 양성평등과 관련한 해외 콘텐츠를 본 적이 있는데, 요약하자면 집안일에도 PM Project Manager 같은 존재가 있다는 거예요. 일을 나눠서 하고 있긴 하지만, 전체를 관리하는 사람과 시키는 것만 하는 사람이 따로 있다는 거죠. 보통은 전자가 여자인 경우가 많고요.

재룡 글쎄요. 그런 개념이라면 저희는 따로 PM은 없는 것 같아요.

은지 제 주변을 보면 보통 여자가 그런 역할을 맡고 있는 게 사실인 것 같아요. 근데 사실 저희는 남편이 저보다 훨씬 깔끔한 편이어서 남편이 더 신경을 많이 쓰는 편이에요. 저는 좀 벌여놓는 편인데, 남편은 치워야 되고, 설거지도 쌓여 있으면 안 되고. 그런 편이니까 본인이 실제로 많이 하죠. 그렇다고 남편이 PM은 아닌 것 같고, 저도 시키는 것만 하는 건 아니에요.

저희도 좀 그런 편인데, 사회적인 분위기가 남자가 집안일을 하는 건 '도와주는 것'이고 여자가 하는 건 당연하게 여기는 게 있잖아요.

재룡 그런 생각은 잘못됐죠, 기본적으로.

은지 어른들도 당연하게 저를 향해서 말씀하시거든요. 음식을 챙겨주실 때도, 요리에 대한 조언을 하실 때도, 그리고 신랑의 식사를 챙겨주는 일이라든가 빨래하는 방법이라든가. 양가 부모님 모두 그런 것들을 남편한테 말하는 경우는 없고, 다 저를 향해서 하시죠. 그럼 제가 남편을 보면서 "여보 알았지? 여보 들었지?" 이렇게 해요.(웃음)

이건 좀 다른 문제이긴 한데, 은지 씨가 프리랜서라서 집에서 일하잖아요. 저도 그랬었는데, 집에서 일한다고 하니까 저희 친정엄마부터 집에 있는 제가 당연히 집안일을 맡아야 한다고 생각하시더라고요.

은지 맞아요. 그래서 결혼 초반에 그런 문제들 때문에 어른들한테도 제가 프리랜서라는 걸 아예 얘기를 안 하려고 했었어요. 저도 제 일을 해야 하고, 일을 하다 보면 집에 있더라도 집안일을 다 챙길 수 없는 건데, 그런 시선들이 되게 부담스럽더라고요. 그리고 사실 저는 그걸 제일 알아줬으면 했던 사람이 다른 누구도 아닌 남편이었거든요. 자기는 출근하는데 저는 집에서 일을 하니까, 남편이 생각하기에 '집에 있으니까 당연히 집안

일을 하겠지'라고 생각하기 쉽잖아요. 아니나 다를까, 남편이 어느 날 집이 좀 지저분하니까 "집에 있으면서 왜 집을 이 상태로 뒀냐" 같은 얘기를 하는 거예요. 이 사람도 이게 당연히 내가 해야 되는 일이라고 생각하는 건가 싶었죠. 냉장고에 음식이 방치되어 있을 때도 "이거 이렇게 방치해 놓으면 어떡해?"라고 저한테 물어보는 거예요. 이건 당연히 네가 해야 되는 일인데 왜 안 했냐는 뉘앙스로요. 그럴 때마다 "집은 우리 둘이 공유하는 공동의 영역"이라는 걸 강조하면서 이해시켰던 것 같아요.(웃음)

재통 처음에는 퇴근하고 왔을 때 집이 지저분하면 피곤한데도 뭔가를 해야 할 것 같은 압박감이 생기는 거예요. 그래서 그 역할에 대한 책임을 아내한테 물었던 거 같아요. 사실 아내도 일하면서 모든 걸 신경 쓸 수는 없는 거잖아요. 또 생활습관이 다른 건 서로 적응하거나, 신경 써달라고 요청하거나, 직접 움직이거나 하는 게 좋은 것 같아요.

가사 말고도, 집안에 챙겨야 할 대소사 같은 것도 그 집안 아들인 남편이 아니라 아내가 챙기는 경우가 많잖아요.

은지 그것도 기본적으로 남편은 바깥일을 해야 하고, 가정사를 관장하는 건 아내라는 고정관념 때문인 것 같아요. 근데 지금은 많은 부부들이 그렇지가 않잖아요. 그래서 사실 이 문제도 저희는 결혼 전에 얘길 해서 저희끼리 정리를 해뒀었거든요.(웃음) 그 문제는 이렇게 생각해보면 쉬울 것 같아요. 원래 약속을 정하는 사람이 제일 힘들잖아요. 친구들이랑 만나는 약속 정할 때도 전부 시간 맞춰야 되고 이 사람 저 사람 사정 고려하느라 복잡하잖아요. 그러니 우린 각자 하자 했어요. 너희 집 행사는 네가 조율하고, 우리 집 행사는 내가 조율하자. 이렇게 정리를 하고 결혼을 했으나! 역시나 저희 시부모님은 당연히 저에게 전화를 하시더라고요.(웃음)

그래서 시댁 갔을 때 몇 번 말씀을 드렸어요. "아 그거는 신랑이 결정을 할 거예요, 저희는 집안 행사는 각자 조율을 하기로 했어요." 이런 식으로요. 몇 번 그러고 나서는 이제 신랑한테 말씀하시더라고요.

#효도는_셀프

"딸 같은 싹싹함도 주기적인 안부 전화도 무리입니다."

보통 결혼하면 주기적으로 부모님께 안부 전화를 드려야 한다고 하잖아요. 두 분은 어떻게 하고 있나요?

은지 제 지인은 일주일에 한 번씩은 꼭 통화하자고 그랬대요. 저도 어머님이 한 달에 한 번씩은 아버님께 전화해주면 좋겠단 얘기하신 적이 있고요. 근데 사실 그렇게 일주일에 한 번, 한 달에 한 번 이렇게 정해놓고 하는 건 좀 무리라고 생각해요. 물론 그렇게 할 수 있는 사람도 있겠지만, 저는 저희 친정엄마랑도 자주 전화를 하는 편이 아니에요. 제가 그렇게 애교 있고 싹싹한 성격도 아니고요. 그렇게 주기적으로 전화를 해야 한다는 의무가 생기는 것 자체가 결혼생활을 무겁게 하는 것 같거든요.

결혼 전에는 자취하는 자식이 전화 한 통 없어도 그러려니 하던 부모님도, 결혼하면 갑자기 그 기대가 배우자에게 간다는 게 참 이상해요.

은지 그리고, 다 그렇지는 않겠지만 대개 많은 아내들이 시댁에 안부 전화를 해야 한다는 의무감이나 압박감 같은 걸 가지고 있거든요. 반면에 남편들은 보통 그런 생각 많이 안 가지고 있는 편인 것 같더라고요.

그래서 은지 씨는 어떻게 하는 편인가요?

은지 제가 저희 어머니 정말 좋아하거든요. 정말 늘 저희 입장 생각해주시고.(웃음) 근데, 전화를 한번 하시면 말을 약간 오래 하는 편이신 거예요. 그래서 처음에 일하다 전화를 받았는데 그렇게 한 40분 정도 통화를 하고 어머니가 가끔 이렇게 수다 떨자고 하시더라고요. 저는 사실 남편이랑 연애할 때도 통화를 그렇게 길게 한 적이 없거든요. 그래서 고민하다 다음 번 통화 때 어머님께 말씀을 드렸어요. 제가 기자 일을 하니까 직업적으로도 전화를 많이 하기도 하고, 그래서 평소에 전화 통화를 길게 하는 것에 대한 부담감이 있다, 뭐 이런 식으로요. 그리고 옆에서 시누이가 어머니께 '언니 일하는 데 길게 전화하지 말라'고 자꾸 얘기를 해주는 것 같더라고요. 그래서 어머니가 '아 요즘 애들은 이렇게 전화 자주 하는 걸 싫어하는구나'라고 생각하게 되셔서 이제는 자주 안 하시는 것 같아요. 근데 어머님이 저한테 전화를 자꾸 하지 않으시니까, 오히려 몇 주 지나면 제가 어머니 잘 지내시나 궁금해서 먼저 연락드리게 되더라고요.

재룡씨는 처가에 전화 자주 드리는 편인가요?

재룡 일 년에 한두 번? 어버이날 같은 때 전화 드리죠.

은지 그리고 제가 시댁에 전화드린 게 고마울 때.(웃음) 근데 저는 남편에게 요구하지 않아요. 남편도 저처럼 사교성 좋은 성격이 아니란 거 잘 알고. 본인한테 불편할 게 틀림없기 때문에 남편한테 그런 걸 기대하지 않아요. 서로 불편하잖아요. 그러니 남편도 나한테 그런 걸 기대하지 않았으면 좋겠고.(웃음)

재룡 나는 솔직히 기대 좀 했는데…(웃음)

은지 어, 좀 그런 거 같아.(웃음)

그런 것도 있는 거 같아요. 남자들만 있어서 삭막했던 집에 딸 같은 며느리가 들어와서 싹싹하게 잘 했으면 좋겠다, 뭐 그런 기대들.

재룡 맞아요. 저도 사실 결혼 전에는 부모님과 자주 연락하거나 무슨 활동을 같이 하거나 그런 일이 거의 없었거든요. 그런데 결혼하고 나니 이래저래 다 같이 모여 밥도 먹고, 아내가 한 번씩 엄마에게 연락해주는 것도 좋고. 그런 마음이 생기더라고요. 결국 내가 귀찮아서 안 하는 걸 대신 해주니까 좋은 거죠. 근데, 그게 저라면 그렇게 못할 것 같거든요. 그러니까 아내에게도 똑같이 힘든 일인데 제가 그걸 미루고 있는 거더라고요. 상대방에게 부담이 되는 일이라는 걸 남자들도 알아야 할 것 같아요. 효도를 해야 한다면 각자 알아서 하는 게 맞죠.

많은 며느리들이 내가 사랑하는 사람의 부모님이니까 남편이 못 했던 걸 왠지 내가 채워줘야 할 것 같은 그런 마음으로 한다고 하더라고요.

은지 정말 그런 문제로 스트레스 받고 있는 사람들 굉장히 많다고 생각해요. 사실 여자들이라고 다 자기 부모님한테 엄청 잘하는 것도 아니고, 효도를 해야 된다는 의무감을 강렬하게 갖고 있는 것도 아니거든요. 똑같아요. 근데 결혼하고 나면 우리 부모님한테도 안 하던 걸 시부모님한테는 해야 된다는 의무감 같은 게 주어지니까 부담감을 많이 느끼게 되는 거 같고, 나중에는 계산하게 되는 거예요. 시댁 한 번 갔으면 우리 집도 한 번 가야 되고 이런 식으로 의식적으로 생각하게 되니까 결과적으로 서로에게 좋지 않다고 봐요. 물론 제가 어느 정도는 남편이 못하는 부분을 좀 메꿔줄 순 있겠죠. 저라도 좀 더 시부모님한테 살갑게 한다든가.

근데 그건 제가 혼자 해야 되는 게 아니라 남편이 함께 해야죠. 본인 부모님이잖아요. 그렇게 충분히 저희가 함께 한다는 느낌이 드는 상황이어야 기꺼이 하게 될 것 같아요.

뿌리 깊은 가부장적인 문화가 하루아침에 바뀔 수는 없겠지만 이렇게 작은 거라도 그냥 지나치지 않고 문제제기를 한다는 것 자체가 의미있다고 생각해요. 하지만 계속해서 이런 문제로 부딪치다 보면 부부 사이에 바람 잘 날 없지 않을까요?

재룡 사실 정말 서로 좋아해서 결혼한 사람끼리는 어떤 문제든지 대화로 해결이 가능할 거라고 저는 그렇게 믿고 있고요. 물론 그래도 갈등은 생기고 싸우는 경우도 있겠지만 피하지 않을 생각이에요. 그런 생각만 잘 가지고 있으면 함께 잘 살기 위해 생기는 문제들은 무엇이든 잘 헤쳐 나갈 수 있지 않을까 그렇게 생각하고 있어요.

은지 결혼생활에 있어서 가장 중요한 건 상대방의 목소리에 집중하는 거라고 생각해요. 각자의 가족도 중요하고, 주변의 사람들이 해주는 피가 되고 살이 되는 조언이 있겠지만, 제일 중요한 건 두 사람이에요. 그렇기 때문에 제가 제일 권장하고 싶은 건, 결혼 전에 결혼 문화에 대해서 서로가 어떤 생각을 가지고 있는지 충분히 대화를 해보면서 둘의 가치관을 확인해 보는 거예요. 그리고 결혼 후에 펼쳐지는 각각의 상황에 대해서도 어릴 때부터 집에서나 드라마에서 배웠던 게 기준이 될 게 아니라, 서로가 불편하게 느끼는 게 뭔지가 가장 우선순위의 기준이 되어야 한다고 생각해요.

Interviewee

오란씨 부부

36세, 37세 / 결혼 6년 차

#불평등이_당연한
#아이_없이_살_권리
#명절_레퍼토리
#부부의_페미니즘

Episode 05

부부에게 페미니즘이 필요한 이유

오란씨 부부*는 8년을 연애했다. 두 사람은 결혼에 대해 그리 긍정적인 편은 아니었지만, 함께할 다른 방법을 찾지 못해 부부가 됐다. 그렇게 결혼한 지 6년 차가 된 부부는 스스로 '오래 잘 버텼다'고 표현한다. 프리랜서로 일하는 부부는 각자 하고 싶은 걸 계속하면서 소소하게 살아가기 위해 아이는 갖지 않기로 했다. 누가 뭐라든 합리적인 선택을 하고 자신들의 생활 방식대로 살기 위해 노력하지만, 여성인 **란** 씨가 결혼 이후 일상 깊숙이 뿌리 박힌 가부장제의 기준을 피해가는 것은 생각보다 쉽지 않았다. 남편 **오** 씨도 그 전까지 당연하게 여겼던 명절 풍경 속에 아내가 '며느리'라는 위치에 자동으로 투입되면서 벌어지는 일들을 목격하며 뭔가 잘못됐음을 느꼈다. 결혼함으로써 더 가까워져야 마땅할 부부는, 오히려 결혼함으로써 각자에게 주어지는 위치와 역할의 차이 때문에 여성과 남성 사이에 메울 수 없는 틈이 있음을 절감하게 됐다.

부부는 당장 많은 것을 바꿀 수는 없지만 '우리라도 그런 인식에 사로잡히지 않고 그것에 자연스러워지지 않기 위해' 함께 페미니즘을 공부하기 시작했다. 페미니즘을 주제로 하는 수십 권의 책을 따로 또 함께 읽었고, 식탁에서 침대에서 혹은 카페나 술집에서 페미니즘에 대해 말했고 그 대화를 기록하기도 했다.**

이제 부부에게 페미니즘은 더 이상 학문적 카테고리의 하나가 아니다. 삶과 지접 관계되는 현실이다. 남녀가 함께 살아가는 결혼생활에 있어 그 갭을 줄이고 가부장제의 틀에서 벗어나 좀 더 자유로운 관계로 발전할 수 있는 유일한 언어가 바로 페미니즘이기 때문에.

* 이 인터뷰는 인터뷰이의 요청으로 얼굴과 이름을 밝히지 않고 진행했으며, 본명 대신 남편분을 오 씨, 아내분을 란 씨로 지칭했습니다.

** 오란씨 부부가 〈현실탐구단 보고서10〉(오늘의 풍경)에 기고한 '우리 집 페미니즘을 탐구한 오란씨 부부의 페미니즘 말하기'에서 인용했습니다.

#불평등이_당연한

"결혼한 뒤로 매일같이 불평등한 상황과 마주치죠. 그게 현실이에요."

결혼 결심은 어떻게 하게 됐나요?

란 저희가 오래 연애를 했잖아요. 그 다음은 결혼밖에 없다는 생각을 했던 거 같아요. 정확히 말하면 그때는 '같이 살지 않으면' 헤어지는 거밖에 남지 않은 것 같았어요.(웃음)

오 그때는 그렇게 생각할 수밖에 없었어요. 지금 생각하면 좀 바보 같은 생각이었죠. 왜 결혼만 답이라고 생각했을까. 물론 지금 같이 사는 걸 후회한다는 건 아니에요. 결혼제도와 상관없이 우리 둘만 생각했을 때는 여전히 서로 되게 잘 맞는 짝이라는 생각이 들거든요.

그때 결혼을 결정하면서 나눴던 얘기들 중에 기억나는 게 혹시 있나요?

오 결혼 자체에 대해서 대화했던 게 기억이 나요. 결혼이란 걸 우리가 해도 되는 걸까 하는. 결혼이라는 건 사실 굉장히 많은 사람들이 보편적으로 행하는 극단적인 선택이라고 생각하거든요. 많은 게 바뀌고, 돌이키기도 힘들잖아요. 그래서 저희는 이게 극단적인 선택이라는 걸 서로에게 환기시키려 했던 것 같아요. 이혼에 대해서도 얘기했었고요. 결혼 직전에 이혼에 대해 이야기하는 커플이 많지는 않을 텐데. 이를테면 우리가 결혼을 하면 이혼도 할 수 있는 건데, 이혼을 하게 되면 어떨 거 같은지. 그때 아내는 '이혼을 하면 이혼한 여자에 대한 편견이 여전히 너무나 크기 때문에 그게 힘들 것 같다'고 얘기했었던 게 기억이 나요.

결혼이라는 세도에 대해서 긍정적이진 않았던 거네요?

란 결코 긍정적으로 생각한 건 아니었어요. 결혼제도가 많은 부정적인 것들을 포함하고 있다는 걸 항상 인식하고 있었지만, 그렇다고 '동거'를 하기에는 감수해야 할 것이 많은 거예요. 결혼이라는 제도권 안에 들어가는 것과, 동거라는 형태로 계속 지내는 것을 비교해봤을 때, 여자인 저는 감당해야 할 것이 너무 많은 거죠. 사실 남자는 어떨지 모르겠지만 저는 가족들이나 친구들, 직장이나 주변 모든 사람들에게 거짓말을 해야 되는 상황이 계속 생길 거고, 아니면 그분들을 이해시키기 위해 굉장히 많은 싸움을 해야 할 거예요. 심한 경우 연을 끊어야 될 수도 있고. 이런 상황들이 예상됐기 때문에, 그때는 결혼보다는 동거가 훨씬 더 힘든 일이라고 생각했어요. 만약 지금이라면 좀 달랐을지도 모르죠. 요즘 커플들은 동거가 좀 더 편한 선택일 수 있겠다 싶기도 하고.

오 현실적으로 여전히 동거에 대한 시선들이 별로 나아지지는 않은 것 같아요. 근데 결혼을 겪어보니까, 아 너무 '빡치는' 부분이 많다, 이럴 거면 차라리 동거를 하는 게 나았겠다 하는 거죠.(웃음)

란 맞아요. 그때는 동거를 했을 때 감당해야 될 것들이 크게 다가왔는데, 결혼을 하고 보니 여기 또한 감당해야 될 것들이 만만치 않은 거죠.

결혼 준비할 때부터 그런 것들이 쫙 리스트업 되잖아요. 남부끄럽지 않게 살아야 한다는 의무감과 함께. 두 분은 어땠나요?

란 결혼할 당시에 우리에게 중요했던 건 어떤 집에 사느냐보다 우리가 같이 산다는 것이었어요. 얼마나 집을 크게 하고 혼수를 크게 하느냐보다 가능한 한 결혼비용이 저희가 앞으로 살아갈 생계 비용을 침해하지 않게 하는 게 훨씬 중요했거든요. 그래서 집도 저렴한 전셋집을 찾아 이 동네로 온 거고요. 남자가 집을 해오고 여자가 혼수를 한다는 말들이 있지만 저희는 결혼식 비용, 혼수, 전셋집도 반반씩 했어요. 물론 제 친구들 보면 서울 시내에 30평대 아파트에 살고 있고, 다들 그 이상으로 옮기려고 노력하고 있죠. 당연히 대출도 껴 있고. 아직도 저희 언니는 저희 집에 오거나 저희 동네에 올 일이 있으면, "네가 좀 더 좋은 집에 살았으면 좋겠다, 아파트에 살았으면 좋겠다." 그런 얘기를 계속 하는데, 기분이 썩 좋지는 않죠.

오 그리고 이런 얘기에서는 꼭 남자인 저한테 화살이 오는 거 같아요. '남자인 내가 너무 능력이 없어서'라고 생각하게끔 하는 부분이 있는 거 같은데 이것도 가부장적인 개념에서 오는 것이란 생각이 들거든요. 저는 좀 뻔뻔해지려고 하죠. "내 잘못 아닌데?" 이러면서.(웃음)

란 근데 저희는 다행히도 그런 얘길 들어도 그렇게 살아야겠다는 욕구는 없는 편이에요. 그래서 이렇게 잔잔하게 살 수 있는 거 같고.(웃음)

결혼하면 여자는 집안 살림을 도맡고 남자는 밥벌이를 책임지는 가장이라는 역할이 씌워지는 것도 가부장제의 한 부분이죠.

오 사실 저희가 이렇게 결혼을 하고 살고 있지만, 결혼이라는 것 자체도 되게 구시대적인 유물이라고 생각해요. 그리고 그 결혼에 덧씌워진, 남자는 이래야 되고 여자는 이래야 된다는 관념들은 앞으로도 당연히 퇴화되어 갈 것이라고 생각해요. 그런 생각과 사고방식이 유지될 수 있는 사회는 이제 얼마 남지 않은 거 같아요. 남자들이라고 혹은 여자들이라고 해서 특정하게 정해진 패턴으로 삶을 살아가는 시대가 아니기 때문에 갈수록 그런 생각들이 변화하지 않으면 안 되는 거고요. 저희가 지금 이런 대화를 하고 있는 것도 그런 과정 중 하나겠죠.

그렇게 구시대적인 유물이지만 아직까지는 사소한 부분들까지 견고하게 뿌리 박혀 있는 거 같아요. 예를 들어 결혼한 여자가 저녁에 밖에 있으면 '남편 밥은 안 차려주냐'고 묻는다거나.

란 제 친구들도 그래요.(웃음) 너무나 당연하게 숨 쉬듯 그렇게 물어보죠. 근데 사실 그게 현실인 거 같아요. 특히 시댁에 갔을 때 많이 느끼죠. 제가 설거지를 하고 있으면 남편이 같이 하려고 한다거나 옆에 있어주려고 하거든요. 그러면 어른들이 바로 '너 좀 나와라' 그러시니까.(웃음)

오 저희 집이긴 하지만, 저는 시댁에 갔을 때 제 아내가 설거지를 한다거나 음식을 차리는 걸 당연시하는 분위기가 너무 이상하고 화가 나거든요. 얼마 전에도 그런 일이 있었어요. 집에 같이 다녀온 다음 날 엄마한테서 문자가 온 거예요. 그렇게 아내가 설거지 하고 집안일 할 때 옆에서 제가 어쩔 줄 몰라 하는 거 보기 싫다고, 유난 떨지 말라고요. 너무 화가 나서 답장을 막 쓰다가, '다음에 제대로 좀 얘기해야겠다' 그러고 참았는데.

항상 그런 얘기 듣잖아요. 그 정도는 심한 편도 아니라고. 더 심한 집도 많다고. 근데 왜 가장 보수적인 가정이 기준이 되는지 모르겠어요.

오 저는 저희 엄마가 그렇게 보수적인 가치관을 가진 분은 아닐 거라고 생각했거든요. 평생 직장생활을 하셨고, 당신이 시어머니와 시아버지가 안 계셨기 때문에 시집살이 같은 것도 크게 당하지 않으셨고. 하지만 사회 전반에 깔린 가부장제의 그런 관습들을 습득하셔서인지 본인도 자연스럽게 그런 뉘앙스, 행동을 보이시는 거예요. 그런 거에 대해서 저는 틈틈이 "세상이 변했다. 지금은 그렇게 하면 안 된다." 이런 식으로 얘길 하는 편이죠.

란 그런 상황과 매일같이 마주치면서, 그냥 우리라도 그렇게 안 살아야겠다는 생각을 하죠. 우리가 그 인식에 사로잡히지 않고, 우리가 그것에 익숙해지지 않는 것이 중요하니까. 우리는 우리의 방식대로 살려고 노력하고 있어요. 누가 그렇게 얘기하는 건 그냥 듣고 흘리려고 하고요.

그렇게 노력을 해도 '결혼'이라는 게 참 오묘한 거 같아요. 결혼 전에는 참석 안 하던 집안 행사도, 결혼한 뒤로는 꼭 참석해야 하는 분위기가 되잖아요.

란 저희 집도 남편이 결혼 전에는 어른들 생신 때도 그냥 전화 한 통 드리고 굳이 안 내려갔다고 했었는데, 결혼한 이후부터 며느리들이 생신상을 차려드리는 문화가 슬금슬금 생긴 거예요. 그래서 매번 형님이 저한테 이번 생신상은 어떻게 할 건지 의논하는 전화가 오고요. 어른들은 좋아하시죠. 며느리가 차려줬다, 자랑하고 싶으실 거고. 근데 사실 저희는 너무 부담스럽죠. 명절에는 당연히 내려가고, 생신 때, 아버님 기일 때, 어버이날도 챙기고. 그러다 보면 사실 별일 없을 때 잘 안 간다고는 해도 은근히 찾아뵙는 횟수가 적지 않아요. 거의 두세 달에 한 번은 내려가는 거 같아요.

오 부모님들이 약간 그런 판타지가 있는 거 같아요. 원래는 서로 떨어져서 살고 몇 개월에 한 번씩 보는 거에 익숙했으면서, 결혼을 빌미로 마치 '안 그랬다는 듯이' 그러시거든요. 우린 원래 화목한 가정이었다는 듯이 바뀌어요. 결혼 전까지는 자식을 성인으로 생각하지 않다가, 결혼을 하면 '이제 너네는 어른이다' 그러면서 가족 구성원으로서 책임을 요구하죠. 결국 본인들과 같은 행동 양식을 가지길 원하는 거거든요. 처음 몇 번은 저희도 뭐가 어떻게 돌아가는 건지 인식을 못 한 채 '왜 이러지' 하면서 상황에 휩쓸려 갔었는데, 지금은 정신을 좀 차리고 다시 부모님과 '거리 두기'를 하고 있죠.

결혼 전에는 멀쩡하던 사람도 왜 결혼한 후에 갑자기 조선 시대로 타임슬립이라도 한 것처럼 적응 못 하고 안절부절못하게 되는 걸까요?

란 맞아요. 결혼 전까지는 멀쩡한 사회인으로 살았는데, 갑자기 어떤 역할극 속에 내던져진 것 같은 기분인 거예요. 갑자기 며느리라고 불리면서, 마치 하녀가 된 거 같은 그런 상황에 놓이니까 판단력이 흐려지는 거죠. 〈며느라기〉라는 웹툰 보면, '며느라기'가 사춘기, 갱년기처럼 어떤 시기라고 하잖아요. 결혼 초반에 며느리들이 시댁 식구한테 예쁨 받고 싶어 하는 그런 시기가 있다고. 다른 며느리들은 다 저렇게 한다는데 나는 이렇게밖에 못 해서 어쩌지? 점수 잃을까 봐, 잘못 보일까 봐 조마조마하고. 그것도 사실 스스로 선택한 게 아니라 분위기가 그렇게 만드는 거죠.

#아이_없이_살_권리

"아이 없이 살기로 한 부부에게 출산율 타령은 그만 좀 했으면 좋겠어요."

결혼하고 나서 또 많이 듣는 게 '애는 언제 낳냐'는 말이잖아요. 아이 문제는 부부가 정말 신중하게 결정할 문제라고 생각하는데, 너무 당연스럽게 물어봐서 당황하곤 해요. 두 분의 경우는 어땠나요?

란 거의 모든 사람들이 그 얘길 했던 거 같아요.(웃음) 어른들이 특히 그런 말씀을 처음부터 많이 하셨어요. 아이 언제 가질 거냐고, 나이 얘길 하시면서 조금이라도 더 빨리 낳아야 된다고. 심지어 시어머니가 "너 피임하니?"라고 물어보기도 하셨어요. 그게 되게 충격이었거든요. 아니 그런 걸 왜 물어보시지?(웃음) 결혼했다고 해서 갑자기 우리의 성생활에 다른 사람들이 관심을 갖고 언급한다는 것이 너무 이상한 거예요. 수치스럽기도 하고.

두 분은 아이를 낳지 않기로 했잖아요. 어떤 계기로 그렇게 결정을 했나요?

오 애는 절대 싫어, 그런 건 아니었지만 우리 상황을 생각했을 때 안 낳게 될 것 같다고 생각했고, 그 생각이 안 낳겠다는 걸로 굳어진 거 같아요. 우선 저는 경제적인 부분이 제일 컸죠. 음악을 계속하면서 살고 싶은데 아이가 생기면 서로의 삶을 많이 포기해야 되잖아요. 그리고 아이에게 시간과 노력, 돈을 들여야 하는데, 저희는 그럴 수 있는 상황도 아니고요.

란 사실 저도 결혼 전에는 보통의 여자들처럼 언젠가 아이를 낳을 거라 생각했어요. 결혼 초에도 아예 낳지 말자고 결정했던 건 아니었고 지금은 일단 상황이 안 된다는 합의만 했던 것 같아요. 그러다 주변에서 아이 낳아서 키우는 친구들을 많이 보게 됐죠. 저희 언니도 애를 둘이나 낳았고요. 근데 그게 여성한테 너무 큰 고통이 따르는 일인 거예요. 육체적으로도 많이 아프고 망가지잖아요. 저는 지금도 관절이 되게 안 좋거든요. 손목, 무릎, 허리도 안 좋은데 애를 낳으면 몸이 지금보다 얼마나 더 망가지겠어요. 그리고 육아를 하면서 내 생활을 몇 년씩이나 포기해야 할 거고. 저는 그것을 모두 감수할 만큼 아이를 원하지도 않고, 아이가 꼭 필요한 것 같지도 않다는 생각을 해요.

그렇게 힘든 일인데도 불구하고 많은 여성들이 기꺼이 아이를 낳고, 거기에서 큰 행복과 기쁨을 느낀다고 하잖아요. 정말로 여성은 그렇게 자기희생적인 존재인 걸까요?

란 저도 아기들 보면 예쁘고 귀여워요. 하지만 그렇다고 아이를 낳고 싶은 욕구 같은 건 없는 것 같아요. <어머니의 탄생>세라 블래퍼 허디 저이라는 책을 보면 그런 얘기가 나오거든요. '모성애라는 건 사실 만들어진 것이고 사실 자연에서는 영아살해가 빈번하게 일어난다'고. 그리고 '아이는 모성애에 기생하는 것'이라는 말도 생물학자들이 많이 해요. 아이는 언제나 축복이나 절대선으로 표현되잖아요. 물론 아이는 사회적으로 보호해야 할 존재지만, 아이가 엄마의 생명력을 축내면서 태어난다는 것도 사실이죠. 실제로 많은 엄마들이 우울증과 수많은 병을 수반한 채 살아가잖아요.

한편으로 남자들은 자기랑 똑같이 생긴 존재를 남기고 싶어 하는 욕구가 있다고 하잖아요. 어떠세요?

란 종족 보존의 욕구라고 하나요? (남편을 향해) 그런 게 있어?

오 저는… 글쎄요. 제가 음악을 해서 그런지도 모르겠는데, 곡을 내고 음반을 내고 그렇게 나를 반영한 창작물을 계속 만들어내서 그런지, 딱히 아이를 낳아서 나의 분신 같은 존재를 갖고 싶다는 생각은 안 드는 거 같아요. 만약 실제로 그런 아이가 나온다고 해도 성격도 별로 안 좋을 거 같고.(웃음) 그리고 얘기가 나와서 말이지만, 저는 아이를 낳는 문제는 부부의 선택이기도 하지만 거의 절대적으로 아내의 선택이 크다는 것에 완전히 동의하거든요. 제가 아무리 몸과 마음을 바쳐서 옆에서 돕는다고 해도, 여성이 자기 몸에 대해서 결정할 권리를 침해할 수는 없죠. 그렇기 때문에 제가 만약 아이를 원하는 상황이라고 해도, 아내가 지금처럼 아이를 원치 않는다고 하면 더 요구하는 건 폭력이라고 생각해요.

사실 지금 우리가 하고 있는 얘기가 민감한 문제잖아요. 여전히 아이를 낳지 않기로 결정한 부부는 비정상적으로 바라보니까요. 결혼했는데 왜 애를 안 낳느냐, 그건 이기적인 행동이다, 이래서 출산율이 낮은 거다 같은 말들이 스스럼없이 나오는 걸 보면요.

란 일단 저는 출산율은 정부가 해결해야 될 문제이지 개인의 문제가 아니라고 생각해요. 그 출산율 타령이 왜 말도 안 되냐면, 일단 우리나라는 미혼모나 혼외자식을 인정하지 않고 있잖아요. 그리고 80년대에는 '젠더사이드Gendercide'라고 해서 성별에 따른 선택적 낙태가 많이 일어났고요. 그러니까 실질적으로 우리 세대에 가임기 여성이 다른 세대에 비해 부족한 거예요. 이런 척박한 환경에 비하면 우리나라 가임기 여성들은 아이를 많이 낳는 편이거든요. 근데 낳을 수 있는 사람이 절대적으로 적은 거죠. 그런데도 단지 사회의 필요에 의해서 어느 때는 죽이고, 또 어느 때는 살려야 한다고 하고 있는 거예요. 결국 국가는 숫자 올리기에만 관심이 있는 거잖아요. 저는 이런 상황이 오히려 비정상적인 것 같아요.

아이를 가져야 할지 고민된다고 하면 대개 이런 얘길 조언으로 해주죠. '아이가 없으면 외롭다', '대를 이어야 한다', '노후에 부양할 사람이 필요하다' 같은. 뭔가 앞뒤가 바뀐 얘기 같아서 딱히 와닿지는 않더라고요.

란 그런 말들, 저는 절대로 하면 안 되는 말이라고 생각해요. 왜냐면 아이는 그런 목적을 가지고 낳아서는 안 되니까요. 아이는 그 자체로 키워지고 축복받아야 할 존재이지, 부모의 욕심으로, 그 욕심의 투영으로 키

워져서는 안 되는 존재라고 생각해요. 그렇기 때문에 그런 말들은 해서도 안 되고 들어서도 안 되는 것인데, 너무 쉽게 그런 얘기들을 하고 있다는 게 안타까워요. 그리고 또 이런 얘기도 많이 듣거든요? '아이가 없는 부부는 오래 못 간다' 같은 말들. 부부관계가 나빠졌을 때 아이가 없으면 되돌릴 방법이 없다는 거예요. 아이가 무슨 부부 사이의 본드도 아니고.

오 아이를 부부 사이의 매개체로 보는 시선이죠. 그리고 만약 정말 부부가 헤어질 위기에 처해졌다면 헤어지는 게 맞겠죠. 아이 때문에 억지로 산다면 그 아이도 행복하지 않을 거고, 결코 그 양육은 바람직하지 않을 테니까요.

두 분의 이런 생각에 대해 주변 사람들과 부모님은 뭐라고 하던가요?

란 제 친구들 같은 경우도 최근까지 계속 '낳으려면 빨리 낳아라' 같은 얘길 하다가, 제가 몇 년 동안 계속 아이는 안 갖기로 했다고 얘기했더니 이제는 별로 얘기를 안 해요. 하지만 양가 부모님은 아직도 마음 한구석에 미련이 있으신 거 같아요. 명절에 인사를 가면, 그런 희망을 깔고 덕담 끝에 살짝 걸쳐서 얘길 하시거든요. 분명히 저희는 아이를 갖지 않기로 했다고 몇 번이나 못 박아서 얘길 드렸었는데도, 그렇게 공식적인 자리에서는 꼭 자식의 배우자에게 들으라는 듯이 한마디씩 끼워 넣으시는 걸 보면, 아직 포기하지 않으신 거예요.(웃음)

#명절_레퍼토리

"어른들을 바꾸는 건 힘들어요. 우리라도 그렇게 살지 말아야죠."

결혼의 불합리한 부분이 가장 극명하게 드러나는 게 명절이잖아요. 두 분의 명절은 어떤가요?

오 저희 집도 일반적인 분위기예요. 할머니가 거의 주도하시고 며느리들과 엄마가 서포트하는 그런. 사실 끼어들고 싶어도 끼어들기 힘든 구조이긴 해요. 일단 인원수가 많아서 주방이 늘 꽉 차 있기 때문에 제가 기웃거리면 '너 왜 여기 있어? 저리 좀 가 있어' 이러니까. 근데 사실 저도 결혼하기 전까지는 그런 게 이상하다는 생각을 못 했어요. 제 형이 먼저 결혼해서 형수님이 와서 혼자 주방에서 일을 하고 있을 때도, 그냥 당연한 그림이다 생각했었죠. 근데 결혼하고 나서 깨닫게 됐어요. 내 아내가 며느리라는 타이틀을 갖게 되고, 그런 현장에 투입되는 모습을 보면서 '아 이게 문제가 있구나' 싶어진 거예요. 하지만 여전히 내가 적극적으로 할 수 있는 건 별로 없어요. 그래도 '같이 해야 된다'는 생각은 생긴 거죠. 내가 직접 뭔가 하지 않더라도 아내가 뭘 할 때 옆에라도 있어주려고 하는 거죠.

란 제가 늘 명절에 시댁에만 다녀오면 기분이 나빠지더라고요. 거기에 대해서 남편과 몇 번 얘길 했고, 함께 노력을 좀 해달라고 요청을 했었죠. 그 이후부터는 명절 때 전 부치는 동안 남편이 설거지를 하기도 하고, 청소를 하기도 하고, 최근에는 전 부치는데 같이 옆에서 도와주기도 하고 그래요. 그렇게 하니까 기분이 좀 안 나쁘더라고요.(웃음) 저 멀리 떨어져 앉아서 TV 보면서 주워 먹기만 하는 게 아니라, 나랑 같이 있고 같이 한다는 느낌이 드니까. 사실 지금 상황은 우리가 뭔가 더 바꿀 수 있는 여지는 없거든요. 어른들이 너무 많고 우리는 서열이 제일 낮은 사람들이잖아요. 그런 상황에서 남편이 이 정도 노력을 해준 게 저한테는 굉장히 큰 위안이 되고 이 상황을 견디게 하는 힘이 되는 거 같아요. 이런 상황이지만 내 동지가 여기 있구나, 이런 마음이 들어서.

근데 그렇게 작은 행동, 변화조차 사실 많은 집에서 쉽지가 않잖아요. 보통 남편들이 부모님과 아내 사이에서 갈팡질팡하는 경우가 많죠.

오 확실히 해야 할 건, 남편은 아내 편이어야 한다는 거예요. 결혼한 지 얼마 안 됐을 때 아내와 어머니 사이에 좀 갈등이 있었는데, 어머니가 저한테 전화하셔서 '넌 왜 네 와이프 생각만 하고 엄마 생각은 안 하느냐'고 하시더라고요. 저는 그때 확실하게 얘기했어요. '나는 결혼을 했고, 그러므로 아내 편이다. 안 그럴 거면 결혼을 왜 하느냐'고. 어머니가 서운하게 생각할지도 모르지만 어쩔 수 없죠. 결혼 후에는 자기 부모와 어느 정도 거리 두는 연습을 해야 되는 거 같아요.

란 보통 그러잖아요. '중간에서 남편이 잘해야지'. 근데 이 말에는 그 관계의 주체가 며느리와 시어머니라는 두 여성이고, 남편은 보조 역할이라는 전제가 깔려있는 것 같아요. 사실 나와 어머니는 원래 남이었는데, 남편과 결혼으로 맺어진 관계잖아요. 남편이 있기 때문에 내가 어머니한테 잘하려고 하는 거고요. 그러니까 뭔가 문제가 있다면 30년 넘게 관계를 맺어왔던 분들이 알아서 해결을 해주고 내가 편안할 수 있게 배려를 해줘야 하는 거지, 이걸 갓 결혼해서 만난 지 한두 달도 안 된 여자들끼리의 갈등으로 치부하면 안 되죠. 시댁과의 일은 무조건 해결 주체가 남편이어야 해요. 반대로 우리 친정과 남편 사이에 갈등이 있다면 그걸 책임지고 해결해야 할 사람은 저인 거죠.

오 그럴 때 남편의 역할이라는 건 아내 입장을 대변해서 얘기하되, 아내한테 손해가 안 가게끔 잘하는 거거든요. 혹시라도 아내가 시켜서 말하는 뉘앙스가 풍기지 않게끔 '이건 엄마와 나의 관계에 대한 문제고, 이런 부분이 난 아니라고 생각한다' 이런 식으로 명확히 하는 거죠. 불편해지는 게 싫다고 이런 얘길 안 하고 살 수는 없어요. 왜냐면 지금 이미 많은 부분에서 문제가 있기 때문에, 그걸 수정하려면 조금씩이라도 얘길 해야 돼요.

명절을 각자 흩어져서 자신의 본가로 가자고 제안해본 적도 있다면서요. 어떻게 됐나요?

란 결혼하고 나서 명절 때마다 이런 갈등이 생기는 것도 피곤하고, 그냥 결혼 전처럼 각자 자기 집으로 가는 건 어떨까 싶었거든요. 그래서 저희 부모님한테 먼저 살짝 물어봤었죠. 근데 오히려 저희 친정 아빠가 절대 안 된다는 거예요. 그냥 시댁에 갔다 오라고요. 그랬지만 이번 명절 전날 저는 시댁으로 안 가고 친정으로 갔어요. 그랬더니 갑자기 엄마가 '시댁에는 뭐라고 말을 했냐, 어떻게 알고 있냐' 등등 엄청 자세히 물어보시는 거예요. 그래서 제가 명절 문화의 불합리성에 대해서 얘기를 좀 꺼냈는데, '네가 그렇게 행동하면 내가 뭐가 되냐, 딸을 잘못 키웠다는 말을 들을 거 아니냐' 막 그러시는 거예요. 그 말을 듣는데, 이 뿌리 깊은 생각을 대체 어디서부터 반박해야 될 지 까마득하고 한편으로는 엄마도 나를 가부장제 속에 며느리라는 위치로 한정 지어 생각하는구나 싶어서 되게 서운하더라고요. 그날 많이 울었죠.

오히려 그렇게 친정에서 나서서 며느리로서, 아내로서 해야 할 일을 가르쳐야 한다고 생각하는 것 같아요.

란 사실 그런 게 친정이나 시댁을 떠나 어른 세대에게 가부장제가 그만큼 견고하게 박혀 있다는 뜻인 거 같아요. 그걸 자녀들에게도 당연하게 강요하는 거고, 그것과 어긋나는 삶을 사는 자녀는 부끄러운 오점이라고 생각하는 거죠. 근데 어른들을 바꾸는 건 되게 어렵고 힘들어요. 그냥, 우리가 이렇게 산다는 걸 보여드리는 수밖에 없는 거 같아요.

그런 게 저희가 이런 프로젝트를 하는 이유이기도 해요. 아 정말 이렇게도 사는구나, 하고 실제 사례를 누군가 제시하지 않으면 견고한 성을 깨기는 힘든 거 같아요.

란 사실 어른들도 모르는 게 아니에요. 세상에 다양한 사람이 있고, 다양한 삶의 형태가 있다는 걸 우리보다 더 잘 알 거예요. 우리보다 오래 사셨으니까. 그런데도 '내 자식은 안 돼', '내 자식과 나는 평범함의 테두리 안에 있어야 한다' 같은 욕심인 거죠.

모두 그런 걸 평범함이라고 여기고 있는 분위기에서, 뭔가 문제제기를 하거나 개선해보려는 시도를 하는 게 참 어려운 일인 것 같아요.

오 저희는 또 위에 형이랑 형수님이 계시기 때문에 더 어필하기가 힘든 거 같아요. 명절에 형수님은 내려와서 일하고 있는데, 우리가 그런 문화에 반대한다고 해서 안 내려가고 우리끼리 다른 패턴으로 명절을 보내면 우리의 의도와는 상관없이 형수님은 그만큼 더 많은 일을 해야 되잖아요. 그런 데서 뭔가 미묘한 갈등이 생기는 거죠.

란 그리고 형님이 애가 셋이에요. 그러니까 항상 힘들고 지쳐있고 정신없는 상태란 말이죠. 그런 상황에서 내가 더 도와주지는 못할망정, 더 일을 가중시키는 게 마음이 편치가 않아요. 여성끼리의 '시스터후드 Sisterhood', 자매애가 생길 수밖에 없는 상황이 되는 거죠.

실례될 수도 있는 말이지만, 그럴 때 형수님의 남편, 그러니까 형은 어떻게 하고 계신가요?

오 형은… 별 생각 없어 보여요. 되게 자상한 남편, 좋은 아빠. 그런 느낌인데, 특별히 변화를 주기 위해 노력한다거나 그런 건 없죠. 그래서 딱히 나쁜 사람이다, 가부장주의자다, 이렇게 얘기할 순 없지만 좀 보수적이고 '평범한' 편인 거죠. 세상 편하게 사는 사람이죠.(웃음)

#부부의_페미니즘

"남성과 여성이 같이 살게 됐잖아요. 그 갭을 줄이려면 페미니즘은 필수죠."

두 분은 같이 페미니즘 책을 읽고 있잖아요. 페미니즘에 관심을 갖게 된 게 결혼의 불합리한 부분을 인지하면서부터인가요?

란 사실 그전까지는 저도 인식을 많이 못 하고 살았어요. 그런데 결혼을 하면서 이게 뭔가 이상하다고 느끼게 됐거든요. 실제로 내가 이 상황에 들어와서 보니 굉장히 부당한 것들이 많고, 알면서도 이렇게 휘둘릴 수밖에 없다는 걸 느끼면서 젠더 차별에 대해서 생각하게 된 것 같아요.

오 결혼이라는 과정을 거쳤을 뿐인데 아내가 '자동으로' 며느리라는 위치로 가게 되면서 벌어지는 일들을 맞닥뜨리면서 시작된 거 같아요. 이게 굉장히 억압적인 위치거든요. 또 내가 처가에서 받는 대접과 아내가 시집에서 받는 대접이 굉장히 다르고. '지금까지 우리가 그런 걸 당연하게 생각해 왔었다니?' 이런 인식을 하게 됐던 거 같아요. 그러면서 페미니즘이 내가 생각했던 것만큼 학문적 카테고리 안에 있는 게 아니라, 삶과 직접적으로 연관이 되어 있다는 생각을 하게 된 거죠.

두 분이 읽었던 페미니즘 책들 중에 부부들이 좀 읽어봤으면 싶은 게 있다면 소개해줄 수 있을까요?

란 되게 여러 가지 책을 읽었는데, 그중에서 〈아주 작은 차이, 그 엄청난 결과〉알리스 슈바르처 저라는 책은 남편이 먼저 읽고 저한테 추천해준 책이에요. 지금으로부터 40~50년 전 독일 여성들의 이야기이고, 섹스 이야기에요. 여성들이 섹스 이야기를 하면서 자신의 삶에 대해서 고찰을 하고, 남성과의 관계에 있어서 자신들이 어떻게 변화를 갖게 됐는지 이야기하죠. 근데 이게 결혼과도 연관이 되는 거예요. 사실 우리는 섹스에 대해서 어디서 제대로 배우지도 못 하잖아요. 무작정 성 경험하고 무작정 결혼하고. 그러면서 결국에는 여자는 남자를 만나서 자녀를 낳아야 되고, 남편을 섬겨야 되고 뭐 이런 생각들에 사로잡히게 되는데, 그런 생각에서 조금 벗어날 수 있는 근거가 되지 않나 하는 생각이 들어요. 여기에 실제로 그것들에서 탈피한 여성들의 이야기도 많이 등장하거든요. 오래된 이야기지만 지금도 한국 여성들은 남성에 종속된 삶을 당연하다고 생각하는 분위기가 만연하기 때문에, 이 책은 지금의 한국에서도 의미가 있다고 생각해요. 제 세대 여성들이 많이 읽었으면 좋겠고요.

오 또 그 책이 남성 위주의 폭력적인 성관계라든가 그런 문화들에 대해서도 고찰하고 있는 책이라서, 사실 저는 남자들이 더 읽어봐야 될 것 같다는 생각도 들었어요. 섹스에 대한 선입견이 남자들도 되게 많잖아요. 남자는 어때야 된다는, 사람들이 바라는 남성성 그런 것들도 있고요. 이런 선입견이 여성들만을 옥죄는 게 아니라 남자들도 억압하는 측면이 있다고 생각하는데, 그런 것에 대해 완전히 다른 관점을 제공해주기 때문에 중요한 책인 것 같아요.

남성성에 대한 얘기가 나왔는데, 페미니즘이 그런 남성성에 대한 압박에서 남자들을 해방시킬 수도 있다는 생각도 드네요.

란 그런 걸 '맨박스manbox'라고 하잖아요. 주로 서부권에서 쓰는 표현인데, '남자다움'이라는 기대에 대한 압박인 거죠. 남자는 운동을 잘해야 하고, 사회생활도 잘하고, 가정도 지켜야 하고. 남자는 울면 안 된다, 남자가 이게 뭐냐 그런 말도 많이 듣고 자라잖아요. 그런 남성성에 대한 압박도 페미니즘을 통해서 벗을 수 있다고 봐요.

오 남자들 중에도 이제는 그런 남성성에 대해 거부하는 사람들이 많거든요. 저도 핑크색을 되게 좋아하는데, 그런 사소한 것부터 시작해서, 남자가 집안을 책임지는 가장이라는 프레임에서도 해방될 수 있겠죠.

사실 요즘 '페미니즘'의 본질을 알기도 전에 이런저런 얘기들이 많아서 혼란스러워하는 사람들도 많은 것 같아요. 그런 사람들에게 추천할 만한 책은 뭐가 있을까요.

오 <모두를 위한 페미니즘>벨 훅스 저이라는 책이 있는데, 이 책은 입문서 같은 느낌이에요. 페미니즘이 어떻게 해서 생겨났고, 그 역사가 어떻고 하는 것들에 대해서 담겨 있어요. 근데 사실 아까 말했던 그런 책이 더 자극적이긴 하죠. 섹스 얘기도 많이 나오고.(웃음) 그래서 저는 오히려 그런 책을 먼저 보고 충격을 좀 먹고 나서, 뭔가 정리가 필요하다 싶을 때 이런 책을 보면 좋을 것 같아요. 흥분이 가라앉으면서 논리적으로 정리가 되거든요.

뭔가 공부한다는 건, 무엇이 잘못된 건지 알고 내 주장의 근거를 속 시원히 말할 수 있다는 거 같아요. 그저 하소연으로 끝나지 않고 개선하고 바꿔 나가려면 생각하는 힘이 필요하니까요.

란 <우리에겐 언어가 필요하다>이민경 저라는 책이 있잖아요. 제목을 되게 잘 지었다고 생각했거든요. 상황을 개선하려면 그것을 설명할 수 있는 말이 필요한 거죠. 왜 우리가 이런 상황에 놓여있고 무엇이 부당하고, 그게 어디서 온 것인지를 페미니즘을 통해 설명할 수 있으니까요. 그리고

언어는 힘이 있어요. 같은 현상을 보고도 그것을 언어로 설명할 줄 아는 사람이 석사가 되고 박사가 되는 거잖아요. 우리가 더 많은 페미니즘적인 언어를 가져야 하는 이유죠.

오 요즘 한국에서 한창 페미니즘이 힙한 문화로 소비되는 그런 시기인 것 같아요. 근데 이게 그걸로 끝나서는 안 되고 우리 세대, 우리 아랫세대에게 더더욱 상식으로 읽혀야 한다고 생각해요. 그래서 요즘 초등학교, 중학교에서도 페미니즘을 교육해야 한다는 얘기가 있잖아요. 그 생각에 동의해요. 이런 감수성과 언어를 습득하지 않으면, 앞으로 점점 더 아무 말도 못 하게 될 수도 있어요. 그만큼 페미니즘이 중요한 언어가 되어 가고 있는 거고요. 그러니 부부는 말할 것도 없겠죠. 특히나 성별 간의 갭이 큰 남녀 커플 부부라면 더더욱 책도 읽고 이야기도 하면서 이런 언어들에 익숙해져야 한다고 생각해요. 더 이상 거스를 수도, 모른 척할 수도 없는 시대인 것 같아요.

그런 의미에서 결혼한 부부가 페미니즘을 공부한다는 건 꼭 필요한 일이라는 생각이 드네요.

란 우리 이전의 어머니 세대는 아니었을 수도 있지만, 우리 세대 여성은 결혼이라는 과정을 통해서 페미니즘이 반드시 필요하다는 것을 깨달을 수밖에 없어요. 가부장제 속에서 자신의 위치에 대해서 의문이 들 수밖에 없거든요. 그랬을 때 남편들이 페미니즘에 대해서 끝까지 모른 체한다면 그 관계는 깨질 수밖에 없다고 생각해요. 이건 근본적인 문제거든요. 남성과 여성이 같이 살게 됐잖아요. 그러니 결국엔 남성들도 여성들과 같이 페미니즘에 대해서 공부하지 않고, 깊게 사고하지 않으면 그 관계는 오래 유지되기 힘들다고 봐요. 그게 결혼한 부부가 반드시 페미니즘을 알아야 되는 이유이고, 저희 부부가 계속 페미니즘을 공부하는 이유이죠.

오 완전히 동의합니다.

두 분은 그동안 페미니즘 책들을 함께 읽으면서 서로 대화도 많이 하셨을 것 같아요. 실제로 어떤 변화가 있었나요?

오 저는 책을 읽어나가면서 그동안 생각했던 것들이 많이 정리가 되는 느낌이었고요. 내가 남자라서 갖는 한계, 그냥 막연하게 '이건 좀 이상한데'라고만 생각했던 것들이 어디에서 온 건지에 대해서도 생각할 수 있었어요. 실생활에서는 아내와 결혼을 하면서 겪게 되는 복합적인 일들에 대해 페미니즘적인 관점에서 바라볼 수 있게 됐다는 게 가장 큰 변화죠.

란 저희는 사실 이런 책을 읽기 전부터 젠더 평등은 기본적으로 당연히 이루어져야 하는 지향점이라고 생각하는 사람들이었기 때문에, 그 자체에 대해 논쟁을 할 여지는 없었던 거 같아요. 단지 그걸 우리 삶에 어떻게 적용시키느냐가 문제였죠. 많은 걸 한 번에 바꿀 수는 없지만 같이 책을 읽고 대화하면서 남편은 시댁과의 관계에서 이런저런 노력을 해줌으로써 적용을 하고 있고, 저도 페미니즘 책을 읽는 것 외에 조금 더 실질적인 시도를 해보는 중이에요. 우선 여성민우회에 가입을 하고 후원금을 내고 있고요. 모임에는 아직 한 번 나가봤는데, 저한테 맞는 소모임을 찾고 있는 중이에요. 앞으로도 결혼한 여성으로서 페미니즘 활동을 어떻게 해야 할지에 대해 계속 고민을 해봐야겠죠.

Interviewee

이두섭&조경숙 부부

35세, 29세 / 결혼 4년 차

#현실_육아는_이런_것
#평등육아_행동강령
#총체적_난국
#칼퇴가_꿈입니다

Episode 06

맞벌이 부부의 평등육아 분투기

3살 된 아이를 키우며 맞벌이를 하는 이두섭**섭**•조경숙**갱** 부부. 이들이 실험 중이라는 '평등육아'라는 것이 궁금해 인터뷰를 요청했다. 부부는 인터뷰를 흔쾌히 수락했지만, 생각지 못한 난관에 봉착했다. 인터뷰 2시간 동안 아이를 맡길 수 있는 곳이 마땅치 않았던 것. 친정 부모님에게 맡기는 방안, 시부모님이 집에 오셔서 봐주시는 방안, 아이를 데리고 키즈카페에 가서 아이가 노는 동안 인터뷰를 하는 방안 등이 나왔지만 모두 쉽지 않았다. 인터뷰 일정은 그 이후로도 세 번이나 변경됐다. 이쯤 되니 인터뷰를 요청한 것이 미안해질 정도였다. 우여곡절 끝에 처음 정했던 날보다 한 달 뒤에야 부부를 만날 수 있었다. 부부와 일정을 조율하면서 난 그때서야 조금 실감했다. 육아를 하는 부부에게는 단 두 시간도 수많은 것을 고려해야만 겨우 얻을 수 있는 귀한 시간이라는 것. 그리고 이런 난감한 상황을 부부는 늘상 겪는다는 것.

스타트업에서 개발자로 일하면서 평론가, 사회활동가로서도 활동하는 20대 여자와, 국회의원실에서 정의로운 나라를 꿈꾸며 일하는 30대 남자. 이 꿈 많고 열정적인 젊은 부부에게 자신들의 꿈을 지키며 아이를 키우는 일이 이렇게나 호락호락하지 않은 일이 될 줄은 아마 부부도 몰랐을 것이다. 본격적인 '현실 육아'가 시작되기 전까지는 말이다.

어린이집 당첨되기는 하늘에 별 따기인 데다 부모님께 맡기는 것도 이제 눈치가 보이는데 야근을 안 할 수도 없고. 하고 싶은 일은 계속 생기는데 자꾸 '육아는 엄마의 일'이라는 것 같아 죄책감이 쌓이고, 한 사람이라도 빨리 퇴근해 아이를 봐야 하는데 '남자가 무슨 육아냐'는 말이 발목을 잡는다. 모든 것이 '총체적 난국'인 상황에서 부부는 선언했다. "안 되겠어, 이제부터 무조건 5:5로 하자. 이게 우리 집 가훈이야!"

#현실_육아는_이런_것

"24시간 365일 지속되는 노동, 그게 현실 육아죠."

결혼 초에 아이를 낳아 기르는 모습을 다들 상상해보잖아요. 상상 속의 그것과 현실은 어떻게 다르던가요?

갱 그때는 남편도 저도 그런 상상을 했죠. 주말에 대청소를 하는데, 아이도 자기 몫 하겠다면서 막 낑낑거리면서 청소하고 그런 거 있잖아요. 서로 제일 많이 청소한 사람이 그날 먹고 싶은 메뉴 정하기로 룰 정하고, 그럼 아이가 "전 피자요~!" 막 이런 모습?(웃음) 그때까지만 해도 육아를 하면서 재미있을 것 같은 부분만 딱 생각을 했던 거죠. 그러나 현실은…

현실은 어떤가요? 이런 질문이 맞는지 모르겠지만, 뭐가 제일 힘드세요?

섭 이걸 어디서부터 얘기해야 할지… 우선은 당장 어딜 이동해야 할 때 제일 힘들죠. 씻기고 옷 갈아 입히고 해야 하는데 그런 상황에서 애는 늘 고집 피우고 울고. 그러면 저도 같이 덩달아 스트레스 받는 거 같고. 또 제가 집에서 요리를 담당하고 있는데 내일 아침에는 뭘 먹일지, 저녁에는 뭘 먹일지 항상 고민이 되죠. 좀 준비를 해놔야 하는데 요즘처럼 바쁠 때는 요리를 못 하고 있거든요. 결국 나가서 사 먹이면서 미안하고 그래요.

갱 힘든 거 너무 많은데… 그중 하나는 아이가 에너지가 항상 넘친다는 거. 정말 같이 놀아주고 싶어도 못 따라가겠는 거예요, 그 에너지를. 계속 뛰어다니는데, 이걸 어디까지 따라다녀야 하나. 계속 '엄마 이리 와 봐, 엄마 이거 봐 봐' 이러는데 그걸 다 해주기가 힘들고요. 틈틈이 집안일도 하고 내 일도 해가면서 아이를 보다 보니까 저는 어느새 지쳐있고. 이런 상황이 힘들죠.

섭 그니까 육아라는 게 지속적으로 노동이 투여되어야 하는 거 같아요, 뭐든지. 애가 자는 것도 그냥 눕히면 자고 그런 게 아니거든요. 늘 바로 안 자려고 하고, 눕히면 일어나서 뛰어나가요. 그럼 잡아다 다시 눕혀야 되고, 옆에 붙어서 책도 읽어줘야 되고, 노래도 불러줘야 되고 별거 다 해줘야 간신히 자죠. 그게 거의 한 시간이 걸려요. 또 아이는 자주 나가서 놀게 해줘야 되잖아요. 그래서 틈날 때마다 어딜 또 데려갈까 늘 고민이 되죠. 어디는 모기가 너무 많은데, 또 어디는 너무 추운데··· 그런 것까지 고려해야 하니까요. 나갈 때도 옷은 뭘 입혀야 되나, 뭘 챙겨야 하나. 모든 게 순간순간 다 노동이죠.

거의 속사포 랩처럼 쏟아져 나오네요. 그만큼 육아라는 게 물리적인 시간과 체력이 정말 많이 소요되는 일이라는 게 느껴져요. 그렇다면 심적으로는 어떤 게 제일 힘드세요?

갱 무엇보다 제 시간을 제 맘대로 못 쓰는 거죠. 사실 저는 그게 제일 스트레스인 거 같아요. 항상 아이가 자야만 야간에 남은 일들을 겨우 할 수 있으니까. 그래서 아이를 빨리 재워야 하는데 애는 자려고 하지 않고 그러면 너무 힘들어요. 사실 저도 애가 안 자고 싶어 하는 마음도 알겠고 더 놀아주고 싶지만, 결국 내 일 때문에 애를 재우려는 거 같아서 마음이 안 좋죠. 하루에 몇 시간 보지도 못하니까 저도 애랑 놀아주고 싶고 잘 해주고도 싶은데, 일도 해야겠고. 항상 두 가지 가치관 사이에서 계속 힘든 것 같아요.

일과 가정 일을 병행하는 게 정말 쉽지는 않을 거 같아요. 특히 맞벌이에다 두 분 다 일이 굉장히 많고 바쁜 편인 걸로 알고 있거든요.

섭 사실 각자 직장에 일이 많을 때가 가장 힘들죠. 내 일이 많든 적든 가정의 일에 들어가야 하는 공은 늘 똑같거든요. 그리고 누구라도 아이 옆에 붙어있어야 하는데 서로 스케줄이 안 맞고, 그걸 어떻게 해도 나눠서 할 수가 없을 때. 그럴 때는 막… 정말 힘들어요. 그리고 그런 힘든 시기가 주기적으로 도래하는 거 같아요. 요즘도 그런 때인 것 같고.

갱 사실 이건 정확히 말하자면 아이 때문이 아니라 우리의 외적인 상황 때문에 힘든 거죠. 그리고 또 저희는 맞벌이기도 하지만, 제가 하고 싶은 게 너무 많거든요. 일 욕심이 많아요. 직장 일 외에 글을 쓰기도 하고, 사회활동가로 활동하기도 하고요.

섭 적당히 하면 좋은데 너무 많을 때는 좀 자제를 시켜야 하나 싶죠. 평론 마감이나 이런 거 있을 때는 거의 뭐 새벽까지 일을 해야 되거든요. 한 번은 연재 제의를 여기저기서 다 받아오는 바람에, 한 주에 마감해야 되는 원고가 다섯 개였나?

갱 그때는 정말 피 토하는 줄 알았어요. 아, 이렇게 하면 안 되겠구나 싶긴 했죠.

섭 그 시기 지나고 저하고 상의 끝에 몇 개는 연재 종료를 하고, 몇 개만 살리기로 했었죠.

갱 제가 거절을 잘 못 하는 성격인 데다, 가치가 있는 일이라는 생각이 들면 욕심도 나고 열정을 투여하는 성격이라. 남편이 할 수 있겠냐 해도, 결국 받고 결국 해요.(웃음) 하면서는 또 괴로워하겠죠. '아 내가 왜 그랬지, 과거의 미친 갱아…' 그러면서도 저는 제 일들을 포기할 수는 없을 거 같아요.

#평등육아_행동강령

“5:5의 원칙, 내가 5를 하면 너도 5를 한다.”

지금 두 분은 '평등육아' 선언을 하고 직접 시도하고 있잖아요. 그렇게 하게 된 어떤 특별한 계기라도 있었나요?

갱 사실 처음부터 뭔가 합리적인 생각으로 그랬던 건 아니었어요. 언젠가부터 뭔가 내가 조금 더 한다는 생각이 들면 너무 화가 나는 거예요, 그 상황이. 그래서 남편한테 자꾸 싸움을 걸게 되는 거죠. 조금이라도 공평하지 않은 거 같은 느낌이 들면 막 감정이 욱하고 올라오면서 “내가 왜 더 많이 하고 있냐. 이건 불공평해! 너무 짜증난다!” 막 이렇게 터트리는 거예요. 이렇게 같은 이유로 자주 반복적으로 싸우니까, 안 되겠다, 아예 그걸 명시적으로 원칙을 정해서 싸움까지 가지 않게 해보자. 그렇게 해서 평등육아를 시작하게 된 거예요.

평등육아를 위해서 정해둔 행동강령, 어떤 게 있나요?

갱 육아가 정말 딱 애만 보는 게 아니라 집안일과도 다 결합되어 있기 때문에 그 부분부터 명시를 했어요. 예를 들어 요리는 무조건 남편이 한다, 이렇게. 아무리 바빠도 남편이 하고, 남에게 넘기지 않는다.

섭 저 요리 잘해요.

갱 저보다 훨씬 잘해요. 그러니까…(웃음)

섭 제가 요리와 쓰레기 버리는 것을 맡고 있죠.

갱 빨래, 설거지는 제가. 제가 지금은 자율근무제 회사에 다녀서 재택

근무도 가능하거든요. 평상시에 일하기 전에 빨래 한 번 돌려놓고 점심시간 활용해서 널면 되니까. 그렇게 집안일 중에서 주요한 것들을 서로 나눠서 하고 있는데, 딱 하나, 청소는 저희가 아웃소싱을 하고 있어요. 그것까지 하기에는 너무 힘들어서요. 주 1회 청소업체를 불러서 하는데, 정말 삶의 질이 많이 올라갑니다.(웃음)

육아와 직접 관련해서는요?

갱 아기 케어도 꽤 정확해요. 우선 남편이 출퇴근 때 어린이집 등원과 하원을 시키고요. 남편 회사 어린이집에 다니기 때문에 그게 효율적이죠. 그리고 집에서의 케어는 남편이 야근을 안 하는 날은 반반 나눠서 하고, 남편이 야근을 하면 제가 하고 이런 식으로. 야근도 횟수를 정해뒀어요. 예컨대 일주일에 야근은 세 번만. 남편이 워낙 바쁜 걸 아니까 야근을 아예 안 할 수는 없는 상황이라 일주일에 세 번만 야근하되, 두 번은 몇 시에 들어와도 상관없는데 한 번은 9시 전에 들어오기.

섭 그리고 야근을 하더라도 제가 아이를 데리고 집으로 와서 저녁 먹이고 그 다음에 다시 출근을 해요. 나머지는 그때그때 합의하고 하는데, 나 지금 애 보고 있을 테니까 분리수거 좀 하고 와줘, 뭐 이런 식으로 한 사람이 잠깐 아이를 케어하고 있으면 나머지 한 사람은 꼭 집안일을 하는 걸로 정했죠.

꽤 철저하네요. 그래도 하다 보면 상황에 따라 경계가 흐려질 때가 있을 거 같아요. 그게 공평한 건지 애매할 때도 있을 것 같고요.

섭 육아를 시작하면서 얘기했던 게, '5:5의 원칙'. 내가 5를 하면 너도 5를 해야 된다.(웃음)

갱 저희 집 가훈이에요. 5:5. 왜냐면 제 감정선이 딱 5:5를 넘으면 안 되더라고요. 그게 넘어가는 순간, 터져요.

섭 그렇게 터트릴 때마다 저는 5:5 선을 심하게 초과한 게 아니라는 걸 또 조목조목 설명을 하죠. '네가 지금 계산한 것 중에서, 계산 안 된 내가 한 일들이 있다. 이거는 계산했니? 저거는 내가 했는데 계산했니?' 이런 식으로.(웃음)

갱 그러면 조금 가라앉아요. 어 그러네? 5:5 맞다.

섭 만약 그게 납득이 안 되면 재빨리 다른 타협안을 내놓아야 돼요. '그럼 내일은 내가 좀 더 할 테니, 친구들 좀 만나고 늦게까지 있다가 와도 좋다.' 이런 식으로 납득할 수 있는 타협안을 빨리 제시하는 거죠. 이게 바로 우리 집의 5:5 원칙입니다.(웃음)

갱 그리고 저희가 공동 캘린더를 연동해서 쓰거든요. 만약 꼭 참석해야 하는 약속이 있거나 할 일이 있으면 거기에 써 놔요.

섭 그리고 서로 승인을 받는 거죠. '나는 며칠에 무슨 이유로 누구를 만나야 돼서 이때 내가 좀 늦게 들어가겠다.' 이런 식으로 사유를 써서 승인을 받아요. 야근 일정도 써 둬요. 나는 이때 이런 것 때문에 야근해야 된다 이렇게.

갱 그니까 난 그날 여유가 없으니 당신은 아이를 꼭 봐야 한다는 의미인 거죠. 그렇게 서로 타당한 근거를 대면서 타협하고 협상해요.

섭 이런 게 있다 보니까, 친구들과 약속 잡을 때도 캘린더 보면서 서로의 일정을 확인하면서 잡아요. "어 잠깐만, 수요일 안 되고, 목요일도 안 되고, 금요일 어때?" 이런 식으로.(웃음)

갱 거기에 참여자들도 다 기록해두거든요. 그러다 보니까 얼마 전에 만난 사람들인지 다 알아서 "얘네들 3주 전에 만났잖아. 왜 또 만나? 한 달에 한 번만 만나지?" 뭐 이런 식으로.(웃음) 그렇게 조정을 하고 있죠.

#총체적_난국

"평등육아가 어려운 진짜 이유는 세상이 남자가 왜 애를 보냐고 묻기 때문이죠."

어떻게 보면 부부끼리 냉정하다 싶을 정도로 노력을 하고 있는 거 같은데, 실제로 어느 정도 잘 지켜지는 것 같으세요?

섭 그렇게 정해둬도 사실 요즘처럼 바쁠 때는 잘 안 되는 날이 더 많은 거 같아요. 회사 상황에 따라 이게 달라지니까요. 제가 야근이 많아지면 아무리 노력해도 절대적으로 5:5가 안 되는 거죠. 그래서 아내가 고생을 많이 하고 있죠. 그리고 변명 같지만, 제가 아이를 보게 될 때도 우선 아기가 엄마를 많이 찾아요. 아내 나가고 제가 보고 있으면 한 30분씩은 엄마 찾느라 울고 그러니까 이게 맞나 싶기도 하죠.

갱 아기가 나만 찾는 이유는, 나와 제일 많은 시간을 보냈기 때문이지.

섭 그건 그렇지.

갱 그러니까 그것 때문에 5:5를 못 한다고 하는 건 좀 그런 거 같은데.

섭 어쨌든 결과적으로 계속 그렇게 되어버린다는 거지.

갱 나랑 있을 때도 아빠 많이 찾거든?

섭 요새 그러더라? 고맙게….

라떼파파, 육아대디들이 늘어나고 있다고는 하지만, 아무래도 여전히 아기는 엄마가 봐야 한다는 생각들이 있어서인지 남자들이 육아 때문에 일찍 퇴근하는 건 쉽지 않은 게 사실인 거 같아요.

갱 맞아요. 제가 생각할 때 평등육아를 못 하는 가장 큰 이유는 일단 사회적 분위기가 남자가 아이 때문에 일찍 퇴근하는 것에 대해 납득을 못하기 때문인 것 같아요. 남편 회사는 그래도 말 하면 잘 보내주는 편인데도, 다른 분들이 그렇게 퇴근을 하는 경우가 거의 없으니까 눈치가 보여서 야근을 하게 되는 경우도 꽤 있거든요. 그리고 보통 회사에서 여자들이 아이 때문에 휴가를 내거나 칼퇴근 한다고 했을 때 어느 정도 수용되는 분위기라면 (물론 이것도 눈치 보이는 경우가 많지만), 남자는 그것조차 허용이 안 되는 경우가 많잖아요.

섭 저희 회사 특성도 그렇지만 일반적인 직장도 거의 그럴 거예요. "왜 네가 애 때문에 일찍 퇴근을 해? 너 와이프 있잖아." 이런 식으로. 상사들이 계속 그런 반응을 보인다면, 아무래도 남자들이 육아 전선에 투입되는 시간은 늦어지게 되는 거죠. 그 책임은 고스란히 아내한테 넘어가게 되는 거고요.

갱 저희가 제일 많이 싸우는 게 평일이에요. 주말에는 오히려 둘 다 출근을 안 하니까 불만 없이 서로 평화롭게 잘 지내거든요. 근데 항상 평일이 문제예요. 나도 해야 될 일이 많은데, 왜 나만 칼퇴를 해야 하나 그런 것 때문에. 그리고 아무래도 평일이 5일이고 주말이 이틀이다 보니까 완전히 5:5가 되기는 좀 힘든 거 같아요. 5:5를 지향하지만 거의 6:4 정도인 것 같고, 요즘처럼 야근이 많을 때는 8:2 정도로 확 내려가죠.

둘 다 일이 생기거나 둘 다 야근을 하는 경우에 아이를 어딘가에는 맡겨야 할 텐데, 그것도 쉽지 않은 일이잖아요.

섭 사실은 그런 도움을 좀 받고자 장인, 장모님 댁 근처로 이사를 온 거긴 하죠.

갱 무리를 했죠.

섭 많이 무리했죠. 이 집이 저희 소유가 아니고 농협 거예요. 저기 현관문만 우리 집이에요.(웃음)

갱 그래도 정말 최대한 그런 상황을 안 만들려고 하거든요. 하지만 한 달에 한 번 정도는 둘 다 야근하는 상황이 꼭 오는 거 같아요. 그럴 때는 어쩔 수 없이 양가 부모님께 도움을 요청할 수밖에 없죠. 평일에는 가까우니까 친정 부모님이 많이 봐주시고요. 부모님 손을 많이 빌리고 있죠.

부모님께서 봐주실 수 있는 여건이 되는 것만으로도 감사할 일이지만, 한편으로 죄송하고 눈치도 보이고 그럴 것 같아요.

갱 엄청 죄송하죠. 얼마 전에는 둘 다 퇴근을 밤 늦게 하게 돼서 집이

가깝지도 않으신 시부모님이 저희 집까지 와서 늦게까지 아이를 봐주셨거든요.

섭 다음 날 새벽에 일정이 있다고 하셔서 저희가 좀 더 일찍 왔어야 되는 상황이었는데, 둘 다 퇴근을 못 해서 그때… 저는 결국 부모님 얼굴도 못 뵙고 아내가 조금 먼저 가서 배턴터치 받았죠.

갱 그럴 때 정말 죄송스럽죠. 근데 사실 어떻게 해야 될지 모르겠어요, 그 부분을. 원래는 저희도 부모님한테 손 안 벌리고 싶어서 베이비시터를 쓰려고 했었어요. 근데 시터를 구하는 것도 너무 힘든 거예요. 아기랑 몇 분 면접을 본 적이 있는데, 정말 너무 싫어하는 거에요. 낯가림이 좀 있기도 하고 불안해하고. 아이가 이렇게 싫어하는데 이렇게까지 해야 하나 싶고.

섭 사실 어린이집도 한 달 정도 적응기간이란 게 있으니까 시터도 아이가 이 사람이 신뢰할 수 있는 사람이라는 걸 인지하게끔 만들어 줘야 하는데, 그 기간이 좀 걸리거든요. 근데 우린 당장 봐줄 사람이 필요하고.

갱 근데 지금은 다시 시터를 알아볼까 생각 중이에요. 저도 엄마 아빠 눈치가 보이기도 하고, 연세도 있으신데 언제까지 봐달라고 할 수가 없을 것 같아서요.

사회적인 보육시설이나 보육정책도 여전히 부족하다 보니까, 부모님 도움이 없으면 부부들이 나란히 일하면서 애를 키운다는 건 정말 쉽지 않은 거 같아요.

갱 맞아요. 저 복직했을 때 보냈던 어린이집은 사립이었어요. 사립은 종일반이라는 게 없어요. 4시에 무조건 하원시켜야 되거든요. 근데 저희가 맞벌이인데 어떻게 4시에 하원을 시키겠어요. 그래서 할 수 없이 시부모

님이 주 3일, 친정 부모님이 주 2일씩 해서 먼저 하원시켜서 아이를 저희 집에서 데리고 계시다가 저녁도 먹여주시고 그랬죠.

섭 그럼 저희는 최대한 빨리 서둘러 와서 부모님과 배턴터치 하고 그랬어요. 한 8개월 정도.

갱 그 다음에는 6시까지 하는 공립 어린이집에 들어가게 돼서 등하원을 남편이 시킬 수 있게 됐고요.

섭 사실 저희는 굉장히 운이 좋은 편인 거죠. 공립이 금방 됐으니까요. 그것도 사실 제 직장 어린이집이라 가능한 거였고요, 그게 안 되는 가정은 아직도 그러고 있을 거예요.

예전에 듣기로는 아이가 태어나기 전부터 대기 번호를 받아 놓기도 한다는데, 국공립 어린이집에 들어가는 게 그렇게 어려운 일인가요?

갱 운이죠 운··· 요새는 태어나기 전에 신청하는 건 막혔고, 태어난 뒤에 주민등록을 해야 신청할 수가 있어요. 근데 정말 운이라서, 안 되는 집은 몇 년 동안 계속 안 되고요. 되는 집은 어쩌다가 되고.

섭 저희가 처음 맡겼던 4시까지 되는 사립 가정 어린이집 같은 경우도 마침 빈 자리가 하나 남았다고 해서 들어간 거지, 안 그랬으면 그것도 못 들어가는 거였어요. 사립 중에도 규모가 좀 있는 데는 6시까지 되는 곳이 있긴 한데 그런 곳은 들어가기가 어렵고요. 그 와중에도 선생님은 괜찮은지 시설은 어떤지 판단을 해야 하는데, 정말 어렵죠.

그럼 4시에 하원하는 어린이집에 보내는 다른 맞벌이 가정들은 어떻게 보육을 하는 거죠?

갱 등하원 도우미를 많이들 쓴다고 하더라고요. 오전 8~9시까지 한 시간 동안 봐주면서 등원 시켜주고, 끝나면 하원 시켜서 4~6시까지 두 시간 봐주고 뭐 그런 식으로.

섭 그걸 매일매일 해야 하니까 비용도 만만치 않을 거예요.

갱 그렇게 하지 않으면 결국 한 명이 회사를 그만둘 수밖에 없기 때문에. 경력을 위해 지출하는 돈이라고 봐야겠죠.

양육비 지원은 어느 정도 되나요?

섭 일단 저희는 둘 다 맞벌이를 하고 있기 때문에 어린이집 비용이 전액 지원돼요.

갱 맞벌이가 아닐 경우에는 네 시까지만 무료고요. 그래서 네 시부터는 시간제로 내는 거죠. 맞벌이여도 한 명이 직장인이 아니라 프리랜서라면 그걸 인정받는 게 굉장히 어렵다고 알고 있어요. 6개월간 일했던 증명을 해야 하기 때문에 다 다른 업체로 서류를 떼러 다녀야 되고. 또, 대학원생 같은 경우는 아예 일하는 걸로 인정이 안 된대요. 오히려 직장인보다 더 오랜 시간 연구실에 있어야 되는 경우가 많고, 박사과정 같은 경우에는 거의 육아에 손을 못 대는데도 그렇다는 거죠.

섭 국가에서 그렇게 나눠 놓은 건 '굳이 일을 안 하고 있는데 왜 국가에서 양육비를 지원을 해야 돼? 네가 그냥 키우면 되지 어린이집에 왜 보내?' 뭐 이런 논리인 건데. 사실 이게 말이 안 되는 게, 정말 일을 안 하고 있는 사람도 꼭 애만 보라는 법은 없잖아요. 자기 계발할 시간도 필요하고, 본인 신분을 유지하기 위해 사용되는 시간도 필요할 거고, 또 쉬는 시간도 좀 있어야 되고요. 근데 그거를 그렇게 막아놓는 건 잘못된 거 같아요.

#칼퇴가_꿈입니다

"부부가 스스로의 힘으로 일과 가정의 양립을 이룰 수 있게 좀 해주세요."

혹시 두 분, 육아휴직은 사용하셨었나요?

갱 사실 제가 예전 회사에서 육아휴직을 1년 신청했었는데, 휴직 6개월째에 해고 통보를 받았었거든요. 그러니까 6개월을 더 버텨도 경력 단절이 될 것 같아서, 바로 다른 데 지원서를 넣어서 이직을 했어요. 그리고 다행히 지금 회사가 자율근무제라서 그나마 지금 같은 수준의 육아가 가능한 거죠. 남편은 육아휴직을 하면 자동 사직 되는 직장이어서… 쉽지 않죠.

섭 국회의원실이라는 직장 특성상 저는 육아휴직이 안 돼요, 육아 '사직'이죠. 국회의원들은 4년 내에 어떤 성과들을 제시해야 하잖아요. 사실 한 달 한 달이 굉장히 급하게 돌아가는 경우가 많아요. 그러다 보니 여기서 육아휴직은 꿈꾸기가 힘들죠. 물론 육아휴직을 신청하면 받아주긴 해요.

갱 옛날에는 출산휴가도 안 됐다는데, 요새는 그래도 그건 된다고 하더라고요.

섭 국회도 많이 바뀌고 있긴 해요. 제가 18대 때부터 국회 생활을 시작했는데 그때보다는 확실히 지금 국회의원들의 후생 복리에 대한 의식 수준이 많이 높아진 편이거든요. 그럼에도 불구하고, 출산휴가나 육아휴직 얘기하기엔 껄끄러움이 있는 게 사실이죠.

근데 갱 님, 육아휴직 중에 해고를 당하셨어요?

갱 그 회사는 지금도 계속 사람들을 해고 중이에요. 제가 나온 지 2년 된 지금도요. 그때 처음 타깃이 육아휴직자들이었어요. 저뿐만 아니라 조직 내 육아휴직자들이 다 비슷한 상담을 받았고요. 그때 정말 배신감이 컸죠. 왜냐면 제가 임신 중에도 새벽까지 야근하면서 프로젝트 하고 그랬었거든요. 그때 그런 것에 대해서는 리더들이 모른 척을 했어요.

섭 야근이 원래 불법이라 인사과에서 계속해서 경고가 왔는데도 불구하고, 야근 처리도 안 해놓고 일을 계속 시킨 거죠. 아내가 그 프로젝트

할 때 제가 주로 했던 일이 와이프 일 끝날 때까지 회사 뒤편에 주차해 놓고 기다리는 거였어요. 일 끝나면 태워가고.

갱 그때 일을 정말 많이 하다 보니까 조산기까지 와서, 보통 40주에 아이를 낳는데, 29주쯤에 나오려고 해서 병원 갔다가 그때 휴직을 한 거거든요. 그렇게까지 했는데 육아휴직 중에 자르다니 너무한다는 생각이 들었고, 본때를 보여줘야 된단 생각에 일부러 퇴사를 한 거죠. 퇴사를 안 하면 제가 계속 눈치가 보여서 뭘 못 할 거 같았거든요. 그래서 나와서 기자실에 고발하고, 의원실에 투서도 넣고 막 그랬죠. 근데 결과적으로는 딱히 효과적으로 압박하진 못했어요.

섭 그래도 그 당시 아내처럼 해고 수순을 밟았을 육아휴직자들이 많이 살아남았다고 해요. 뭐 지금도 계속해서 해고 통보에 대한 두려움에 압박받고 있긴 하지만.

갱 회사가 사업이 잘 안 되니까 그 규모의 직원을 유지할 수 없다고 판단해서 정리를 하는 거죠. 그건 이해하지만, 거기서도 결국 육아휴직한 여자들이 가장 쉽게 타깃이 됐다는 게 억울하죠.

확실히 남자보다는 여자에게 사회적인 압박이 더 가해지는 거 같아요. 아이가 생기면 거의 여자가 일을 그만두게 되잖아요.

갱 주변에 보면, 보통 아이가 초등학교 입학할 때 즈음 여자들의 경력단절이 심한 거 같더라고요. 저는 아직 겪어보지는 않았지만, 초등학교에 입학하면 학교에서 학부모를 부르는 일이 되게 많다고 하더라고요. 근데 그게 엄마가 아니면 안 된다는 거죠. 초등학교에 있는 학부모회 이름만 봐도 녹색 '어머니회'잖아요. 아버지는 가입이 안 되거든요. 그러니까 거기도 다 엄마가 참여를 해야 되고. 그러다 보니까 주변 선배들 보면 10년 차, 20년 차 경력이 쌓이는 시점에 딱 경력이 끊어지는 거예요. 진짜 불합리하다고 생각해요. 그렇게 할 수밖에 없게 하는 시스템이. 정말 어떻게 좀 보완해야 하는 거 아닌가 싶죠.

섭 녹색아버지회도 만들어야 되나.

갱 녹색학부모회로 바꾸면 되지 않을까?

그러다 보면 결국 경력은 단절되고, 복지 혜택은 못 받고, 여성이 육아를 전담하게 되는 악순환이 생기네요. 그런 불합리함 속에서 꿋꿋이 여성도 일하면서 육아도 평등하게 하는 건 정말 쉽지 않아 보여요. 주변 시선이 곱지 않다는 것도 서글프고요.

섭 아무래도 성 역할에 대한 사회적인 관념이 고착되어 있다 보니까 그런 거 같아요. 남자가 육아를 하면 "아니 네가 그걸 왜 해야 돼?" 이렇게 보고, 여자가 일을 하면 "애는 안 보고 왜 여기 있어?" 그러는 거죠. 거기다 부모님들이나 집안 어른들 눈치도 좀 보이고. 직장에서건 가정에서건 어른들이 보는 시선에 어느 정도 맞춰서 해야 되다 보니까 계속 여성들이 육아와 집안일에 내몰리게 되는 게 아닌가 싶어요.

갱 제가 겪었던 구체적인 예로는, 어린이집에서도 애가 아프면 전화하는 게 엄마거든요. 학부모가 같이 맡겼고, 심지어 거기는 남편 직장 내 어린이집인데, 항상 애가 아프면 저한테만 전화를 하는 거예요. 남편한테는 전화를 안 하고요. 이게 계속 반복되다 보니까 저한테는 그게 되게 억압처럼 느껴지더라고요. '넌 엄마니까 빨리 퇴근해서 와야 된다, 애가 아프다는데 안 데려가면 넌 정말 나쁜 엄마다' 이런 말인 것 같고. 그래서 제가 어린이집에 전화를 해서, 아예 이제부터는 그런 건 남편한테 연락해달라고 했어요. 그래서 누가 갈지는 그때 합의해서 연락을 하겠다고.

이런 것처럼 너무나 당연하게 '애와 관련된 건 무조건 엄마가' 이런 게 너무 많다 보니까 그게 하나하나는 되게 작은 돌멩이일 수 있어도, 결국 저한테는 큰 압박으로 다가오는 거 같아요. 궁극적으로는 사회적인 압박인 거 같고.

사회적인 복지든, 고착화된 관념이든 고칠 게 한두 가지가 아니겠지만, 지금 두 분이 평등육아를 지속하기 위해서 뭐가 가장 필요할까요?

갱 '칼퇴근법'이요.* 다른 건 기대도 없고요. 저희는 우리 사회에서 칼퇴근만 돼도 좀 괜찮아질 것 같거든요. 지금 둘 다 칼퇴근이 늘 안 되니까 문제인 거잖아요. 저야 지금은 유연근무를 해서 괜찮은 편이지만, 예전 회사같이 야근이 많거나 그런 곳으로 다시 옮기게 되면 지금보다 훨씬 많이 힘들 것 같아요. 한 사람만 야근을 많이 해도 다른 한 사람한테 일이 넘어가서 악순환이 반복되는 거니까요. 그러니까 결국 노동시간이 줄어들거나 노동의 양이 줄어들거나 하는 수밖에 없어요. 제3자의 손을 안 빌리고 부부가 스스로의 힘으로 일과 가정의 양립을 이루려면요.

칼퇴근법이 만들어지려면 많은 시간이 걸릴 텐데, 두 분은 계속해서 맞벌이와 평등육아를 지향하면서 살아갈 수 있을까요?

섭 그래야죠. 아마 100% 만족스러운 삶을 살기는 어렵겠지만 노력은 할 거예요. 저도 이 친구도 꿈이 있고 이루고자 하는 일들이 있는데, 그걸

---

* 인터뷰 4개월 뒤, '주 52시간 근무제'가 국회를 통과했고 2018년 7월부터 시행된다. 주당 법정 근로시간을 현행 68시간에서 52시간으로 단축하는 내용. 하지만 벌써부터 일부에서는 오히려 초과수당 없는 '유령 야근'을 하는 경우도 발생하고 있고(월간중앙 2018.05 기사 참고), 300인 이하의 중소기업에 다니는 이들에게는 그마저도 해당되지 않는 이야기다.

육아나 가정이란 틀로 막아서 하던 일을 단절시키는 일은 일어나선 안 된다고 생각하고요. 서로 계속하고 싶어 하는 일들을 이어갈 수 있게 노력해야죠. 그게 가족으로서 역할이라고 생각하니까.

갱 남편의 얘길 들으면서 여러 가지 생각이 들어요. 여자는 남편의 응원 없이는 진짜 경력을 잇기 힘든 시대라는 게 절감되어서요. 원래는 누가 응원을 하든 그렇지 않든 본인이 원하면 그렇게 살 수 있어야 하는 거잖아요. 근데 정말 우리 사회가 우리 둘의 의지와는 상관없이 육아가 자꾸 한쪽으로 몰리도록 되어 있다는 게 서글퍼요. 서로가 서로의 모습대로 존재할 수 있어야 그게 진짜 행복한 결혼생활인 거잖아요. 저는 저대로, 엄마로서의 아내로서의 갱이 아니라 활동가로서의 갱, 글 쓰고 싶은 갱으로, 하고 싶은 모습대로 제 생활도 유지할 수 있으면 좋겠어요. 그렇게 하려고 되게 노력하는 중이고요. 마찬가지로 저도 남편을 존중해주고요. 그래도 어쨌든 저희 둘에게는 극복하려는 의지가 있으니 계속 해봐야죠. 그리고 무엇보다 우리 딸에게 이런 현실을 물려주고 싶지는 않거든요. 아이한테 보여주고 싶어서라도 평등육아를 이루고 싶어요.

섭 근데 이게 정말 아이한테도 평등육아로 보일지 모르겠어. 아무래도 요즘 같은 때는 아빠가 계속 얼굴을 못 보여주고 있잖아.

갱 맞아. 그래도 보이지 않는 상황에서 계속해줘.

섭 그러면 나중에 알아주려나? 다 크고 나서 계산이 될 때?(웃음)

Interviewee

석상욱&임송이 부부

39세, 36세 / 결혼 3년 차

#부부는_하우스메이트
#경제권도_공정하게
#헌신하지_않는_부모
#밥벌이는_셀프

Episode 07

셰어하우스에 사는 하우스메이트처럼

'가장'이란 말은 어디서 나왔을까. 국어사전에 찾아보니 '한 가정을 이끌어 나가는 사람'이란 말 밑에 '남편을 달리 이르는 말'이라고 쓰여있다. 전통적으로는 한 가정의 경제적인 부분을 책임지는 게 남편이었기 때문일 것이다. 그러나 요즘은 그렇지 않은 가정이 더 많다. 여자가 가장인 경우는 말할 것도 없고, 가장을 연임제처럼 몇 년 단위로 돌아가며 맡는 가정도 있다는 얘길 들었다. 하지만 가장이 꼭 한 사람이어야 할까? 부부가 동등하게 결혼해 한 가정을 이뤘다면 가정을 이끌어가는 것도, 경제권을 가지는 것도 동등해야 하는 것 아닐까?

석상욱**석초딩**•임송이**마이쑹** 부부는 둘 다 가장이다. 각자 얼마를 벌든 상관없이 같은 금액을 생활비로 내고, 그 돈에 대한 권리도 똑같이 갖는다. 작은 걸 사더라도 회의를 거치고 한 명이라도 반대하면 사지 않는다. 셰어하우스에서 함께 사는 하우스메이트들이 매달 각자 생활비를 걷어 공용 물품들을 사듯이 말이다. 실제로 부부는 정말로 한 집에 같이 살 하우스메이트라도 구한 것처럼 오리엔테이션을 열고 그 과정에서 함께 살기 위한 규칙들을 정했다. 각자 어떤 집안일을 맡을지부터, 공동생활비 부분까지. 또 하나 재미있는 규칙이 있는데, 이들의 표현을 빌리자면 '공식 비자금' 제도다. 각자가 비자금을 얼마를 가졌든, 그 돈으로 뭘 하든 서로 관여하지 않는다. 흔히 드라마에서 남편이 책장 깊숙이 숨겨놓은 비자금을 청소하던 아내한테 들켜 혼쭐나고 결국 돈도 뺏기는 사태(?)를 많이 묘사하는데, 이들에겐 그런 게 오히려 이상한 일이다.

얼마 전 부부 사이에 아기가 태어났다. 이런 부부에게 '공동육아'는 어쩌면 당연한 수순. 똑같이 산발이 된 머리를 한 채 부부는 함께 아이 밥을 먹이고 입히고 재운다. 애가 조금 더 자라면 아이에게도 셰어하우스의 일원으로서 할 일을 부여하고 '자기 밥벌이'는 시킬 예정이라고.

언뜻 유별나 보이는 이 부부, 연애 때부터 쿵짝을 잘 맞추며 자신들의 결혼식에서 직접 자작곡을 불렀단다. 그 축가의 한 구절이 이렇다. "결혼이란 계속 노력하는 것, 함께 감사하며 같이 있어주는 것" 응당 그렇다. 누가 누구를 위해 산단 말인가. 이 부부처럼 유쾌하고 공정하게 함께 '공존'하는 법을 터득하면 될 일이다.

#부부는_하우스메이트

"부부라고 너무 가까워지는 것보다는 하우스메이트 같은 관계가 좋아요."

결혼 전에 '오리엔테이션' 기간을 가졌다고 했는데, 무슨 얘기인가요?

마이쏭 저희는 결혼을 생각했을 때부터 '우리는 셰어하우스 개념으로 살자' 했어요. 누가 누구를 보살피는 관계가 아니라, 각자 자기 앞가림은 자기가 하면서 하나의 공간을 공유하는 사이로 보자는 거죠. 그러니까 새내기들끼리 공동생활을 시작하면 오리엔테이션이 필요하듯이, 결혼에도 오리엔테이션이 필요하다는 생각을 했어요. 둘 다 서른 넘게 따로 살다 만나는 건데, 아무리 사이가 좋아도 한순간에 트러블이 생길 수 있잖아요. 정식으로 결혼생활을 하기 전에 서로 맞춰볼 시간이 필요한 거죠. 저희가 결혼하기 4개월 전에 집을 미리 얻었는데, 그때부터 오리엔테이션 한다 생각하고 집도 꾸밀 겸 같이 살면서 이것저것 조정 기간을 가졌어요. 서로 사이가 한창 좋을 때 맞춰보면서 내가 잘하는 것과 남편이 잘하는 것들을 파악하고, 서로 성격상 피해야 될 것들을 알게 되면 나중에 이런 걸로 싸움이 날 일도 적을 거라고 생각했어요.

오리엔테이션 기간에는 구체적으로 서로 어떤 부분들을 조정했나요?

석초딩 서로 좋아하는 것과는 별개로, 일단 성격은 완전 반대이기 때문에 사소한 것들부터 조정할 게 꽤 많더라고요. 예를 들어 헤어 드라이어를 쓸 때도, 이건 아마 대부분의 사람들이 그러지 않을까 싶은데, 저 같은 경우는 전원을 끄고 코드를 뽑거든요? 근데 와이프는 전원을 끄지 않

은 채 코드를 뽑는 스타일인 거예요.(웃음)

마이쑹 그러면 다시 코드 꽂았을 때 스위치 안 눌러도 되잖아요.(웃음)

석초딩 그런 사소한 것에서 자꾸 부딪치는 거예요. 그럴 때 그냥 짜증부터 내기 전에, 일단 좀 감정을 빼고 얘길 하는 거죠. 그리고 객관적으로 어떤 게 나은 방법인지 판단을 해보는 거예요.

마이쑹 얘길 들어보고 '아 이렇게 하면 이 사람이 놀랄 수 있겠구나' 하고 납득이 되면 그거 고치고. 그러면서 서로 부딪치는 부분들을 맞춰갔어요. 만약 저 혼자 살았으면 아마 저는 계속 전원 안 끄고 코드 그냥 뽑았겠죠.(웃음) 그러니까 이게, 부부가 되고 가족이 되면 자칫 너무 가까워지잖아요. 서로의 영역에 대한 배려도 없어지고요. 저희는 그렇게 친해지는 건 원치 않거든요. 그래서 이런 얘기할 때는 되게 사무적으로, 회사 사람과 얘기하듯이 그런 마인드로 해요. 그래야 서로 언짢아지지 않고 감정적으로 대처하지 않게 되는 거 같아요.

그럼 그때 가사에 대한 역할 배분도 하셨겠네요?

석초딩 네, 오리엔테이션 기간을 거치면서 집안일도 각자 어떤 게 맞는지 찾았어요. 빨래 같은 경우도, 저는 빨래를 하고 건조대에 너는 것까지는 좋아하는데, 마른 후에 개는 건 되게 싫더라고요. 대충 하게 되고.

마이쑹 저는 개는 걸 좋아하거든요. 흐트러지지 않게 딱딱 맞춰서.(웃음)

석초딩 그래서 빨고 널고 말리는 것까지 제 담당, 개고 정리하는 거 아내 담당. 이렇게 정하는 거죠. 부엌일도 아내가 요리를 잘하고 좋아하니까 아내가 요리를 맡으면, 설거지는 제가 맡고. 그런 식으로 각자 잘하는 걸로 나눴어요.

마이쏭 전반적으로 제가 좀 더 꼼꼼한 편이고 잘 안 되어 있는 걸 못 보는 성격이라 이런 식으로 세세한 건 제가 하고, 좀 힘이 들어가면서 포괄적인 건 남편이 맡아요. 청소 같은 경우도, 남편이 청소기를 쓱쓱 밀고 나면 저는 밀대로 좀 더 꼼꼼히 하고요. 이렇게 역할을 미리 나눠 놓으니까 내가 뭔가 하고 있을 때 남편이 아무것도 안 하고 있다고 해서 기분 나쁠 일이 없어요. 다 때가 되면 자기 할 일 할 거니까.(웃음)

집안일뿐만 아니라 돈 관리에 있어서도 한쪽에서 경제권을 갖는 게 아니라 두 분이 공정하게 갖고 있다면서요.

마이쏭 저희가 지금은 둘 다 일을 하고 있지만 살다 보면 벌이가 대등하지 않고 어느 쪽으로 치우칠 수도 있잖아요. 근데 그렇게 되더라도 우리는 끝까지 공정하게 살자. 집안일뿐만 아니고, 가계 운영까지도 공정하게 하기로 했어요. 그래서 이것도 '공정살림'이라고 이름도 붙였어요.(웃음) 말 그대로 공정한 살림이란 뜻이죠.

이를테면 어떤 방식으로 공정하게 하는 건가요?

마이쏭 저희는 각자 버는 것에서 일정 금액을 '공정살림'이라고 공금 통장을 만들어서 매달 넣어요.

석초딩 월급이 서로 다르긴 한데, 딱 똑같은 금액을 내요. 100만 원이면 100만 원 이렇게.

마이쏭 그 돈으로 저금도 하고 생활도 하고 같이 살면서 필요한 건 이것저것 다 하거든요. 그리고 저희는 이걸 한 명이 결정해서 운영하는 방식이 아니라, 작은 걸 살 때도 정말 회사처럼 둘이서 꼭 회의를 해서 결정해요. 공금이니까요. 사고 싶은 게 있으면 회의를 거쳐서 과반수가 넘어야 돼요. 아이가 태어나기 전까지 우리 집 인원은 둘이었잖아요, 과반수면 결국 만장일치죠.(웃음) 그니까 만약 한 명이라도 안 될 것 같다 그러면 못 사는 거예요. 아님 자기 비자금으로 사거나. 셋 뿐인 가정이지만 하나의 작은 회사죠.

살다 보면 돈이 꼭 일상생활에만 필요한 건 아니잖아요. 혹시 큰돈이 필요하게 될 때는 어떻게 하나요?

마이쏭 가끔 이번 달은 좀 많이 써야 되는 달이라거나, 각자 월급이 좀 올라서 이번 달부터는 공정살림비를 늘려보자 하면 서로 부담 없을 선에서 늘리고요. 그리고 혹시 목돈 들어가거나 할 일이 있으면 그동안 모았던 비자금을 또 공정하게 내고요. 그렇게 해서 저희는 결혼할 때 혼수도 무조건 반반 했거든요. 냉장고도 반, 세탁기도 반. 저희는 그런 식으로 하고 있어요.

#경제권도_공정하게

"공금은 회사처럼 운영하고, 각자의 딴 주머니는 서로 관여하지 않아요."

근데 공금 외에 생활비는 용돈을 타서 쓰는 게 아니라 각자 개인 관리를 한다면서요.

마이쏭 네, 저희는 각자 딴 주머니가 있어요. 이를테면 공식적인 비자금인 거죠.

그럼 각자 갖고 있는 '공식 비자금'에 대해선 서로 전혀 터치를 안 하는 건가요?

마이쏭 그렇죠.

석초딩 서로 얼마 갖고 있는지도 몰라요. 말 그대로 비자금이니까.

마이쏭 절대 얘기 안 하죠.(웃음) 그리고 만약 석초딩이 카메라를 같은 종으로 두 대를 샀다? 좀 이상하지만 딱히 뭐랄 수는 없는 거죠. 내 돈이 아니니까.

석초딩 한마디 정도 할 수는 있겠지만, 심하게 뭐라고 하거나 하지 말라고 강요는 못 해요. 자기 돈 가지고 산 거니까.

결혼하면 대부분은 한쪽에서 돈 관리를 하고, 용돈 식으로 정해서 쓰잖아요. 그래야 새어나갈 게 없고 돈이 모인다고. 두 분처럼 이렇게 해도 별 문제 없을까요?

마이쏭 저희가 이렇게 한다고 하면, 사람들이 그렇게 하면 돈 언제 모으겠냐고 하거든요. 만약 둘이 소비 관념이 안 맞았으면 어땠을지 모르겠어요. 한 명이 흥청망청 쓰고 그랬다면 좀 문제가 됐을지 모르겠는데, 저희는 둘 다 소비로 행복을 찾는 그런 스타일은 아니라서 아직까지 별 문제는 없어요.

석초딩 맞아요. 이렇게 할 수 있었던 게, 저도 스무 살 때부터 자취를 해서 돈 씀씀이가 크지 않고, 와이프도 성격상 막 쓰는 스타일이 아니라서 서로 합의가 된 거거든요. 다른 부부들은 각자 스타일을 생각해보고 결정하셔야 될 것 같아요.

마이쏭 이게 사실 저희 오리엔테이션 때부터 정말 많이 얘기했던 부분이기도 해요. 연애 때부터 저희는 데이트 통장 만들어서 썼거든요. 그런 과정이 있었기 때문에 자연스럽게 이런 시스템이 된 게 아닌가 싶어요. 지금도 이 부분에 대해선 늘 회의를 하거든요. 그리고 돈 모이는 부분은 별 걱정을 안 하는 게, 오히려 목돈 필요한 일이 생겨서 각자 좀 내자 해서 보면, 기특하게도 생각보다 많이 모아놨더라고요.(웃음)

그렇게 각자 경제권을 공정하게 가질 때 어떤 점이 좋던가요?

마이쏭 월급 들어오는 맛이 있죠.(웃음) 보통은 한 명이 경제권을 갖고 전체를 관리하면서 용돈 받아 쓰는데, 그러면 한 명은 자기 돈에 대한 권리가 하나도 없잖아요. 돈 버는 맛이 없는 거예요. 그래선 안 된다고 생각했죠. 저희끼리는 이런 체제를 두고 공금은 공산주의고, 개인 돈은 철저하게 자본주의 체제라고 장난삼아 그러거든요. 어쨌든 비자금만큼은 자기가 번 만큼 쓸 수 있고 아낀 만큼 모을 수 있는 거죠.

석초딩 맞아요. 결혼했다고 번 돈에 대한 주도권을 전부 한 명에게 위임

하기보다는, 그래도 눈치 안 보고 어느 정도 편하게 쓸 수 있는 자기 돈이 있어야 된다고 봐요. 그래야 가끔 친구 만나서 맛있는 것도 먹고 기분도 내고 그러죠.

마이쏭 또 하나는 부모님한테 용돈 드릴 때도 좋아요. 물론 명절이나 생신같이 딱 정해진 날에 드리는 건 공금에서 나가요. 근데 개인적으로 더 챙겨드리고 싶거나 그럴 수 있잖아요. 그럴 때 눈치를 보지 말라고 해도 내 부모님한테만 더 드려도 되나 싶어서 눈치가 보이기 마련이거든요. 근데 저희는 자기가 더 드리고 싶으면 각자 자기 돈에서 드려요. 자기가 아껴서 드리는 거니까 적극 권장하죠, 서로.

되게 세밀하게 정해뒀네요. 회사 운영하듯 한다는 말이 뭔지 알겠어요.

마이쏭 네, 저희는 정말 회사처럼 해요.

석초딩 어영부영 하다 보면 괜히 기분 상할 수도 있거든요.

마이쏭 저희는 오백 원, 천 원도 딱 맞추거든요. 누가 그러더라고요, 오히려 그렇게 하면 기분 상하지 않냐고. 근데 처음부터 이렇게 까놓고 얘기하면 더 기분 나쁠 게 없어요. 주변에 보면 의외로 그런 걸로 부부들이 많이 싸우고, 혹은 쪼잔해 보일까 봐 말은 못 하고 꽁해서 있는 경우가 많더라고요. 나중에 내가 더 내니 덜 냈니 하는 것보다는, 처음 시작할 때부터 의논을 하고 정해두면 그런 걸로 더 마음 상할 일이 없어요.

회사처럼 한 달에 한 번씩 정산도 하고, 회식도 한다면서요.

마이쏭 가계부를 결혼생활 2년 반 동안 매일 쓰고 있거든요. 매번 정산을 해서 공책으로 만들어 놓는데, 이게 효과가 좋아요. 회사로 치면 월말 정산을 하는 거죠. 정산을 해보면 적게 쓴 달도 있고, 많이 쓴 달도 있어요. 그럼 좀 적게 쓴 달은 기분이 좋으니까 '공정 회식'을 해요. 반대로 예산이 초과된 달은 당연히 회식을 못 하죠.(웃음) 이런 식으로 하다 보니까 이게 어느 순간부터 놀이처럼 되더라고요. 돈을 아껴서 좋은 것도 있지만, 미션 하나씩 달성한 것 같고, 한 단계씩 레벨업 하는 것 같고. 재미있어요.

#헌신하지_않는_부모

"아기가 태어나도 우리 생활이 크게 요동치지 않았으면 해요."

이렇게 꼼꼼하게 가계 정산을 하고 계신데, 실례가 안 된다면 한 달 생활비가 어느 정도 되는지 알 수 있을까요?

마이쏭 저희는 결혼 초반부터 보험료 같은 고정 지출 빼고 온전히 둘이 먹고 사는 걸로 70만 원이면 충분한 것 같아요. 이 정도만 있으면 충분히 살 수 있겠다 하는 게요.

아이도 태어났고 그동안 여러 가지 상황 변화가 있었는데, 생활비 변동은 없었나요?

마이쏭 약간 변동이 있긴 한데요. 아기도 이제 자기 생활비를 내고 있고 또 저희는 아기한테 처음부터 너무 돈을 쓰거나 하지는 않으려고 하기 때문에 아직까진 크게 변동은 없는 거 같아요.

아기가 내는 자기 생활비라는 건 뭐죠?

마이쑹 우리 아이가 벌써 백대 연봉자거든요.(웃음) 한 달에 20만 원씩 양육 수당이 나와요. 다른 분들은 그걸로 보통 적금을 해두시는데, 저희는 그래도 입 하나가 늘었는데 자기 생활은 자기가 해야 된다 생각해서 그 돈을 고스란히 공금으로 넣거든요. 아이 비율로. 그래서 20만 원씩 아이도 자기 생활비를 내고 있는 셈이죠.

그렇지만 아이가 생기면 새로 들여야 하는 것도 많아지잖아요. 그런 건 어떻게 해결하고 있나요?

마이쑹 일단 저희는 대부분의 아기 용품들은 새로 사지 않고 물려받고 있어요. 사실 저희가 나이에 비해 아기를 조금 늦게 낳은 편이고, 장손이고, 첫째고 하니까 뭔가 귀한 느낌이 든다고 쓰던 거 물려주시기를 조심스러워하더라고요. 근데 저희는 사람들한테 쓰던 거 환영한다고, 감사히 받는다고 늘 얘길 하거든요. 그래서 아이가 이제 4개월이 됐는데, 지금까지는 옷도, 기저귀도 아직까지 사 입힌 적이 없어요. 감사하죠.

석초딩 저희 마인드가 헌 거 입힌다고 못 키운다 뭐 그런 생각이 없고요. 물려받으면 정말 감사히 받고 잘 입히거든요. 또 선물로 들어온 새 옷은 좀 더 큰 걸로 바꿔두고요.(웃음)

마이쏭 한 7살까지는 입을 수 있게.(웃음)

석초딩 그리고 누가 뭐 선물해주신다고 하면 가능하면 옷보다는 기저귀로 부탁을 하죠. 지금은 그게 더 필요하니까. 그러다 보니까 아직까지 아이가 태어나고 들어간 돈이 거의 없어요. 아직까진 그래요.

마이쏭 먹이는 것도, 모유수유하니까 크게 안 들어가요. 사실 그것도 임신 때부터 차근차근 준비를 했었거든요. 분유를 먹이게 되면 돈도 많이 들 거고, 또 모유가 여러모로 좋을 것 같아서요. 그래서 저 애기 낳자마자 몸도 안 풀린 상태로 거의 기어가듯이 가서 먹였잖아요.(웃음)

사실 내 아이한테는 하나라도 더 해주고 싶다고 하잖아요. 계속 양육을 하면서 합리적인 선택을 하기가 쉽지는 않을 것 같아요.

마이쏭 뭐 지금 상태로 봐서는 나중에 아이가 "엄마 저한테 해준 게 뭐가 있어요?" 이렇게 말해도 할 말 없죠.(웃음) 근데 저희는 아기 생기면 부부가 얼마나 많은 걸 헌신하고 쏟는지 많이 봐오면서 그 부분에 대해서도 얘길 많이 나눴어요. 그리고 나온 결론은, 우린 아이가 태어나도 최대한 우리 삶이 크게 요동치지는 않게 해보자는 거였죠. 물론 왜 요동치지 않겠어요, 조금씩 치죠. 또 아이가 커가면서 돈이 들어갈 일이 더 생길 거고. 그렇더라도 정말 우리 생활을 180도 바꿔가면서 이 아이한테 너무 헌신을 하면서 살지는 말기로 했어요. 헌신할수록 기대를 하게 되니까.

헌신할수록 기대하게 된다는 말이 와닿네요. 그건 우리 스스로에게도 해주고 싶은 말이에요.

마이쏭 저희가 자주 하는 말이 있어요. 우리가 지금 살고 있는 순간 순간이 행복해야 한다고. 나중에 잘 살아보겠다고 지금 에너지와 시간을 너무 많이 쏟는 게 과연 행복일까 싶은 생각이 들더라고요. 블로그에도 이렇게 썼거든요. 노후를 위해 청춘을 희생하지 않는 방식으로 살려고 한다고. 그러면서 얘기했던 게, 어느 정도 때가 되면 우리 일을 하지 말자고 했어요. 일을 안 하고도 그때까지 번 돈만 가지고 적게 쓰면서 살아보자. 그러면서도 최대치의 행복을 누릴 수 있는 방법을 찾아보자고요.

적게 쓰고도 행복하기 위해서는 어떻게 해야 하죠? 어떤 노력들을 하고 계신가요?

마이쏭 소비와 일을 차츰 줄이기 위해서 사실은 지금부터 연습을 하고 있는 거거든요. 일에만 매여 있는 시간을 점점 줄이고요. 또 만약 지금 생활비가 몇백씩 드는데 갑자기 일을 끊고 생활비를 줄일 순 없잖아요. 그래서 소비지향적인 생활은 지양하고 저희는 작은 거라도 자급자족을 해보려 하고 있어요. 이를테면 난방비를 절약하기 위해 난로를 쓴다든지, 옷을 직접 만들어 입는다든지, 농산물을 직접 키운다든지 하는 거예요. 그러니까 이것도 결국 '공정살림'의 일환이죠. 근데 이게 하면서 또 재미있는 거예요. 저희 성격에 맞고요.(웃음)

자급자족은 시골에 귀촌한 사람들이나 할 수 있는 건 줄 알았어요.

마이쏭 저희도 아파트에 살지만 의지만 있으면 충분히 가능하죠. 지금은 아기 때문에 잠시 쉬고 있긴 하지만, 원래는 시부모님 사시는 곳에 있는 텃밭을 빌려서 야채를 좀 키웠어요. 그래서 야채는 거의 그걸로 충당이 되니까 장을 거의 안 봤었죠.

석초딩 그리고 집에서 해 먹는 걸 되게 좋아해서 외식을 하기보다는 거의 집에서 먹는 편이고요. 따로 장을 안 보니까 필요한 거 있을 때는 그거 딱 하나만 사는 거죠. 쟁여 놓지 않으려고 하고요.

마이쏭 둘 다 옷도 거의 안 사요. 입던 거 늘 입고, 고쳐 입고. 새로운 건 안 사고, 필요 없는 건 집 밖으로 내보내려고 하고. 지금은 그런 연습 과정인 것 같아요.

두 분은 결혼생활의 과정들을 부담으로 여기기보다는 '시즌제'처럼 이름을 붙이고 놀이처럼 헤쳐나가는 거 같아서 보기 좋아요.

석초딩 남들이 보기엔 피곤하게 사는 것으로 보일 수도 있을 거예요. 조금 더 많이 생각하고, 부지런하게 해야 하는 것도 있죠. 근데 인생을 그냥 흘러가는 대로 두는 것보다는, 지나고 나면 떠올릴 수 있는 추억이 훨씬 많다고 생각해요. 시즌마다 의미를 두고 짚어보면 순간순간이 좀 더 재미있어지죠.

마이쏭 맞아요. 사실 저희는 이런 방식을 택했던 게, 만약 돈이 많았더라도 이런 방식을 택했을 거라고 얘긴 해요. 하지만 그거를 정말 우리가 돈이 없으니까 이렇게밖에 못 한다고 생각하면 정말 너무 암울하고 희망이 안 보일 거예요. 근데 그걸 다른 관점에서 생각하니까 저는 오히려 너무 신나는 거에요. 예를 들어 아이를 낳자마자 뭐든 다 갖춰놓고 하는 것보다, 그때그때 필요한 걸 이런저런 방법으로 얻거나 구해서 해주는 것도 되게 재밌더라고요. 또 어떤 거는 꼭 없어도 이 아이가 사는 데 지장이 없게 다른 방안을 모색해보기도 하고요. 어떻게 보면 저희는 이걸 게

임처럼 즐기고 있는 거 같아요. 제 블로그 제목처럼 '인생은 놀이터', 사는 건 놀이죠, 놀이.

#밥벌이는_셀프

"가족 구성원 모두가 자기 앞가림은 하는 게 원칙이에요."

집안일이든 살림이든 공정하게 하는 두 분인데, 임신과 출산의 경우는 아내가 할 수밖에 없잖아요. 그때는 혹시 어떻게 준비하면서 보냈었나요?

석초딩 임신과 출산은 제가 대신 해줄 수 없지만 최대한 함께한다는 느낌을 주고 싶었거든요. 그래서 육아 책도 많이 읽고 공부도 했었지만, 무엇보다 와이프랑 같이 있는 시간을 많이 늘리려고 노력을 했었어요.

마이쏭 그래서인지 저는 정말 평화롭게 출산을 맞았던 것 같아요. 임신 우울증 없이. 그리고 저는 '열심히 태교를 해야지' 이러지 않았고, 책 보기 싫으면 아예 안 봤고요. 친정이나 시댁에서도 궁금하셨을 텐데도 그냥 너네 편할 대로 지내라고 하시면서 연락도 안 하셔서 그런 부분에서는 정말 스트레스를 안 받았고요. 내가 마음이 내키는 대로 딱 10개월을 지냈어요. 그러니까 뭐 남들 하는 태교는 제대로 한 게 없는데도 너무 잘 지냈다는 생각이 들거든요. 저희 아기가 참 순둥순둥한 편인데, 그때 그렇게 지냈던 영향이 있는 게 아닌가 싶어요.(웃음)

석초딩 물론 10개월간 평소보다 붙어있는 시간이 많았기 때문에 솔직히 저도 힘들지 않았다면 거짓말이겠죠. 그래도 그렇게 하고 싶어도 여건이 안 돼서 못하는 부부들도 많잖아요. 근데 저희는 그렇게 할 수 있었다

는 것에 만족하고, 결과적으로도 잘한 일인 것 같아요.

마이쏭 석초딩도 고생을 많이 했죠. 제가 막판에 임신성 당뇨가 걸렸었거든요. 당뇨가 걸리면 음식을 가려서 먹어야 돼서 힘든데, 남편도 같이 임당 식단으로 먹어주고 그러니까 마음이 좀 낫더라고요.

석초딩 덕분에 같이 살 빠지고 좋았죠, 뭐.(웃음)

임신 기간 중에 두 분이 붙어 있으면서 주로 어떤 이야기들을 나눴었나요?

마이쏭 저희는 그 10개월 동안에 우리가 이 아이를 어떻게 키울 것인가에 대해서 거의 모든 부분을 다 얘기했던 거 같아요. 이럴 땐 어떻게 하고 싶은지 서로 육아관 같은 것도 얘기하면서 맞춰보고요. 이런 과정 없이 키우다가 만약 나중에 엄마 아빠 방식이 서로 다르면 아이도 혼동이 있다고 하더라고요. 그래서 대화를 많이 했던 건데. 다행히 저희는 많이 어긋나는 부분 없이 비슷하더라고요. 그리고 지금 와서 드는 생각이, 정말 애를 낳고 나니까 정신없이 바빠서 확실히 얘기할 시간이 없어지거든요. 임신 기간에 많이 대화를 해뒀던 게 도움이 되는 거 같아요.

어떤 아이로, 어떻게 키우기로 했나요?

마이쏭 저희는 아이가 나중에 뭐가 됐으면 좋겠다, 이런 생각은 해본 적이 없어요. 그냥 무슨 일을 하든 간에 그 일에 만족만 하면 된다고 생각하고요. 다만, 아이가 자기 앞가림은 할 줄 아는 행복한 사람이 됐으면 좋겠어요. 물론 아이가 네 살까지는 할 수 있는 최선의 일이 우리를 행복하게 하는 게 전부라고 생각해요. 근데 한 다섯 살 정도부터는 작은 것들은 자기 역할을 할 수 있지 않을까 싶어요.

석초딩 사소한 것부터 직접 하도록 해야죠. 상 차릴 때 숟가락 놓기, 밥 먹은 후에 자기 그릇 싱크대로 갖다 놓기, 자고 일어나서 자기 이불은 자기가 정리하기 같은. 이런 것들은 할 수 있잖아요.

마이쏭 이럴 거면 기저귀도 자기가 갈아야 되지 않을까?(웃음) 그니까 저희 생각은 그래요. 저희가 셰어하우스 개념으로 사는 것처럼, 아이도 이 집에 똑같은 가족 구성원으로 사는 거니까 자기 역할은 해야 된다는 생각이에요. 아이가 귀한 보물이긴 하지만 보물이라고 너무 아끼기만 하기보단, 갈고 닦아야 한다고 생각하거든요.

석초딩 아끼되, 자기 역할은 충분히 할 수 있게.

마이쏭 아이를 부모의 소유물이나 대리만족의 대상으로 생각하지 않으려고요. 지금이야 우리가 보살펴줘야 하는 입장이지만, 자기 밥그릇에 숟가락 놓을 때가 되면 아이도 우리 가족 공동체의 엄연한 구성원이 된다고 생각해요.

분명 두 분이 하는 걸 보고 자란 아이라면 자기 앞가림은 정말 잘할 것 같은 생각이 드네요.(웃음) 근데 두 분은 아이가 태어나도 삶이 너무 요동치지 않았으면 한다고 했는데, 실제로 현실 육아는 어떤가요?

마이쏭 아무리 우리가 삶이 요동치지 않게 하겠다고 해도, 아이가 생기니까 정말 정신이 없긴 하죠.(웃음) 그래도 저희는 기본적으로 '공동육아'를 지향하고 있어요. 그니까 요즘 우리 일상을 보면 좀 시트콤 같은 거예요. 같이 머리 산발 돼 있고, 같이 가스레인지 앞에 서서 밥을 먹고. 그런데 이게 만약 혼사 그렇게 있으면 되게 서럽고 힘들 거 같은데, 같이 이렇게 하니까 오히려 그것도 웃긴 거예요, 재미있고. 뭐든 같이 하니까 힘든 순간들도 재미있게 잘 지나가고 있는 거 같아요.

두 분 다 일을 하는 경우에는 아이를 부모님께 맡기는 경우가 많잖아요. 두 분은 어떤가요?

석초딩 아이를 가질 때 상의한 것 중에 한 가지가, 부모님한테는 안 맡기기로 약속을 하고 아기를 가진 거거든요.

마이쏭 그게 너무 불효인 거 같아서 어떻게 죽이 되든 밥이 되든 저희가 보기로 했어요. 젊은 저희가 봐도 체력적으로 너무 힘든데, 부모님은 훨씬 더 힘드실 게 뻔하기 때문에, 일한다고 부모님한테 황혼육아를 하게 하는 건 아니란 생각이 들었어요. 애를 낳은 건 우리고, 어디까지나 우리 부부가 해결해야 할 산이라고 생각을 하고요. 우리가 볼 수 있는 상황을 만들어가는 게 중요한 거 같아요.

하지만 아이를 키우려다 보면 누구 한 명은 회사를 그만둔다든지 육아 휴직을 해야 하는 상황이 많은데, 두 분은 어떻게 하고 있나요?

마이쏭 저는 일단 출산휴가만 90일간 썼었고요. 육아휴직은 안 한 상태고, 지금 다시 복직해서 일을 하고 있어요. 학교라서 야근은 거의 안 하고요. 그리고 저희는 남편이 육아를 위해서 '육아 퇴사'를 했어요. 아이가 생긴 뒤로 어쩔 수 없이 우리 생활에 육아가 큰 부분을 차지할 수밖에 없기 때문에 이런 부분도 얘기를 많이 나눴었는데, 결론적으로 저는 지금 하고 있는 일(초등학교 특수교사)을 계속하고 싶은 마음이 컸고, 남편은 회사를 계속 다니기보다는 공부를 더 해보기로 했고요. 또 가진 기술(스냅사진)이 있어서 프리랜서로도 일을 할 수 있으니까 그렇게 틈을 좀 만든 거죠.

아무리 공동으로 한다고 해도 주 양육자가 있기 마련이잖아요.

마이쏭 보통은 엄마가 주로 하는 거 같은데, 저희는 굳이 따지자면 주 양육자가 남편인 것 같아요. 아무리 따져봐도 둘 중 성향상 아이를 더 잘 볼 수 있는 사람이 저보다는 남편인 거예요. 일단 저보다는 남편의 양육 방식이 아이에게도 더 좋을 것 같다는 생각이 들어요. 예를 들면 애가 잠투정이 심한데, 찾아봤더니 어떤 사람들은 최대한 애를 울리지 말라고 하고, 어떤 이론서에는 애는 울어도 된다고 하고. 아이 수면에 대해서도 가타부타 말이 많더라고요. 저는 그런 얘길 듣고 와서 어떤 날은 안아서 재웠다가, 어떤 날은 그냥 울려봤다가 막 왔다 갔다 하는 거죠. 근데 남편은 일단 침착하고, 일관돼요. 애는 울어야 된다, 애가 할 수 있는 소통은 우는 거밖에 없다, 그렇게 심지 있게 밀고 나가더라고요. 그래서 오히려 남편한테 많이 물어봐요. '이럴 때는 어떻게 해야 돼? 지금 왜 우는 거야?' 그러면서. 그래서 어쨌든 잠정적으로, 아니 앞으로도 남편이 주 양육자를 맡을 것 같아요. 물론 육아는 계속 같이 하겠지만요.

보통 한쪽이 독박육아를 하면 우울증도 오고 하던데, 그런 경험은 아직 없겠네요?

마이쏭 제가 최근에 비슷한 경험을 했어요.(웃음) 아기 태어나고 처음부터 공동육아를 하기로 했고, 앞으로도 그럴 거지만, 상황이 늘 같을 수는 없더라고요. 실은 지금 사정상 6개월간은 제가 좀 더 많이 아이를 볼 수밖에 없는 상황이 됐거든요.

석초딩 퇴사를 했지만 미래를 위해서 공부를 더 하고 있다고 했잖아요. 지금 그 학위과정이 있어서 그걸 마무리 짓는 논문을 쓰는 기간이 6개월이거든요. 그래서 어쩔 수 없이 그 기간 동안은 아내가 육아에 좀 더 시간을 쓸 수밖에 없는 상황이에요. 그 이후로는 일하는 시간을 조정할 수 있기 때문에 다시 공동 체제로 가는 거고요.

마이쏭 물론 그 과정도 저희가 나중에 쭉 공동육아를 지속하기 위해 선택한 방법 중 하나이긴 해요. 근데 이렇게 잠깐 아이를 혼자 보니까 없던 산후우울증이 오려고 하더라고요. 물리적인 시간보다도, 잡아주던 사람이 없어서 그런 거 같아요. 그전까지는 같이 머리 산발 돼 가면서도 의논하면서 해나가니까 괜찮았는데, 그럴 사람이 없는 거죠. 누구나 그렇겠지만 육아는 혼란스러울 때가 많잖아요. 그럴 때마다 석초딩한테, '우리 이렇게 하는 게 잘하는 걸까?' 하면, '그래 우리 잘하는 거야, 잘하고 있어' 라고 해줬던 육아 동지가 갑자기 없어지니까 저 혼자 많이 흔들렸던 거 같아요. 그러면서 든 생각은, 독박육아라는 것도 온전히 체력적으로 힘든 게 다가 아니라는 거였어요. 사실 그냥 몸이 힘든 건 어떻게든 참을 수 있는데, 정신적인 동지가 없으니까 그게 정말 크게 느껴지고 이게 '독박'이구나 싶더라고요. 결론은, 역시나 공동육아가 꼭 필요하다, 누구든 혼자선 안 돼! 이런 걸 다시 한 번 느꼈어요.

맞아요. 육아든 살림이든 경제적인 부분이든 누구 한 사람이 '독박'으로 하는 건 건강하지 않은 방식인 것 같아요. 문득 궁금해졌는데, 두 분은 누가 '가장'이라고 생각하시나요?

석초딩 누가 가장인지 하는 생각을 해본 적은 없었던 것 같아요. 특히 제가 남자라고 '내가 가장이다'라거나, '내가 이 집을 이끌어야 된다' 같은 생각은 안 해요. 그냥 우리 가족이라는 공동체, 그 속의 구성원이라고 생각하죠.

마이쏭 저도 '남편이 가장이니까' 같은 생각은 안 해본 것 같아요. 저희는 다 가장이에요. 아이까지 셋 다요. 그냥 각자 열심히 사는 거고, 돈을 버는 것으로 결정되는 것도 아닌 것 같아요. 한 명이 벌면 한 명이 못 벌 때도 있는 거고. 그리고 계속 얘기했지만, 저는 결혼했다고 해서 누가 됐든 모든 걸 희생하지 않았으면 좋겠어요. 결혼해도 달라지는 건 그냥 같이 사는 거 외에는 없다고 생각하고요. 같이 살면서 각자 하고 싶은 것도 계속하고 살기 위해서 서로 노력하는 거, 그게 가족이니까요.

Interviewee

박다비&조성환 부부

30세, 34세 / 결혼 3년 차

#맨땅에_신혼집_만들기
#집과_함께_웨딩마치
#용기_아닌_선택

Episode 08

어떤 집에서 어떤 삶을 꿈꾸나요

언젠가부터 집이 이렇게 까마득한 꿈이 되어버렸을까? 검색창에 '내 집 마련하는 방법'을 검색해본다. '5년 안에 내 집 마련하는 재테크', '서울 집값', '신혼부부가 살기 좋은 신축 아파트' 같은 이야기들이 쏟아진다. 하지만 현실은 여전히 까마득하다. 어떤 통계자료에서는 월급 200만 원으로 '집값'을 버는 데 무려 42년이 걸린다고 한다.* 그게 아니면 30~40년 동안 대출을 갚으며 살아야 한다. 비슷한 크기와 구조로 세팅된 아파트에서 누구나와 같은 삶을 살기 위해서 말이다.

박다비**다비** • 조성환**제이** 부부는 현실이 말하는 '까마득함'을 뒤로하고 꿈꾸는 삶이 가능한 방법을 찾아 무작정 제주로 내려왔다. 그때 나이가 스물여섯, 서른. 수풀이 무릎까지 수북해져 있는, 최소 10년 동안 사람이 살지 않았을 거라는 집을 골랐다. 작은 집 4개가 옹기종기 모여있는 오래된 농가. 이 중 하나는 지은 지가

100년도 넘었다고 했다. 집 고치는 법을 어디서 배워 본 적 없었지만, 부부는 고민도 없이 곡괭이와 낫을 들고 일을 시작했다. 풀을 베고, 벽을 부수고, 벽돌을 쌓고, 미장을 했다. 그렇게 1년을 꼬박 직접 '신혼집'을 만들어갔다. 세련되고 깔끔한 새집을 갖는 '모두의 꿈' 대신, 햇살이 드는 마당에서 느리게 살고 싶었던 '두 사람의 꿈'을 담은 소박한 집이었다.

제주 서쪽 모슬포 마을 어귀에 자리한 부부의 집을 찾았을 때는, 사진 속에서 봤던 귀신 나올 법한 폐가는 온데간데없었다. 따사로운 햇살이 마당 한가득 들어오는 아담하고 소박한 집. 부부는 느릿하고 조용한 말투로, 그동안 집을 만들고 가꿔온 이야기를 들려줬다. 그들의 손길로 만들어진 집 곳곳은 두 사람을 닮아 잔잔한 듯 개성이 있었다. 한쪽 벽에 걸려있던 부부의 결혼사진이 눈길을 붙잡았다. 공사 중인 어수선한 농가 앞에서 어깨를 한껏 움츠린 채 장난스런 표정을 한 신랑과 신부. 뭔가 언밸런스한 장면 속에서 왠지 모를 행복이 느껴졌다. 문득 우리가 이들에게 들으러 온 이야기가 '어떤 집에 살고 있는지'에 대한 이야기가 아니라 '어떤 삶을 살고 있는지'에 대한 것이라는 생각이 들었다.

---

* 통상 서울에서 결혼비용과 전세금 비용으로 1인당 1억 원이 든다고 가정할 때, 소득 200만 원으로 1억 원을 만들기 위해서는 무려 42년이 걸린다고 한다. 물론 별다른 취미활동 없이 말 그대로 숨만 쉬고 돈을 모았을 경우다.(머니투데이 2016.08 기사 참고)

#맨땅에_신혼집_만들기

"100년 된 빈집을 둘이서 직접 고쳐서 신혼집 마련했어요."

이 집이 원래 100년도 더 된 폐가였다니 믿기지가 않아요. 이 집은 어떻게 찾게 된 건가요?

제이 발품을 좀 팔았죠. 매일 돌아다니며 보다가 우연히 발견했는데, 모여있는 건물 자체가 마음에 들기도 했고요, 사실 현실적으로 가능한 이유들이 많았어요. 가격이라든지 여러 가지로. 오래 사람이 안 살던 폐가였다 보니까 다른 집보다도 저렴했고요.

©Parkdabi

처음에 이 집 상태가 어느 정도였는지 기억나세요?

다비 제가 그때 아직 학교에 재학 중이어서 서울에 있었는데, 제이한테서 집을 찾았다고 연락이 왔어요. 그런데 사진을 안 보내주는 거예요. 제가 싫다고 할까 봐서요.(웃음) 계속 안 보내주다가 나중에 학교 졸업하고 내려와서 처음 와봤는데, 마당에 풀이 다 허리만큼씩 자라 있는 거예요. 오자마자 풀 베는 것부터 시작했죠.

제이 꼭 이 집만 그런 건 아니고 제주에 집을 보러 다니다 보면 거의 상황이 비슷해요. 여긴 또 사람이 오래 안 살다 보니 보이는 공간이 거의 수풀이었죠.

그런 집을 인부를 쓰지도 않고 '직접' 고칠 생각을 하다니, 저희로서는 상상도 안 될 일이에요. 어떻게 그런 생각을 하게 된 건가요?

다비 '왜 그런 생각을 했지…'라고 하면 사실 딱히 이유가 떠오르지 않아요. 그냥 우리 둘이 살 집이니까, 당연히 둘이 해야 된다고 생각했던 것 같아요. "이런 집을 구했어, 우리 둘이 같이 고쳐볼래?"라고 하길래 "뭐 그래!" 그렇게 자연스럽게.

제이 정말 어쩔 수 없는 부분만 전문가에게 맡기고 할 수 있는 건 우리가 해보자 했던 거죠. 저도 사실 처음에는 이게 큰일인지 인지하지 못하고 시작했어요. 근데 하다 보니까 이게 생각보다 큰일이더라고요.(웃음)

원래 그렇게 잘 모르는 분야에도 잘 도전하는 스타일인가요?

제이 제가 자주 하는 말이 "쉬운 길보다는 어려운 길이 언제나 옳다"는 거거든요. 나름의 자기 합리화일 수도 있죠. 쉬운 길로 가도 잘 안 되더라고요.(웃음) 보이는 쉬운 길로 가도 잘 안 되니까, 어떻게 보면 어려운 길로 가야 저 스스로도 도전의식이 생기고 열정도 생기고 보람도 생기는 거 같아요. 그리고 돌아보면 일도 잘 됐던 거 같아요. 그런 경험이 몇 번 있다 보니까 이 집도 그렇게 해보고 싶었던 거죠. 물론 비용 등 현실적인 문제도 있었고요.

두 분이 각자 어떤 역할을 맡았나요?

다비 각자 할 수 있는 걸 알아서 맡아서 했는데. 예를 들면 미장을 하려면 시멘트 반죽을 해야 되잖아요. 그럼 제가 시멘트, 모래, 물 넣고 믹서기로 반죽을 하고, 남편이 가져다가 미장을 하고. 그런 식으로 각자 할 수 있는 수준에서 분담한 거죠.

제이 그래도 두 명이라서 일이 되긴 되더라고요. 만약 혼자 했으면 못했을 것 같은데, 서로 각자 역할을 하면서 할 수 있었던 것 같아요.

다비 재미있었던 건, 제가 그때 집 고치는 과정을 블로그에 연재하면서 믹서 드릴로 미장하는 사진을 올린 적이 있는데, 어떤 분이 "이거 여자분이 감당하기 힘드실 텐데…"라고 댓글을 남기셨더라고요. 근데 제이가 "문제없습니다"라고 단호박 답글을…(웃음)

제이 아니, 진짜 잘했어요. 진짜로.

다 고치는 데 얼마나 걸렸나요?

다비 처음에는 동쪽에 연세 얻어 살면서 길가에 있는 살림집을 2개월 동안 먼저 고쳤거든요. 그때는 거기서 매일 왔다 갔다 하느라고 제대로 된 밥도 먹을 수가 없어서 '3분 요리'를 주식처럼 먹으면서 다녔죠.

제이 그때 거의 모든 '3분 요리'는 다 먹어본 것 같아요.(웃음)

다비 살림집 완성되고 나서 안채 고치는 게 6개월이 걸렸어요. 그 후에 계속 나머지 보수하고 고치고. 거의 1년 내내 고친 거죠.

제대로 된 식사도 못하고 그렇게 했으면 전문가라도 힘들었을 것 같아요. 그중에서도 어떤 게 제일 힘들었나요?

제이 글쎄 딱히 하나를 뽑기가 어려운데요.(웃음) 전기 설비도 안 돼 있던 집이다 보니까 그런 전문적인 부분까지 우리가 할 것이냐 말 것이냐, 고민이 되긴 하더라고요. 그래도 우리가 할 수 있는 한 거의 다 직접 하기로 했으니 최대한 하고, 전기만 사람을 불렀죠.

다비 보일러 배관이 대박이었어요! 저는 당연히 그래도 사람이 살던 집인데 보일러는 깔린 줄 알았거든요. 창고에 보일러 기계가 있는 것도 봤고요. 근데 나중에 보니까 사랑채 건물에만 깔려 있던 거예요. 배관이 기초공사인데, 그게 안 되어 있으면 다른 공사 시작을 못하니까 그때서야 부랴부랴 알아봤는데, 전화를 해보니까 배관 까는 데만 140만 원이 든다는 거예요. 땅을 파서 기초를 하고, 배관을 깔고 다시 미장을 하는 과정이 필요한데, 그중에 배관 까는 것만요. 그래서 '안 되겠다, 그냥 우리가 하자' 했죠. 그때 전기 해주시는 분이 와 계셔서 이래저래 도움 받으면서 결국 직접 다 깔았어요. 마침 동생도 도와주러 내려와 있어서 다 같이 땅 파고, 유튜브 찾아서 공부해가면서 그렇게 했죠.

제이 진짜 일주일 동안 땅만 판 거 같아요. 다시 집 짓게 돼도 보일러는 안 깔려고요, 이제.(웃음)

그렇게 해봐서 이제 웬만한 전문가만큼 빠삭해졌겠는데요?

다비 시멘트 한 포대에 얼마고, 그런 시세를 알게 된 거예요. 일반인들은 잘 모르는 그런 것들을.(웃음)

제이 그런 거 중요하죠. 다음에 또 사야 될 일이 생기거든요. 집에 문제가 생겨도 알아서 보수할 수 있잖아요. 실제로 미장 엊그제도 했고요.(웃음) 시골살이에 뭐가 필요하냐고 묻는다면 이런 거라고 대답할 거 같아요 저는. 이런 기본적인 것들.

힘든 것도 있었겠지만, 이렇게 직접 하면서 분명 즐거움도 있었으니 힘들어도 계속할 수 있지 않았나 그런 생각도 들고요.

다비 저는 정말 아주 소소한 것도 재미있었어요. 지금 마당 옆 바닥에 깔려 있는 게 붉은 색 벽돌이잖아요. 이게 사실 진짜 적벽돌이 아니에요. 적벽돌을 사려고 하니까 너무 비싼 거예요. 한 장에 500원. 일반 벽돌은 한 장에 100원인데. 그래서 고민하다가 그냥 100원짜리를 사다가 페인트를 칠했어요. 근데 너무 그럴싸한 거예요. 그렇지 않아요?(웃음)

제이 그런 일들이 되게 많아요. 바닷가 가면 버려진 나무들 주워 와서 이것저것 만들어보고. 이 사람은 그런 걸 제일 재미있어 하더라고요.

다비 한번은 바닷가에 엄청 긴 대나무가 버려져 있는 거예요. 보자마자 카페 지붕에 걸면 좋겠다 싶어 주워왔죠. 지금 여기 카페 지붕에 걸려있는 게 바로 그거예요. 원래는 이거 두 배나 되는 길이였어요. 그런 거 찾을 때도 즐거워요.(웃음)

즐거운 부분도 있겠지만 그만큼 자잘한 것들도 신경 써야 될 게 많았을 것 같아요. 더군다나 이 집은 거의 백지에서 시작한 거잖아요.

제이 사실 저는 큰일들보다 그런 작은 선택들이 더 고민되고 어려웠어요. 예를 들면, 무슨 색을 칠할까? 되게 사소하잖아요. 근데 고민이 많이 돼요. 칠했다가 마음에 안 들면 다시 칠해야 되잖아요. 저는 차라리 힘이 드는 일이 나은 거 같아요.(웃음) 반면에 백지라서 뭔가 제가 계획한 대로 하나씩 완성되어 가면 그게 참 즐겁더라고요.

#집과_함께_웨딩마치

"집 짓는 과정이 결혼과 비슷하단 생각에 공사 과정마다 웨딩사진을 찍었죠."

살림살이도 혼수를 따로 장만하지 않고 남편분이 직접 다 만들었다면서요?

다비 여기 있는 가구들도 다 제이가 만들었어요. 침대, 옷장, 책상, 식탁, 의자, 싱크대 같은 거.

제이 제주도 와서 한두 달 정도 목수 삼촌 따라다니면서 만들었죠. 제가 원래 만드는 걸 좀 좋아해요. 그리고 싱크대 같은 거는 찾아보면 기본 도면이 있거든요. 그 구조를 이해하면 누구나 할 수 있어요. 유튜브도 굉장히 많이 보고요. 요즘도 보고 있긴 하죠. 또 뭐 만들 거 없나 하고.

다비 근데 시행착오가 엄청 많아요. 옆에서 보고 있으면, 저 고생이면 그냥 하나 샀겠다 싶을 때가 많긴 해요.(웃음)

싱크대 같은 건 만드는 사람이 따로 있는 줄 알았는데요. 그런 건 조금만 틀어져도 제 기능 못 하거나 나중에 손이 많이 가지 않나요?

제이 저는 그냥 그런 생각이에요. 실제로 부서지고 틀어지더라도 내 집이니까 상관없잖아요. 부서지면 다시 고치고 계속 보수하면 되죠. 내 공간을 내 손으로 만든다는 게 나에게 맞고 원하는 방향을 찾아나가는 것이지 누군가에게 보여주기 위함이 아니니까요. 좀 서툴러도 괜찮다고 생각해요.

그래서인지 집이 두 분을 참 많이 닮은 거 같아요. 차분하고 자연스러우면서도 개성 있고. 이 중에서도 가장 애정하는 공간은 어디에요?

제이 지금 여기 카페 공간이요. 제일 공을 많이 들였거든요. 안채 바깥채 다 만들고 여긴 맨 마지막에 했어요. 집 안쪽은 심플하고 깔끔하고 옛

것들을 살리는 느낌으로 했다면, 여기는 좀 다른 느낌으로 하고 싶어서 처음부터 구상을 많이 했어요. 색도 많이 들어가고. 그래서 더 열심히 했던 거 같아요.

다비 재밌었던 건, 여기 안쪽 벽 페인트를 저희가 여러 가지 색을 섞어서 해놨거든요. 근데 공사할 때 구경 오시던 옆집 할머니가 "아이고, 다 했네. 이제 페인트칠만 하면 되겠네." 하시는 거예요. 다 칠한 건데.(웃음)

제이 깜짝 놀라가지고. 심장 멎을 뻔했어요.(웃음)

보통 결혼할 때 30평대 아파트 같은, 번듯하고 깔끔한 신혼집을 꿈꾸잖아요. 그 정도는 장만해야 결혼할 준비가 됐다고들 하고요. 그래서 무리하게 대출을 받는 게 당연시되고. 그런 풍조 속에서 바라보니까 이 집이 더 특별하게 다가오는 것 같아요.

제이 제 또래들도 결혼 많이 하는 시기인데. 좀 과하죠 사실, 수도권 전세 얻고 하는 거 보면요. 다 너무 비싸고.

다비 열이면 열 다 빚내서 하잖아요.

제이 그렇게 빚내서라도 정말 본인들이 원하는 거라면 그렇게 해도 되죠. 근데 주변에서 '이 정도 집은 있어야 하지 않겠냐'고 하는 거라면 다시 생각해보면 좋겠어요. 그리고 그렇게 말하는 사람들에겐 '집을 사 주실 건가요?'라고 묻고 싶어요.

제주에 집을 짓고 살고 있다고 하면 다들 낭만적이라고 생각하잖아요. 근데 두 분의 '사서 고생'을 보니까, 그런 낭만을 지키는 일에도 그만한 노력이 필요하다는 걸 느껴요.

다비 낭만적인 부분만 있는 건 확실히 아니에요. 처음엔 뭣도 모르고 시작한 거지만, 하다 보니까 체력도 안 받쳐주고 힘들었어요. 근데 멈출 이유를 못 찾았어요. 그래서 계속한 것뿐이죠.

제이 자기가 살 집을 직접 짓는 일이 옛날에는 (좀 먼 옛날이지만) 자연스러웠대요. 직접 짓고 고치며 살았던 거죠. 그니까 어떻게 보면 저희가 한 일이 못할 일은 아닌 거거든요. 물론 쉽진 않아요. 그건 분명히 말씀드릴 수 있는데, 실제로 지금도 저희처럼 혹은 저희보다 더 사서 고생해서 집을 고치거나 짓는 분들도 꽤 있어요. 그런 걸 볼 때는, 이게 당연한 일은 아니지만 해볼 만한 일이었다고 생각해요. 그만한 가치가 있는 일이었다고 생각하고요.

갖춰진 집을 구하지 않고 이런 수고를 들여 손수 공간을 꾸렸다면 두 분에게 집이란 어떤 의미인지 궁금해지네요.

제이 전 집이라는 공간이 되게 중요하다고 생각해요. 기본적으로 먹고 자는 곳이니까요. 그리고 아주 조금은 그 이상인 것 같기도 해요. 그래서 머무는 동안 조금씩 꾸미면서 마음에 드는 방향으로, 우리에게 어울리는 모습으로 만들고 있는 거죠.

공사를 시작하면서 아무것도 없던 집 앞에 정화수 떠 놓고 둘만의 의식을 치른 뒤 혼인신고만 하셨었잖아요. 그리고 집을 고쳐가는 과정 중에 웨딩사진을 찍었다는 게 인상적이었어요. 그렇게 한 이유가 있었나요?

다비 공사 전에 한 번, 공사 중에 한 번, 공사 마치고 한 번. 이렇게 웨딩사진을 찍었어요. 집이 변해가는 과정과 저희의 모습을 함께 사진에 담고 싶었거든요.

제이 이렇게 집을 고치는 일 자체가 둘이 함께 하고 있는 공동의 작업이었으니까요. 이 집을 만들어가는 과정이 저희의 결혼이 완성되어 가는 것과도 같다고 생각했어요. 그리고 사람들은 이게 웨딩사진이라서 이것만 특별하다고 생각하겠지만, 사실은 앞으로 살아가는 일상이 더 중요한 거잖아요. 그날은 그날대로 중요하겠지만, 일상은 일상대로 계속 사진이 남을 테고. 그래서 이 웨딩사진들은 이곳에서 살아갈 날들 중 시작이었다고 생각해요.

그리고 결혼한 지 3년 만에 두 분이 완성한 이 집에서 드디어 결혼식을 올렸어요.

다비 사실 제가 처음 제주도에 내려가 제이와 같이 살겠다고 했을 때 부모님은 결혼식이라도 하고 내려가라고 하셨었어요. 근데 그때는 그렇게 급하게 하고 싶지 않았어요. 일단 혼인신고만 하고 결혼식은 좀 천천히 하기로 했었죠. 사실 저도 소중한 가족과 사람들 앞에서 부부로서의 삶을 약속하는 일이 중요한 거라고 생각하고 있었거든요. 그래서 기다렸

던 거죠. 경제적으로도 우리가 직접 결혼식을 주최할 수 있고 감당할 수 있는 상태가 될 때까지. 그리고 우리의 공간이 어느 정도 완성되고 자리를 잡았을 때, 그 공간에서 소중한 사람들을 모시고 식을 올리고 싶었어요. 3년이 지난 올해(2017년)가 되어서야 그런 상황이 됐고, 드디어 결혼식을 올린 거죠.

지금 우리가 앉아있는 이 마당과 카페 데크를 결혼식장으로 꾸몄더라고요. 두 분이라면 왠지 다 손수 준비했을 것 같은데.

다비 하나하나 직접 하려고 했죠. 매일 머릿속으로 그려보고. 원래는 꽃장식 같은 것도 제이가 자기가 직접 하겠다는 거예요. 여기 뒤에서 나뭇잎이랑 꽃이랑 꺾어다가 하겠다고요. 그 말만 믿고 있었는데, 막상 날이 다가오니까 생각보다 준비할 게 너무 많은 거예요. 아무래도 안 되겠다 싶어서 그건 제주에서 알게 된 플로리스트 친구한테 부탁을 했죠.

제이 정말 탁월한 선택이었어요.(웃음)

다비 결혼식 전날 가족들과 친구들이 먼저 내려와 많이 도와줬고요. 결혼식은 남편이랑 제가 같이 축가를 불렀고, 혼인서약서도 같이 써서 읽었어요. 이렇게 소박하게 하는데도 당일에는 정말 정신이 없더라고요.(웃음) 그래도 우리가 직접 꾸민 공간에서 결혼식을 올릴 수 있어서 정말 행복하고 즐거웠어요.

#용기_아닌_선택

"머물고 싶은 만큼 머물다가, 언제든 떠날 수 있는 곳이 집이에요."

집을 게스트하우스로 운영하고 있잖아요. 처음부터 그걸 염두에 두고 있었던 건가요?

제이 처음부터 게스트하우스라고 특정하진 않았지만 예전부터 저는 그런 공간을 꿈꿨던 것 같아요. 집이면서 또 다른 사람들이 머물다 가는 편안한 공간. 그러다 우연히 게스트하우스에서 다비를 만났고, 거기서 스태프로 일도 조금 해보면서 자연스럽게 그 공간이 게스트하우스로 실현된 거 같아요.

두 분의 하루 일과는 어떻게 되나요?

다비 손님 있을 때는 아침 8시에 조식 해드리고 손님이 나가면 청소를 시작해서 점심 때쯤 끝나요. 그럼 점심 먹고, 오후 시간에는 쉬거나 날씨가 좋으면 밖에 나가서 돌아다니고요. 근데 네 시부터는 체크인 시간이라 손님이 오니까 집에 돌아오죠.

둘만의 공간, 시간을 방해받기도 할 텐데 어떤가요?

제이 아무래도 그렇죠. 생각보다 개인 시간이 많지는 않아요.

다비 근데 이제 2년 넘게 운영을 해보다 보니까 요령이 좀 생겼죠. 밖에 나갈 일이 있으면 오기로 한 손님한테 몇 시쯤 올지 미리 물어보고, 늦게 도착한다고 하면 좀 여유 있게 보내고 들어오고.

일반적인 결혼 살림과는 좀 다르겠어요. 손님이 오면 좀 미뤄두고 싶은 것도 매일 해야 할 테고요.

다비 아침을 오전 8시에 일어나서 준비해야 하니까 처음엔 좀 힘들었어요. 제가 아침잠이 많거든요. 그래서 지금은 요리를 전날 저녁에 미리 하고요. 차리는 건 하루씩 번갈아 하고 있어요. 제이가 담당인 날 저는 늦잠을 잘 수 있죠. 근데 사실 제가 하는 날 못 일어날 때도 있어요. 그럼 제이가 하고 있어요.(웃음)

제이 이제 그러려니 해요. 저는 사실 하루씩 번갈아 하는 것도 대단하다고 생각하고 있거든요.(웃음) 그리고 메뉴에 따라서도 좀 달라져요. 저만 할 수 있는 메뉴가 있는데 그런 거 할 땐 제가 준비를 하는 편이죠.

다비 제이가 요리를 좋아해서 아침 메뉴는 이 사람이 다 개발을 하거든요. 저번에 반미샌드위치라는 걸 하자고 했는데 저는 그게 너무 어려운 거예요. 그럴 때는 제이가 거의 매일 하는 거죠.

제이 빨래나 청소 같은 건 따로 분담은 안 하고 같이 해요. 그래야 빨리 끝나거든요.

부부가 함께 일을 하는 거니까 하루 종일 붙어있는 거잖아요. 싸우지는 않나요?

다비 같이 일한 지 1년쯤 지났을 때 고비가 한 번 왔었어요. 너무 붙어 있으니까 각자의 시간이 필요하다는 걸 느꼈죠. 그래서 요일을 나눠서 해보기로 했어요. 이틀씩 쉬는 거죠. 내가 월화 쉬고, 제이가 수목 쉬고. 금토일은 같이 하고. 그런 식으로 정하긴 했었는데, 한 달 정도 하다가 흐지부지 되더라고요. 부부가 같이 하면 뭔가 딱 정한대로 하기 힘든 거 같아요.

제이 그게 그렇더라고요. 다비가 청소하고 있으면 제가 쉬는 날인데도 그냥 가만 있기도 그렇고. 그렇다고 맨날 나갈 데가 있는 것도 아니고.

다비 당시에는 맨날 붙어 있는 게 힘들다고 생각했는데, 지금은 그 단계를 좀 넘어섰는지 괜찮아요.

도시에 살다 조금 이른 나이에 내려온 거 잖아요. 다비 씨는 그때 학생이었고요. 가끔 도시 생활이 그리운 적은 없나요?

제이 도시에서 살 때는 다른 청년들과 비슷한 삶을 보냈던 거 같아요. 구직 활동도 하고, 공부도 하고. 힘들 때가 더 많았던 거 같아요. 그래서 저는 적당히 살다 잘 내려왔다고 생각해요.

다비 저는 도시에서 나고 자라면서 늘 시골 생활에 대한 동경이 있었어요. 시골이 고향인 사람이 부럽기도 했고요. 그래서였는지 어렸을 때부터 제주에 살아보고 싶었거든요. 휴학하고 게스트하우스에서 스태프로 지내면서, 또 제이를 만나 이렇게 머물면서 제주가 더 좋아진 것 같아요. 아쉬운 건 없어요. 또 저희는 여름마다 문을 닫고 '육지'에 가기도 하고요.

성수기인 여름에 문을 닫는다고요?

다비 네. 일단 여름에 저희가 에어컨이 없기 때문에 손님을 받기엔 덥고 미안하기도 해서요. 덕분에 저희에게도 '여름방학'이 생긴 거죠. 집 단장도 하고 제주 곳곳을 다니기도 하고요. 육지 가족들에게 다녀오기도 해요. 열흘 정도는 조용히 혼자만의 작업 공간이 필요한 분들에게 집을 통째로 내어주기도 하고요. 저희가 집을 비우는 동안 고양이 밥도 챙겨주고 식물에 물 줄 사람이 있으니까 서로 좋은 방법인 거 같아요.

집에 머물다 가는 손님들이 생기면 매일 여행하는 기분도 들 것 같아요. 게스트하우스로 집을 나누길 잘했다고 느낄 때는 언제인가요?

제이 사람들을 알게 되는 게 가장 좋은 점이고, 얻는 게 많은 것 같아요. 게스트로 왔다가 친구가 되는 경우도 종종 있고요. 어떤 분은 술을 담가서 보내주시기도 하고, 어떤 분은 책을 보내주시고. 어딘가 가지 않아도 사람을 만나고 알게 되는 게 좋은 점인 거 같아요.

다비 많은 분들이 그냥 숙소로 여기지 않고, 이 공간을 저희 부부까지 포함해서 기억해주시더라고요. 오시는 분들도 여기가 부부가 사는 집이라서 더 편하게 느끼시는 것 같고. 그게 되게 고맙고 애틋해져요. 겨울에 다녀갔던 손님은 그 다음 해 겨울이 되면 생각나고, 그 손님도 우리가 생각났다며 연락을 하거나 찾아오기도 하고. 그렇게 계절마다 생각나는 사람이 생긴다는 게 좋아요.

외롭지는 않을 것 같아요. 주변에 사시는 할머니들도 두 분을 많이 챙겨주신다면서요.

다비 맞아요. 여기 옆집이랑 저쪽 옆집도 할머니가 혼자 사시거든요. 그래서 도움 필요하실 때 항상 찾아오시고요. 오시면서 고구마 주시고, 무, 배추 주시고. 텃밭에서 키우시는 것들을 항상 나눠주세요. 그게 처음엔 되게 좋았어요. 근데 양쪽에서 막 너무 많이 주시니까.(웃음) 나중에는 감당이 안 돼서 남의 집에도 좀 갖다주고 그래요.

제이 가끔 이런 섬에 내려오면 텃세 있다고 하는데, 저는 그게 한쪽 잘

못은 없다고 생각하거든요. 그리고 시골 문화를 아는 것도 필요한 거 같아요. 도시에서는 엘리베이터에서 만난 사람에게 인사를 하는 게 더 불편하게 느껴지지만, 여기서는 인사만 잘해도 90은 먹고 들어가는 거 같아요.(웃음)

그 말을 들으니까 확 느껴지네요. 엘리베이터가 있는 아파트에서의 삶과 이곳에서의 삶이 뭐가 다를지. 이 집에 평생 살고 싶으세요?

다비 저는 집이 중요한 공간이긴 한데, 여기에 평생 살 거라고 얘기하고 싶진 않아요. 이곳을 우리 손으로 이렇게 힘들게 꾸몄다고 해서 이게 우리 거라는 소유 의식을 갖는 순간부터 여기에 얽매이는 거잖아요. 여길 떠나서는 못 살 거 같고, 여기가 아니면 안 될 것 같고. 그런 마음이 드는 게 싫어요. 그냥 저희는 이렇게 지금 머물고 있는 거고, 언제든 떠날 수 있다고 생각해요.

그런 마인드, 되게 자유롭게 느껴지네요. 사람들이 추구하는 삶의 형태에 대한 생각도, 집에 대한 생각도 그렇게 좀 자유로워졌으면 좋겠어요.

다비 우리나라 문화가 너무 딱 정해진 길을 정답이라고만 생각하는 문화잖아요. 그래서 더 힘든 거 같아요, 젊은 사람들이. 조금 다른 선택을 할 수 있는 길도 많은데, 그걸 모르게끔 이렇게 닫혀 있어서 아예 생각조차 해볼 기회가 없는 게 안타까운 것 같아요. 아마 생각을 하게 되면 눈이 그쪽으로 돌아가고 마음도 돌아가고, 그러다 보면 자기한테 맞는 삶을 선택할 수 있지 않을까요? 그리고 생각은 해도 자기는 용기가 없다고 얘기하시는 분들도 많아요. 여기 오시는 손님들 중에도 '나도 이렇게 살고 싶은데 용기가 안 난다'고 하시는 분들이 있죠. 근데 그 척박한 도시에서, 그 경쟁 속에서 살아남을 용기면 저는 충분하다고 생각해요. 그냥 선택의 문제죠.

얼마가 될지 모르겠지만 두 분은 앞으로 한동안은 이 집에 머물 거고, 누군가도 계속 머물다 갈 텐데요. 나중에 이 공간이 어떤 곳으로 기억되었으면 좋겠어요?

다비 그런 생각을 해본 적이 있어요. 우리가 언젠가 이 집을 떠났을 때, 이 집이 여기 그대로 우리가 만들어 놓은 대로 남아있으리란 법이 없잖아요. 또 누군가의 손에 넘겨지고, 넘겨지다가 없어질 수도 있고요. 그러면 솔직히 좀 아쉬울 것 같긴 해요. 근데, 그 아쉬움을 덮을 만큼 따뜻한 공간이었다고 기억할 수 있었으면 좋겠어요. 머물다 간 사람들에게도, 우리 부부에게도.

Interviewee
김신범&안정화 부부
38세 동갑내기 / 결혼 5년 차
#돈_안_버는_회사
#유럽_농장_여행
#귀농_도전기

Episode 09

우리 아직 젊은데 도시를 떠나도 될까

대학을 가기 위해, 직장인이 되기 위해, 결혼을 하기 위해, 집 한 채 장만하기 위해, 아이를 기르기 위해, 노후 대책을 세우기 위해. 늘 나중이 있을 거라 믿으며 무한 굴레 위를 아등바등 살아간다. 모두가 그렇게 현재를 저당 잡힌 채 떠밀리듯 살아가다 보면, 우리는 정말 행복해질까?

김신범**신범** • 안정화**정화** 부부도 별반 다르지 않은 삶을 살던 직장인이었다. '나중의 삶'을 가슴속에 묻어두고 도시의 속도에 맞춰 살아가던 어느 날, '인생이 재미없다'는 친구의 말 한마디가 부부를 움직이게 했다. 떠밀리듯 사는 수동적인 삶보다는 스스로 삶의 재미를 찾고 '내가 생각한 대로의 삶'을 능동적으로 살고 싶었다. 소득과는 상관없지만 삶의 재미를 찾아줄 의미 있는 활동들을 찾아내고 나누기 위해 '종합재미상사'라는 가상의 회사도 만들었다. 스스로를 '재미부부'라 칭하며 생활 속 온갖 것들에서 소박한 재미를 찾아내고 사람들과 나누는 게 취미이자 특기가 됐다. 한편으로 환경과 먹거리에 대한 관심으로 도심에서 작은 텃밭을 일궈보며 농사의 재미를 알게 된 부부는, 급기야 회사를 그만두고 '농사 여행'을 떠났다. 229일간 먹고 노는 여행이 아닌 농가에서 숙식하며 농사일을 배우는 여행을 하며, 머리와 가슴속에서 맴돌던 '나중의 삶'이 현실이 될 수 있다는 걸 깨달았다. 여행에서 돌아왔을 때, 부부는 다시 무한 굴레의 삶으로 돌아가지 않았다. 대신 백수 생활을 선택했다. 그리고 2년이 지난 2017년 3월 1일, 도시 생활로부터 독립을 외치고 시골로 향했다.

평생 서울과 지방 소도시에서만 살아온 '도시 부부'는 이제 시시때때로 울리는 닭 울음소리에도 아랑곳 않는 '시골 부부'가 되었다. 부부는 인터뷰를 하는 내내 '생각한 대로 말하고 행동하면서 살고 싶어요'라고 말했다. 사는 게 그렇게 말 한마디 내뱉듯 되지 않는다는 걸 몰라서 하는 얘기는 절대 아닐 것이다. 그 한마디를 살아내기 위해 수많은 불편함을 참고, 때때로 찾아오는 불안도 감수하며 생각한 대로의 삶을 이어 나간다는 건 어떤 걸까? 생각한 대로, 꿈꾸는 대로 삶을 이끌 수 있게 하는 힘은 대체 어디에서 오는 걸까?

#돈_안_버는_회사

"일과 돈에 얽매여서 사는 건 재미없잖아요. 세상에 재밌는 게 얼마나 많은데."

두 분 다 유독 환경문제 대한 관심이 많던데, 관련 일을 하다 만난 사이인가요?

정화 그런 건 아니고요.(웃음) 저는 일반 회사를 다녔는데, 개인적으로 환경문제에 관심을 갖던 사람이었어요. 근데 이런 관심사 때문에 '이상한 애' 취급을 받곤 했어요. 사무실에서 종이컵을 너무 많이 쓰는 게 마음이 불편해서 사무실에 '종이컵을 아껴 씁시다'라고 써 붙였다가 바로 "너가 그랬지?!"라고 놀림을 받고요. 그러다 어느 날 누가 "너 혹시 환경단체 다니는 남자분 한번 만나보지 않을래?" 한 거죠.

신범 그게 바로 저였죠.(웃음) 그때 저는 환경단체에서 일하면서 개인적으로도 실생활에서 실천할 수 있는 일에 관심이 많았어요. 예를 들어 일회용 나무젓가락을 적게 쓴다든지. 근데 이런 걸 주변사람들에게 말한다는 게 이상하게 어렵더라고요. '이걸 만들기 위해 중국의 숲이 사라지고 어쩌고'라고 말한다는 게 참… 근데 정화 씨와 이런 주제들에 대해서 말이 통하니까 정말 기뻤죠.

정화 즐겁더라고요. 얘기가 통한다는 자체가. 이상한 사람 취급 받다가 말이 통하는 사람을 만나서 해방감을 느꼈달까요?(웃음)

그런 소신이 있으신 두 분이라면 결혼 준비도 왠지 좀 남달랐을 것 같은데, 어땠나요?

신범 결혼하는 친구들한테 어떻게 결혼하게 됐냐고 물어보면, '연애하다가 부모님 한 번 뵀더니 자연스럽게 결혼식까지 가게 됐어.' 이런 경우가 많더라고요. 그게 좀 이상했어요. 결혼하면 부모님이 아니라 둘이 같이 살아야 하는데 말이죠. 식만 하면 끝나는 게 아니라, 같이 어떻게 살아갈지에 대해 확인하는 게 저희는 더 우선이 되어야 한다고 생각했어요. 정말 같이 살 수 있을 것인지 말이죠.(웃음) 특히 저희는 환경적인 부분에 대해 생각하는 것들이 있으니까, 같이 살면서 그걸 어떻게 함께 실행해 나가면 좋을지 그런 부분들을 많이 얘기했던 거 같아요.

정화 결혼이 식만 있는 게 아니잖아요. 그러니까 결혼 준비라는 게 식을 준비하는 게 다가 아니고 이후 함께 살아갈 시간을 준비하는 시간이기도 한 거죠. 입고 싶은 드레스, 살고 싶은 집, 그런 거 말고 자기 삶에서 뭘 중요하게 생각하는지. 서로가 중요하게 생각하는 가치가 무엇이고, 살면서 그걸 어떻게 실천하고 싶고, 함께하고 싶은 일이 무엇인지. 저희는 그런 것들을 먼저 이야기해야 한다고 생각했던 거고요. 그걸 소소하게나마 결혼식에서도 녹여내면 좋겠다 생각했었죠.

결혼식을 전통혼례로 올리셨던데, 두 분의 가치관이 반영된 선택이었던 건가요?

정화 뻔한 결혼식은 하고 싶지 않았거든요. 제가 단적으로 제일 싫었던 게, 결혼식에서 여자분 혼자 걸어가지도 못해서 '이모'라는 분들이 뒤에서 드레스를 들어주며 버진로드며 식장 온갖 군데를 휘젓고 다녀도 사람들이 그분들을 없는 사람 취급하잖아요. 전 그게 너무 이상한 거예요. 그래서 그런 결혼식은 안 했으면 좋겠고, 만약에 우리가 결혼식을 하더라도 '나는 끌리는 드레스는 절대 입지 않을 거야' 이런 마음이 있었거든요. 그러다가 당시 제가 한복에 꽂혀 있었던지라.(웃음) 제 옷과 신랑 한복을 제가 직접 지어서 입고 전통혼례를 올리기로 한 거죠.

신범 저도 일반적인 결혼식 방법들이 좀 식상하다고 느꼈고, 조금 더 저희 둘이 만족할 만한 결혼식을 찾고 싶었어요. 또 저희가 친환경적인 것들에 관심이 많다 보니까 그 부분도 많이 고민했던 거 같아요. 기존의 친환경 결혼식에 대한 자료도 좀 찾아보고, 어떤 것을 더 친환경적인 걸로 대체할 수 있을까 고민을 했죠. 예식장부터 화환이라든지 식사라든지. 사실 그럼에도 불구하고 실제로 저희가 직접 할 수 있는게 많지는 않더라고요. 그때까지만 해도 친환경 결혼식이나 스몰웨딩 같은 게 많이 없던 때였거든요. 전통혼례도 결국 식장이나 운영하는 방식이 이미 세팅이 되어있었기 때문에 바꾸기 어려웠고, 식사 부분도 친환경 케이터링을 알아봤는데 금액 차이가 많이 나서 어쩔 수 없이 일반 식당을 선택하게 됐고요. 그나마 실천했던 건 재생종이와 콩기름 인쇄를 쓰는 친환경 청첩장과 '대중교통 이용해주세요, 화환을 사절합니다' 같은 멘트 정도. 그리고 직접 지은 한복을 입는 것. 이 정도밖에 실천하진 못했지만 그래도 주어진 대로 하기보다는 가능한 범위 안에서 우리가 할 수 있는 것들을 시도해봤다고 생각해요.

두 분이서 '돈 안 버는 회사'를 만들었잖요. 정확히 뭘 하는 회사인가요?

신범 '상사'라는 건 물건을 거래하는 곳이잖아요. 저희는 물건 대신 '삶을 재미나게 하는 모든 것을 취급하는 가상의 회사'를 만들어보자 해서 '종합재미상사'라는 걸 만들었어요. 이걸 시작한 이유는 예전에 같이 재밌는 프로젝트도 하고 신나게 활동하던 친구들이 있었는데, 각자 취업을 하고 사회활동을 하면서 살다 보니까 사는 게 재미가 없다는 거예요. 세상에 재미난 게 얼마나 많은데. 일과 돈에만 매여 살기보다 같이 재미난 것들을 찾아보고 교류하는 장이 있었으면 좋겠다는 생각이 들었고 페이스북에 '종합재미상사'라는 이름으로 페이지를 오픈했죠.

정화 저는 재미있는 전시든, 활동이든, 워크숍이든 찾아다니는 걸 좋아하고, 신범 씨는 사람들을 모아서 그런 모임을 만드는 걸 좋아하거든요. 그래서 처음엔 그런 걸 '무슨 무슨 재미'라고 해시태그 달아서 공유하기 시작했어요. 이를테면 '만드는 재미', '즐기는 재미', '먹어보는 재미' 이런 식으로요. 나중에는 직접 프로그램을 만들기도 했고요.

직접 만든 프로그램들은 어떤 건가요?

신범 '짝 잃은 장갑 프로젝트'라고, 2013년부터 지금까지 매년 겨울에 하고 있는 게 있는데요. 언젠가 후배가 아끼는 장갑 한 짝을 잃어버렸다고 SNS에 글을 올린 거예요. 그걸 보면서 '잃어버린 장갑들을 모으면 짝을 찾을 수 있지 않을까'라는 생각이 들어서 온라인에 공지를 올리고 지인의 매장 같은 데다 수거함을 설치해서 외짝 장갑들을 모으기 시작했죠. 그리고 겨울마다 워크숍을 열어서 손작업으로 새롭게 짝을 맞추고 필요한 사람들에게 나누는 걸 하고 있죠. 그거랑 파생해서 귀걸이 짝 찾기도 했었고, '내가 그린 결혼 그림'이라고 해서 우리처럼 결혼식을 고민하는 사람들과 결혼에 대한 이야기를 나누는 행사를 진행하기도 했어요.

정화 개인적으로 '내가 그린 결혼 그림' 행사할 때 되게 재밌었어요. 일반적이지 않은 결혼식 선택지 같은 것들이 있잖아요. 그때만 해도 그런 정보를 찾기가 쉽지 않았어서, 그런 거라도 나누면 사람들에게 도움이 될 수 있지 않을까 했던 거죠. 그래서 저희가 결혼할 때 준비하면서 알게 된 것들을 공유했어요. 공기관에서 빌릴 수 있는 결혼식장 리스트라든지, 야외결혼식 관련해서 찾아놨던 것들, 재생종이 청첩장을 준비하면서 받은 샘플들을 공유했죠. 그러면서 각자 내가 가지고 있는 결혼식에 대한 환상은 어떤 거였는지, 어떤 건 포기할 수 없고 어떤 건 안 하고 싶은지 얘기하는 시간을 가졌고요. 막상 모여서 얘기해보니까, 둘이서는 얘기 못 했던 것들도 자연스럽게 얘기하게 되고, 가볍게 서로의 생각을 공유할 수 있는 자리가 돼서 뿌듯했어요.

재미뿐만 아니라 삶의 의미를 찾는 좋은 프로젝트들 같아요. 하지만 그게 사실 돈을 벌어다 주지는 않잖아요. 삶에 치이다 보면 흐지부지 끝날 수도 있는데, 지금까지 오래 계속할 수 있는 이유가 뭘까요?

신범 아무래도 둘이 고민해서 함께할 수 있기 때문에 계속할 수 있는 것 같아요. 저 혼자였으면 혼자 하다 말았을 수 있는데, '이번에 하지 말까?'라는 생각에 얘기하다 보면 또 해야겠다 싶은 거죠. 무엇보다 사실은

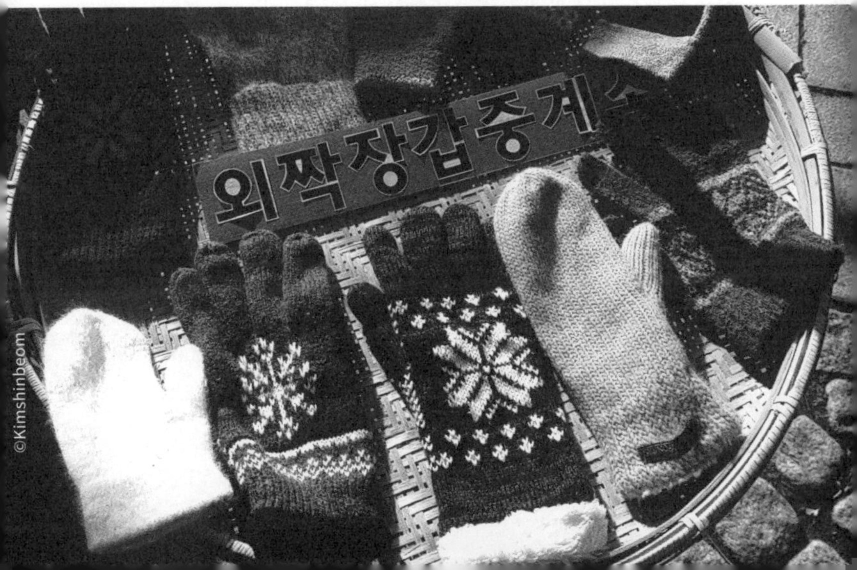

©Kimshinbeom

그냥 '하고 싶음' 그 자체인 거 같아요. 그냥 그것이 하고 싶기 때문에 하게 되는.(웃음) 진짜 하기 싫었으면 할까 말까 고민조차 하지 않았겠죠.

정화 사실 이번에 양평으로 내려오면서도 생각을 많이 했어요. '우리 터가 양평으로 바뀌는데 굳이 장갑 프로젝트를 서울에서 계속해야 될까?, 그거 때문에 서울에 왔다 갔다 하는 게 맞을까?' 그런 고민들을 했었는데, 이번에도 여전히 하게 될 것 같아요. (*인터뷰를 했던 2017년 겨울, 부부는 다섯 번째 '외짝장갑중계소'를 열었다.)

신범 둘레길을 걷다 보면 경언 같은 게 적힌 푯말들이 있어요. 그게 왜 거기 있는지는 모르겠지만, 그중에 하나 와닿았던 게 있었어요. 간디의 말인데, "행복은 생각하고, 말하고, 행동하는 것이 일치할 때 찾아온다." 우리는 왜 자꾸 장갑을 찾으려고 하고, 왜 이런 종합재미상사 같은 걸 하려고 하는지, 왜 하고 싶어 하는지 계속 고민을 했었는데, 거기에 대한 완벽한 답은 아니지만 비슷한 답을 찾은 것 같았어요. 우리가 의미 있을 것 같은 아이디어를 떠올리고, 그걸 사람들에게 말하고, 행동으로 옮기는 과정 자체가 재미있고 행복인 것 같아요.

#유럽_농장_여행

"직장을 그만두고 여행을 떠났어요. 거기서 우리의 오래된 미래를 봤죠."

두 분이 함께 퇴사하고 좀 긴 여행을 다녀오셨잖아요. 20대도 아닌 30대에 동반 퇴사를 하고 여행을 선택하기는 쉽지 않은데, 어쩌다 그런 선택을 하게 된 건가요?

신범 한 회사를 6년 동안 다니면서, 휴식이 필요하다고 느끼고 있었거든요. 다른 형태로 전환을 해서 살아보고 싶다는 생각을 하던 차였고, 그러다 아내도 마침 계약직으로 하던 일이 끝나던 시기여서 그럼 함께 그만두고 여행을 가보자, 이렇게 된 거죠.

정화 사실 신범 씨는 등산이나 여행도 좋아하는데, 저는 원래 진짜 집순이거든요. 태어나서 한 번도 유럽에 갈 거라는 생각도 해본 적 없고. 근데 그 시기에 제가 타로카드를 배우고 있었는데, 길게 여행을 가면 어떨까 하고 점을 쳤더니, 인생이 바뀔 거라는 답이 나온 거예요!(웃음) 핑겟김에 그럼 한번 가보자 한 거죠.

근데 두 분의 여행, 뭔가 좀 다르더라고요. 거기서도 농장을 찾아다니고 농사를 지었다면서요? 일종의 생태여행 같은 건가요?

신범 처음부터 그렇게 계획했던 건 아니고 '어쩌다 보니' 그렇게 된 건데요. 저희가 환경에도 여러 가지 관심이 있지만 먹거리에도 워낙 관심이 많았잖아요. 그래서 옥상 텃밭 같은 것도 했었고. 그런 부분들에 계속 관심사가 있다 보니 저희가 여행을 갈까 한다고 했을 때 주변에서 어울릴 것 같다며 이런저런 추천을 해주더라고요. 한 후배는 영국에 '우프WWOOF'라는 게 있는 데 너무 재밌었다고 하고, 또 다른 친구는 덴마크의 '스반홀름Svanholm'이라는 생태공동체도 우리 관심사랑 잘 맞을 것 같다고 하고. 그러니까 친환경, 유기농 농장 이런 곳도 한번 경험해보고 싶더라고요.

정화 거기다 저의 전 직장 동료들의 베를린 출장 보고회를 보고 나서 처음으로 죽기 전에 한 번 정도는 베를린에 가서 그런 공간을 내 눈으로 보고 싶다는 생각을 하게 된 거죠. 그런 것들이 이어지니까 여행 루트가 완성됐어요. 독일에 가서 한 달, 덴마크에서 두 달 있다가, 영국에 가서 우프를 몇 달 하고 돌아오는 여행을 하게 된 거죠. 특히 우프는 갔다 온 친구가 유기농 농장에서 일한 경험이 되게 재미있었고, 농장 생활도 신기하고 좋은 경험이었다고 해서 관심이 갔어요. 사실 저는 막연하게 나중에라도 농사를 짓고 살면 좋겠다는 생각을 하고 있었거든요. 텃밭도 워낙 재미있게 가꿨기 때문에. 근데 우리나라의 시골에 대해서 우리가 가지고 있는 편견이나 고정관념이 있잖아요. 그걸 먼저 확인하기 전에, 외국에서 다른 사람들의 삶을 보고 싶다는 생각이 들었어요. 그래서 간 김에 그런 농장에서도 지내보자 싶었죠.

덴마크 생태공동체라는 곳에선 어떤 경험을 했나요?

정화 그곳은 생태공동체이면서 '커먼이코노미Common Economy'라 부르는 경제공동체이기도 해요. 덴마크가 워낙 세금을 많이 내는 나라잖아요. 100을 벌면 40 정도를 세금으로 내요. 근데 이 공동체는 그 남은 60 중에서도 다시 40을 공동체와 나누는 거예요. 그러니까 100을 벌면 나라가 40을 가져가고 60을 공동체가 가져갔다가 20만 내가 받는 거예요. 개인적인 취향이나 사치품은 20으로 해결하고, 기초적인 삶은 공동체에서 공동의 비용으로 운영이 되는 거죠. 공동체 안에서는 농사를 짓기도 하고, 공동체 밖에서 일을 하는 사람도 있고요. 특히 공동체에서는 다 같이 유기농으로 농사를 짓고 그걸 나눠 먹거든요. 아이, 어른 합쳐서 100명이 조금 넘는 사람들이 함께 사는데, 저희 같은 게스트를 받아서 농사일을 분담하는 거예요. 보통은 한 달 정도 머무를 사람을 받는데, 저희는 때가 잘 맞아서 5월, 6월 두 달간 있으면서 농사일을 도왔고, 어떻게 공동체가 돌아가는지 경험해볼 수 있었어요.

덴마크에서 농장 경험을 했는데, 영국에 가서 또 '우프'라는 걸 했잖아요. 어떤 점이 달랐던 건가요?

정화 덴마크에서 했던 건 큰 농사였거든요. 기계도 사용하고요. 그걸 두 달 겪고 나서 영국에서 우프를 할 때는 작게 가족끼리 하는 그런 곳에 가보고 싶었어요. 그러니까 좀 더 우리가 꿈꾸는 삶에 가까운 농가에 가서 경험해보고 싶었죠.

신범 우프 홈페이지에 들어가면 원하는 스타일의 농가를 찾을 수가 있어요. 농장이 대규모인지 소규모인지부터, 농법의 차이, 양봉을 하는 곳, 채소를 키우는 곳, 목공을 하는 곳. 이런 식으로 다양한 선택지가 있어요. 유기농 농사뿐만 아니라 어떤 형식으로 개인의 삶을 구현하며 사는지 체험할 수 있어서 좋았죠.

©Kimshinbeom

어떤 집에 머물렀었나요?

정화 처음 갔던 곳은 70대 노부부의 집이었어요. '우리는 지속 가능한 삶의 방식을 고민하고 있다. 집에 인터넷도 안 된다.' 이런 소개글이 써 있는데 궁금한 거예요. 이메일 주소도 없어서 전화통화나 편지를 보내서 소통을 해야 해서 처음엔 좀 걱정을 하긴 했었는데, 지금 생각하면 그분들을 만난 게 저희한테는 천운이었던 것 같아요. 우프 첫 경험이었는데 너무 좋았거든요.

신범 거기는 집에 따로 전문적인 밭이 있는게 아니라, 도시에서 분양받은 텃밭을 이용하더라고요. 근데 너무 좋다고 생각했던 게, 한번 분양을 받으면 그 사람이 죽거나 포기할 때까지 그 텃밭을 가꿀 수가 있는 거예요. 그래서 내 밭이 아니지만 오래 키워야 하는 나무도 심을 수가 있는 거죠. 그 부부는 블랙베리, 라즈베리 같은 베리류를 많이 심어서 과일로 드시기도 하고 보관하시기도 하더라고요.

그 집에서의 일상은 어땠나요?

정화 아침을 먹고 8시 반 정도에 텃밭에 나가요. 텃밭 일을 좀 하다가 10시 반쯤 차 한잔 마시고 쉬고, 다시 일을 하다가 12시 반쯤에 먹을 것을 따 와서 점심을 먹고요. 오후에는 일이 남을 경우 일을 하는데, 거의 자유시간으로 보내요. 각자 책을 읽거나 근처 나가서 구경을 하거나.

신범 기본적으로 우프에서는 6시간 이상 일하지 않는 걸로 활동 시간을 정해놓고 있거든요. 그래서 농가마다 최소 4시간에서 6시간 사이로 자율적으로 스케줄을 만들어 둬요. 그 스케줄에 따라서 같이 활동을 하고 오후 시간은 호스트들과 같이 보내거나 주변 관광을 하죠. 거의 저녁

9시나 10시에 잠들고요. 그렇게 농사일을 하고 거기서 저희가 먹을 걸 얻어내고, 오후에는 그냥 쉬고. 좀 단조로웠는데 그게 저는 참 좋더라고요.

농장에 살면서 그들이 살아가는 방식들을 참고해보고 싶다고 했는데, 어떤 것들이 배우고 싶은 부분이었나요?

정화 일단 급하지 않게 산다는 것, 그 속도가 좋았어요. 아침에 일찍 일어나서 할 일을 집중적으로 하고, 오후에는 자유시간을 보낼 수 있다는 거. 또 한 가지는 삶과 텃밭이 분리되지 않았다는 거였어요. 일반적인 상업농처럼 무조건 한 가지를 많이 심고 그걸 팔아서 그 돈으로 사 먹고 그런 게 아니라, 본인들이 주로 먹는 걸 농사로 짓는 거죠. 내가 감자를 먹으니까 감자가 있어야 되고, 양배추를 먹으니까 양배추도 있으면 좋고, 이런 식으로.

신범 또 내 소비가 어디로 가는지, 내 행동이 어떤 결과를 만드는지를 정확하게 알고 산다는 것도 인상 깊었어요. 예를 들면, 자기가 빵을 만들 수 있지만, 지역경제와 상인들의 활성화를 위해서 지역 장터에 정기적으로 가서 빵을 산다든가. 길을 가다가 쓰레기가 있으면 줍는데, 그걸 아무 쓰레기통에나 넣는 게 아니라, 재활용이 되는 플라스틱이면 집까지 들고 가서 버리고, 일반 쓰레기면 길거리 쓰레기통에 넣는 거예요. 길거리에 있는 쓰레기통에 넣으면 재활용 분류가 되지 않고 그냥 전부 일반 쓰레기 처리가 된다는 걸 알기 때문이죠. 그런 마인드가 좋았던 것 같아요.

그분들처럼 은퇴한 노부부가 아닌 젊은 부부의 집에도 머물러 본 적이 있었나요?

정화 사실 그분들은 젊은 시절에 일을 하고 지금은 퇴직을 해서 어느 정도 경제적 여유가 있는 편이었어요. 그런 부분이 우리 사정과는 다르긴 했지만, 어떤 완성형의 오래된 미래를 본 느낌이었어요. 우리가 미래에 만들어가고 싶은 모습을 봐서 좋았고요. 마지막에 갔던 곳이 40대 젊은 부부의 집이었는데, 그곳에서는 좀 더 현실감각을 일깨웠던 거 같아요.

신범 이 젊은 부부는 원래 런던 도시에 살던 사람들이에요. 남자분은 IT 기업에 다녔고, 여자분은 시민들과 함께 도시 텃밭을 가꾸는 단체에서 일을 했어요. 그러다 시골로 이사를 갔고, 허름한 집을 구해서 에너지를 절약할 수 있는 패시브하우스라는 집을 짓고 텃밭을 기꾸며 살고 있었어요. 근데 처음에 집에 돈을 투자하다 보니 돈을 버는 일을 해야 되는 거예요. 그래서 여자분은 인근 마을에서 주 4일제 일을 하고, 남편분은 좀 자유로운 IT쪽 일을 구해서 재택근무를 하고. 그렇게 둘 다 주 4일은 일을 하고, 금토일은 밭일을 하는 거예요. 그 모습을 보면서 아무래도 우리의 현실도 비슷하지 않을까 싶었죠. 이건 나라와 상관없이 귀농을 꿈꾸는 젊은이들에게 주어질 수밖에 없는 형태이지 않을까 생각했죠.

#귀농_도전기

"도시에서 독립한 거죠. 모두가 꿈꾸는 삶 말고 우리가 꿈꾸는 삶에 가까워지기 위해서."

여행 가기 전에 타로점을 봤을 때 '장기 여행이 인생을 바꿀 것'이라고 했다는데, 정말 여행을 다녀와서 뭔가 바뀌었나요?

정화 그러고 보면 집순이인 제가 이렇게 긴 여행을 갔다는 것 자체가 제 인생에 큰 변화였던 것 같아요. 다들 제 성향을 알기 때문에, 어떻게 그런 여행을 갔냐고 물어보는데, 저는 '둘이라서 갈 수 있었다'고 늘 얘기하거든요. 아마 혼자 가라고 했으면 안 갔을 거예요.(웃음) 근데 사실 여행 가서 보냈던 시간들이 참 좋았어요. 그전부터 귀농에 대한 막연한 생각은 갖고 있었지만, 그렇게 하루 여섯 시간 정도 충실하게 일을 하고 저녁이 있는 삶을 지내보면서, 우리도 만약 우리가 먹을 것을 직접 키우면, 먹을 걸 사기 위해 돈을 벌러 다니는 시간을 줄이고 좀 더 우리 자신에게 충실하게 보낼 수 있지 않을까? 우리도 이런 삶을 꾸리면 어떨까? 그런 생각을 좀 더 구체적으로 하게 됐던 것 같아요.

신범 여행 다녀오면 소심한 성격이 좀 바뀌지 않을까 얘기도 했었지만 사람이 변하는 건 쉽지 않아요.(웃음) 갔다 와서도 여전히 둘 다 소심한 성격은 그대로인데, 그래도 그 여행을 통해서 삶의 형태에 조금씩 변화를 주려고 했던 것 같아요. 그때 영국이나 덴마크 시골에서 살아봤던 경험을 통해서 우리가 정말 어떤 형태로 어떤 곳에서 살고 싶은지, 어떤 시간을 꾸리고 살고 싶은지에 대한 영감을 받았고, 그렇게 구상했던 것들을 돌아와서 구현해보려고 시도했으니까요. 한국 돌아와서 바로 다시 취직한 게 아니라, 귀농학교 등록해서 수업을 들었고, 시골도 찾아다니고.

그리고 지금은 정말 도시를 떠나와서 귀농을 했죠. 그렇게 여행이 저희가 원하는 삶으로 다가가는 발판이 된 거 같아요.

여행에서 돌아와서 바로 회사로 돌아가지 않고 귀농을 준비하면서 불안하지는 않았나요?

정화 지금 생각해보니까 그게 진짜 많이 바뀐 것 중 하나였던 거 같아요. 저는 처음 직장을 가졌을 때부터 한 번도 직장 없이 사는 걸 상상해 본 적이 없었거든요. 여행을 떠날 때도 저희 둘 디 다니던 직장에서 여행 다녀오면 다시 돌아오라고 했었고, 그게 되게 감사했어요. '돌아가서 바로 취직을 하면 월급을 언제부터는 받을 수 있겠다…' 뭐 이런 계산도 했었고. 근데 여행한 지 6개월이 지나고 나서 그런 마음이 바뀌었던 거 같아요. 제가 신범 씨한테 먼저 '우리 한국 돌아가서 바로 취직하지 말고 우리가 뭘 좋아하고 하고 싶은지 시간을 갖고 생각을 해보자'고 얘길 꺼냈으니까요. 우리가 저금해 놓은 걸로 그래도 몇 달 간의 생활비는 충당될 거 같았거든요. 그렇게 생각하고 돌아왔고, 좀 더 여유로운 마음으로 지낼 수 있을 수 있을 줄 알았는데…! 역시나 다시 서울의 빠른 속도에 불안감은 차오르고, 마음이 엄청 두근두근하면서 빨리 돈을 벌어야 될 것 같고 그랬죠.(웃음)

신범 돈에 대한 불안이 굉장히 컸죠. 원래 많지도 않았지만 여행으로 많이 까먹은 상태였으니까요. 그래도 다행이라고 한다면 일단 빚은 없었고요. 또 부모님께서도 저희의 경제력과 상관없이 어디 아프신 데 없이 잘 지내실 수 있는 상태였기 때문에, 저희가 이런 형태로 있어도 특별한 문제는 일어나지 않더라고요. 그래서 귀농 준비하면서 2년 정도를 이런 불안감을 갖고도 견딜 수 있었던 것 같아요. 그리고 오히려 저희가 이렇게 시간적인 여유가 생기니까 저희를 필요로 하는 곳이 많아졌어요. 예전에 일했던 단체에서도 프리랜서로 일을 담당해줬으면 좋겠다고 연락이 오기도 했고, 아내도 단기 프로젝트 같은 것들을 틈틈이 받았고요. 직장을 그만뒀다고 해서 기존의 경력과 경험들이 헛된 게 아니더라고요. 그 경험들을 살리면서 조금씩 일할 수 있는 방법이 있었고, 그러면서 계속 우리가 앞으로 살아갈 형태를 갖추는 데 시간을 더 들일 수 있었죠.

불안해하면서도 덜 벌면서 사는 삶을 계속 유지했을 때, 무엇이 달라지던가요?

신범 회사를 다니면 자기 시간과 에너지, 자기 삶의 일부를 뺏기잖아요. 근데 제가 오롯이 백수로서, 제 개인으로 존재하면 타인에 의해 삶을 침해받는 게 현저히 줄어들거든요. 어떤 걸 고민할 때 내 스스로 결정할 수 있는 부분들이 더 많아지고, 내가 결정한 대로 행동하는 것도 조금 더 자유로워지고요. 물론 절대 쉽지만은 않아요. 어려운 일은 늘 똑같이 있지만 그래도 마음은 편안한 거죠. 재정적인 안정감은 부족하더라도, 스스로 생활을 꾸릴 수 있는 선택의 자유가 주는 안정감이라는 게 있어요.

정화 한마디로 내가 원하는 대로 삶을 구성할 수 있다는 거죠.

신범 그리고 불안감은 그냥 늘 가지고 갈 수밖에 없는 거 같아요, 하고 싶은 대로 하려면.

정화 하고 싶은 대로 안 살아도 불안해.

신범 그러니까 하고 싶은 대로 하면서 불안한 게 좀 더 낫지 않나.(웃음)

결국 두 분이 생각하는 삶을 선택하기 위해서 시골로 내려왔어요.

정화 올해(2017년) 3월 1일에요. 우리끼리는 삼일절에 도시에서 독립했다고 해요.(웃음)

그러네요! 도시 생활을 청산하고 하는 시골 독립생활은 어떤가요? 농사는 생각대로 잘돼 가고 있나요?

정화 아직 기술적인 부분도 그렇고 익숙하지 않은 것들이 많아 실패하는 게 더 많죠. 사실 저희는 그전까지 농사를 글로 배웠잖아요. 예를 들어 5월 5일 이후에 모종을 심어라, 뭐 이런 식으로 배웠는데 실제로는 동네 기후나 땅에 따라서 다 다른 거죠.

신범 저희가 또 기존 관행 농법을 지양하고 유기농, 친환경 방식을 시도해보고 있거든요. 그러니까 일반적으로 화학비료를 주고 비닐 멀칭을 하고 제초제나 농약을 쓰는 방법과는 다른 방식으로 하고 있다 보니 아무래도 손이 많이 가죠. 퇴비를 넣지 않으니 작물 수확량도 확실히 적어요. 어떤 것들은 저희가 한 번 먹으면 끝날 정도로 적게 나오고 아니면 성장 속도가 너무 느려서 원래 패턴대로 자라지 못하고 씨를 못 맺고 죽는다든지, 발아조차 하지 않는다든지. 근데 이건 우리가 아직 서툰 부분이 많아서 그런 것 같고 공부를 더 해야 될 부분이죠.

궁극적으로는 여행에서 봤던 부부들과 같은 자급자족의 삶을 꿈꾸시는 건가요?

정화 완전한 자급자족은 어려운 것 같아요. 하지만 어느 정도의 자급자족을 꿈꾸고 있기는 하죠. 저희가 먹는 것들을 외부에 의존하지 않으면, 저희가 그걸 사기 위해서 많은 일을 하는 대신 최소한의 돈으로도 이 생

활이 유지될 수 있을 것 같거든요. 그 정도의 삶을 꾸렸으면 좋겠다, 그런 마음인 것 같아요.

신범 자급할 수 있는 적당한 선을 찾아가고 있는 거 같아요. 예를 들면 이번에 들깨를 심었는데, 열심히 털고 보니까 공력에 비해 나오는 게 별로 없는 거죠. 그러니까 '앞으로 들깨는 사 먹고 우리 작물 목록에서는 빼자'라든지, 이런 식으로 조정해 나가고 있어요.

정화 들깨 터는 거 너무 힘들거든요. 신체 보호 차원에서.(웃음)

요즘 두 분의 생활 일과를 알고 싶어요.

정화 사실 아직까지는 백 퍼센트 농사일에 전념하지는 못하고 있어요. 최소한의 생활비는 계속해서 필요하니까 영국에서 만났던 부부처럼 일단 일을 병행하고 있어요. 제가 근처 지역에서 주 5일제로 일을 하고 있고요. 해가 긴 여름 같은 경우엔 저녁에 돌아오면 밭일을 조금 거들기도 하고, 가을에는 갈무리하는 걸 조금씩 하고요.

신범 아내가 출근하면 저는 밭으로 출근을 해서 밭일을 제가 주로 하고 있고요. 오후에는 수확한 것들을 함께 갈무리하죠. 또 저는 일주일에 두 번 정도 서울에서 파트타임으로 일을 하고 있어서, 일이 정해졌을 때 잠시 다녀오는 그런 패턴으로 살고 있어요.

두 분이 선택한 삶이긴 하지만, 도시에서의 삶과 시골에서의 삶은 많이 다르잖아요. 시골에 살면 소비 패턴도 많이 바뀌야 할 텐데 그런 부분에서 힘든 점은 없나요?

신범 사실 저는 원래부터 시민단체에서 일을 했었기 때문에 수입 자체가 적었어요. 그렇기 때문에 가용한 금액도 워낙 적어서 도시에서의 생활도 그렇게 구성이 됐었던 거죠. 그리고 제 수입과는 별도로 제 성향상 먹는 거 외에 특별히 어떤 걸 사고 싶은 소비 욕구라든지 그런 게 좀 적은 편이기도 해요. 취미라봐야 등산밖에 없으니까요. 또 환경적인 고민들 때문에 물건들을 많이 사들이는 것도 경계를 하고 있고요. 원래 소비가 적은 성향이었던 게 이런 생활에 적응하기에 유리했던 부분이긴 하죠.

정화 저도 대학 때부터 내내 혼자 살면서 이사를 많이 다니느라 물건을 많이 안 늘리는 편이었고요. 저희끼리 얘기하면서도 우린 엥겔지수가 엄청 높을 거라고 그랬거든요. 둘 다 뭘 사거나 하질 않으니까요. 생활비의 많은 부분이 먹는 쪽에 치우쳐 있었는데, 여기 오고 나서 장도 잘 안 보고 밭에서 많이 해결하고 있어요.

신범 그럼에도 불구하고 지금 벌이가 그때보다도 더 줄어든 상태라서 소비를 조금 더 줄이긴 해야 해요. 이상한 건 지금 제가 출근을 안 하니까 출근 교통비라든지 저녁에 친구들 만나서 썼던 유흥비 같은 게 나갈 일이 거의 없는데도 예전과 지출하는 양이 큰 차이가 없다는 거거든요. 이게 어디서 나가는 부분인지 찾고 어떤 형태로 줄여야 할지 알아보는 중이에요. 지금까지 봤을 때는 우리가 못 키우는 과일이라든지 쌀 같은 농산물은 농부들에게 직거래로 구매하는데, 그럴 때 하나 살 걸 좀 더 산다든지 그런 것 때문이 아닐까 추측하고 있죠.

일에 얽매여서 사는 게 피로하면서도 그걸 그만두지 못하는 이유가 사실은 미래 때문이잖아요. 결혼을 했다면 특히나 돈을 모아야 집을 살 수 있고, 대출금 갚아야 하고, 아이도 키워야 하고, 노후 자금도 마련해 놓아야 하니까요. 그런 것에 대해 두 분은 어떻게 생각하시나요?

정화 사실 그런 부분에서 보면 저희는 많이 부족하겠죠. 근데 이런 소박한 삶에도 만족하고 재미를 느끼면 어느 정도는 가능한 것 같아요. 결혼할 때도 무리해서 집을 구하기보단 우리 형편에 맞는 원룸에 살았어요. 그리고 나름대로 미래에 대한 대비를 해요. 적게라도 적금은 들고 있고요. 저희가 여행 다녀와서 그렇게 백수로 보낼 수 있었던 것도, 마침 만기가 된 적금이 하나 있어서 그게 약간의 숨통을 터줬던 거거든요. 제가 처음 사회가 나갈 때 들어 놓았던 10년짜리 적금이었는데 그게 큰 도움이 됐었죠. 그때 느꼈어요. 장기 적금이란 아름다운 것이로구나.(웃음)

신범 대부분 미래라는 걸 위해서 현재를 저당 잡힌 채 사는데, 제 생각에는 사람들이 그런 상황에 처해지도록 사회가 그렇게 만드는 부분도 있는 거 같아요. 그래서 그걸 손에서 놓는다는 것에 두려움이 있을 수밖에 없고요. 거기서 나오고 싶다면 그 불안감을 어떤 형태로든 내가 껴안고 가야 되는데, 그럴 수 없기 때문에 계속 사회가 만들어놓은 구조에 편승할 수밖에 없는 거죠. 그 불안감을 사회가 같이 고민해줄 때 다양한 선택지를 볼 수 있고 다양한 선택을 할 수 있는데, 그런 것이 없어서 못 나오지 않나. 그런 생각을 하죠.

맞아요. 사실은 그렇게 사는 게 정답이라고 정해놓은 듯한 분위기가 있잖아요. 그래서 다른 선택지를 선택할 용기를 내기가 어려운 거 같아요.

정화 저희가 어릴 때부터 항상 주입되는 게 있잖아요. 대학 가면 행복할 거야, 취업하면 행복할 거야, 그런 거. 사람들이 물어봐요. '내려가서 살면 좋아?' 그럼 전 이렇게 대답해요. '좋은 것도 있고 싫은 것도 있어.' 사는 건 그럴 수밖에 없잖아요. 뭘 선택하든, 불안한 부분이 있고 만족하는 부분이 있어요. 근데 우리나라는 특히나 어떻게 살아야 하는가에 대한 고정적인 틀이 되게 강하게 주어져 있고, 많은 사람들이 그것만 원하고 살아요. 그게 아니면 박탈당하거나 슬프거나 힘든 상황인 것처럼 몰아가죠. 근데 이상한 건, 그렇게 정답대로 살아도 박탈감이나 불안감은 늘 있다는 거거든요. 그렇다면 나한테 뭐가 더 중요한지를 생각하는 시간이 필요한데, 다들 그런 시간을 갖지 못하고 살고 있는 것 같아요. 저희도 여전히 계속 생각해요. 농사를 지으면서도, 마르쉐@ 같은 직거래 장터에 나가 팔아보기도 하면서 어디까지 농사를 짓는 게 우리가 감당할 수 있는 범위일지 실험도 해보고요. 더 나아가서는 우리에게 농사를 짓는다는 건 어떤 의미인지, 뭐 때문에 이렇게 하고 싶은지 항상 생각해요. 그런 고민들을 하지 않고 주어진 대로만 살다 보면, 계속 불안하고 뭔가 없는 거 같고 부족한 거 같은 생각에 사로잡힐 수밖에 없는 거 같아요.

결혼 후의 삶은 혼자 살 때와는 다르잖아요. 서로 생각이 다를 수도 있고 주변에서의 첨언도 많아지고요. 흔들릴 수 있는 상황이 많을 텐데, 계속 꿈꾸는 대로 살아가기 위해서 두 분이 갖고 있는 신념 같은 게 있나요?

신범 내가 생각하고 말한 것에 대한 스스로의 약속, 스스로의 책임감이라고 표현하면 될 것 같아요. 늘 할 이유보다 못 할 이유가 더 많잖아요. 그렇지만 내가 생각한 것을 스스로 약속하고 작은 것부터 해보겠다는 그런 생각으로 살았던 것 같고, 그러다 보니 여기까지 왔네요.

정화 저는 그냥 제가 납득할 수 있는 삶을 살고 싶거든요. 그리고 그건 계속 바뀔 수 있다고 생각해요. 내가 살고 싶은 삶의 모습은 계속 바뀔 수 있는데, 그 모양이 지금의 내가 납득할 수 있는 모양이어야 한다고 생각하거든요. 저희는 계속 둘이 각자 가지고 있는 생각을 얘기하면서 서로 납득할 수 있는 부분들을 확인하고 서로가 수용 가능한 만큼 해나가고 있어요. 그렇기 때문에 계속 이렇게 살아갈 수 있는 것 같아요. 물론 진짜 다행인 건 비슷한 생각을 하는 사람을 만났다는 거겠죠. 어느 정도 비슷한 생각을 하니까 맞춰 나가면 둘 다 납득할 수 있는 방향으로 삶이 그래도 조금씩 굴러가는 거 같아요.

Interviewee

김미나&박문규 부부

33세 동갑내기 / 결혼 6년 차

#우리도_떠날_수_있을까
#집_없이_직장_없이
#길_위의_결혼생활
#현재_여행_진행형

장소제공 : 제주 다금바리스타

Episode 10

집 없이 직장 없이 여행하며 살아도 될까

요즘에는 모두가 여행가다. 2~3일씩 틈새 여행을 떠나는 여행가부터, 과감히 사표를 던지고 1년씩 세계 여행을 떠나는 여행가들이 넘쳐난다. 부부 여행가들도 많이 눈에 띈다. 42일간의 산티아고 결혼행진을 포함해 고작 3개월을 여행했던 우리 부부는 명함도 내밀지 못할 만큼 대단한 여행을 한 부부들이 수두룩하다. 하지만 여행은 언젠가 끝이 나고, 여행 후 삶은 그리 달라지지 않는다. 각자 생업으로 돌아가 여행지에서의 나날들을 곱씹으며, 또 언젠가 떠날 여행을 꿈꾸며 다시 살아간다. 우리도 그랬고, 우리보다 더 오래, 더 많은 나라, 도시를 여행했던 사람들도 결국 여행 마지막 날 공항에서 눈물을 쏟고 다시 일상으로 돌아간다. 특히나 결혼한 부부가 생계를 포기한 채 여행을 본업으로 삼는 일은 쉽지 않으니까. 모든 여행은 끝이 있고, 결국 부부가 함께 여행하며 사는 삶이란 그저 꿈만 같아 보인다. 그렇다고 생각했다. 이 부부를 만나기 전까지는.

김미나**미나** • 박문규**문규** 부부는 전 재산을 탈탈 털어 2년 반 동안 세계여행을 했다. 결혼생활의 더 많은 부분을 여행길 위에서 보내며 두 사람은 더 단단해졌다. 자칭 '쫄보'였던 부부는 여행에서 만났던 사람들의 다양한 삶의 모양들을 보며 좀 더 과감해졌고, 정해지지 않은 자신들의 삶에서도 또 다른 가능성을 어렴풋이 느꼈다. 그리고 여행이 끝나갈 무렵, 부부는 다시 일상으로 돌아가는 대신 여행이 일상인 삶을 선택하기로 했다. 긴 여행 후 남은 건 얼마 남지 않은 빈약한 통장 잔액과 낡은 배낭 하나씩이 전부였지만, 부부는 재취업을 위한 이력서를 쓰는 대신 블로그에 여행이 끝나지 않았음을 알렸다. 그리고 다시 무작정 제주로 향했다. 결과적으로 부부에게는 1년간 머물 집이 생겼고, 비정기적이지만 먹고살 만한 일거리들도 생겼다. 부부는 이 모든 게 여행이 아니었다면 일어나지 않았을 일들이라고 말한다.

작년(2017년) 가을 제주에서 만났던 부부는 얼마 전에는 태국에서 안부를 전해왔다. 이들의 소식을 들을 때마다 우리도 또 다른 삶의 가능성을 깨닫는다. 그렇게도 살 수 있다는 것, 그렇게 살아도 된다는 것. 그것이 꼭 '여행'이 아니더라도 말이다.

#우리도_떠날_수_있을까

"원룸 신혼집에 누워 매일 생각했어요. 우리도 여길 벗어날 수 있을까?"

가끔 이렇게 여행을 다닌다고 하면 '금수저'냐고 물어보잖아요. 근데 제가 알기로 두 분은 누구보다 치열하고 험난한 20대를 보냈던 걸로 알고 있거든요. 어땠나요?

문규 이렇게 여행 다니니까 정말 그런 줄 아는 분들이 종종 있죠. 예전에 만난 어떤 분은 건물주 아니냐고 물어볼 정도였으니까요. 정말 그렇다면 좋겠지만, 사실 그렇지는 않았어요. 간단히 얘기하자면, 저희는 둘 다 이십 대 초반부터 집안의 가장이었어요. 일찍부터 돈을 벌어야 해서 대학도 못 나왔고, 부모님 생활비에, 집안에 쌓인 빚 갚는 것도 저희 몫이었거든요.

미나 새벽 5시 정도에 일어나서 출근을 하고, 끝나고 집에 들어오면 밤 12시. 이런 생활을 거의 이십 대 내내 했던 거 같아요. 다른 일상이란 게 없었죠.

문규 비슷한 처지에 만나 연애했고, 저희가 스물일곱에 결혼을 했으니까 일찍 한 거긴 하지만 그때 둘이 모은 전 재산이 딱 500만 원이더라고요. 저희가 스무살 때부터 그렇게 열심히 일을 했었는데.

그런 상황이면 여행을 꿈꾸는 것도 쉽지는 않았을 것 같아요. 어떻게 결심하게 된 건가요?

문규 저희가 그렇게 일하면서도 집에 오면 항상 챙겨보는 TV프로그램이 몇 가지 있었어요. <세계테마기행>, <걸어서 세계속으로>, <좌충우돌 만국유람기> 등등. 그런 여행 프로그램들을 보다가, 결혼한 지 두 달쯤 됐을 때 와이프가 먼저 "우리도 한번 가볼까"라고 말을 꺼내더라고요.

미나 좀 답답했던 것 같아요. 신혼생활을 원룸을 얻어서 시작했었는데, 그 원룸이 정말 너무너무 작은 집이었어요. 둘이 누우면 꽉 차는 공간이었거든요. 아마 집이 답답했던 거 같기도 해요. 거기서 3년을 살았는데, 사실 거기 살면서도 행복했지만 그냥 좀 탁 트인 대로 나가고 싶었던 게 아닐까 싶어요.

여행 자금은 어떻게 마련했나요?

미나 사실은 결혼하기 전부터 그런 생각을 했었어요. 언제 갈지는 모르지만 그냥 나중에라도 갈 수 있을지 모르니까 한 달에 30만 원씩 적금을 넣자 해서, 둘이서 열 달 동안 600만 원을 모았던 적이 있었어요. 근데 그때 남편네 집에 빨간딱지가 붙은 거예요. 그래서 여행은 가보지도 못하고 통장을 해지했죠. 되게 슬프더라고요. 진짜 우리는 평생 이렇게 일만 해야 되나 보다 싶고. 그러다 결혼을 하고 다시 마음을 먹은 거예요. 서른이 되기 전에 한국을 떠나보자! 사실 저희한테 결혼은 '독립'의 의미였거든요. 그때부터는 따로 나와서 살았고, 집에 도움을 덜 줘도 되는 상황이 됐으니까 더 열심히 돈을 모으기 시작했어요. 진짜 안 쓰고 안 입고!(웃음) 딱 최소 생활비만 남겨두고 나머지는 다 저금해버렸어요.

그날만을 위해 하루하루 절약하고 살면서 어떤 마음이었어요? 여행을 가야겠다고 결심한 후라 그 전과는 마음가짐이 달랐을 것 같기도 해요.

문규 그 전까지는 일을 해도 나아지는 게 없었는데, 그때부터는 되게 좋더라고요. 돈 모으는 게. 2년이라는 시간이 길긴 했지만 행복했던 거 같아요.

미나 저도 이상하게 그때는 우리가 여행 떠날 거라는 것에 대해서 한 번도 의심하지 않았어요. 그냥 스물아홉이 되면, 그때 모은 돈이 얼마가 됐든 모은 만큼만 갖고 나가서 다 떨어질 때까지 쓰고 오자, 그런 마음이 었거든요.

그렇게 2년 동안 4천만 원을 모았다면서요. 대단해요, 정말.

미나 사실 그게 모은 돈에다가, 회사도 오래 다녔으니까 퇴직금도 꽤 돼서, 그거랑 원룸 보증금이랑 다 합친 거였어요.

문규 저희 전 재산이었죠.

그렇게 다니던 직장도 그만두고 전 재산을 털어서 무기한 여행을 떠난다고 했을 때, 가족들과 주변 반응은 어땠나요?

문규 저는 와이프랑 세계여행 결심하고 너무 신나서, 다음 날 회사 가서 바로 말했거든요. '나 2년 후에 갈 거예요!' 이렇게. 당시에는 다들 미쳤다고 했죠.(웃음)

미나 부모님한테도 허락을 구했다기보단, 그냥 공지만 드렸어요. 사실 그땐 저희도 몇 년 동안 다녀올지 모르는 상황이라 한 1년 정도 갔다 오겠다고만 말씀드렸었고, 저희가 워낙 20대를 힘들게 지냈던 걸 부모님도 아시고 미안해하시는 부분이 있으셔서 그랬는지, 그냥 잘 다녀오라고 하시더라고요.

그렇게 모든 신변 정리도 하고, 회사도 그만두고, 만반의 준비를 마치고 떠났던 날. 어떤 기분이었는지 기억나세요?

문규 그때 새벽에 출발을 했었어요. 가기 전날 잠을 잘 못 잤던 거 같아요. 전전날까지도 실감이 하나도 안 났거든요. 근데 전날 짐 다 싸서 한구석에 놓고, 같이 누워서 일찍 자려고 하는데 잠이 안 오더라고요. '내일 우리 진짜 가는 거야?' 그러면서 한 3시까지 못 자다가 한 시간 정도 자고 공항으로 나갔던 거 같아요.

미나 편도표를 끊고 나가는 게 처음인 거잖아요. 가는 표만 있고 오는 표는 없고, 언제 들어올지 모르고. 그러니까 좀 설레기도 하고 떨리기도 하고. 잘할 수 있을까 그런 생각도 들고 그랬죠. 조금 무섭기도 하고요. 저희 생각보다 되게 '쫄보'거든요, 둘 다.(웃음)

#집_없이_직장_없이

"집 없이, 직장 없이 여행하면서 살아보니까, 살 만하더라고요."

'쫄보'라고 하기엔, 그렇게 나가서 거의 2년을 넘게 여행하고 돌아왔잖아요. 어떤 곳들을 다녔나요?

미나 아시아 1년, 터키에서 1년, 유럽에서 나머지 있었어요. 2014년 9월 9일에 나가서, 작년(2017년) 12월 중순에 한국에 들어왔거든요. 2년 반 정도 다닌 거죠. 사실 다른 여행자들에 비해 좀 천천히 이동하고 한 곳에 오래 있는 편이라 아직 안 가본 데가 너무 많아요.

문규 그래서 더 좋은 거 같아요. 아직 가보고 싶은 데가 더 남아있고 갔던 곳 중에도 또 가고 싶은 곳도 많고. 지금은 제주에서 8개월째 살고 있고요. 내년에 또 나갈 준비를 하고 있어요.

여행을 일단락 짓고 돌아왔 때 많이 아쉬웠겠어요. 20대 동안 그렇게 고생하며 모은 돈을 다 탕진하고 통장에 찍힌 가냘픈 숫자를 봤을 때, 막막하거나 불안하지는 않았나요?

미나 보통 세계여행 했던 다른 분들 얘기 들어보면, 여행이 끝나고 한국 돌아올 때 공항에서 울기도 하고 그런다더라고요. 이제 여행 끝났다고 슬퍼하고. 근데 저희는 바르셀로나 공항에서 한국 오려고 비행기를 기다리는데, 너무 신나는 거예요. "이제 한국 가서 감자탕 먹을 수 있어! 순댓국 먹을 수 있어!" 이러면서.(웃음) 아마 그때도 여행이 끝났다는 생각은 안 했던 거 같아요.

문규 그리고 저희는 돈을 다 쓴 거에 대해서는 잘했다고 생각했어요. 게다가 남겨 왔잖아요. 저희가 모은 돈은 4천만 원이었지만, 갖고 간 돈은 3천만 원이었거든요. (당시에 또 일이 있어서 천만 원은 장모님을 드리고 갔었기 때문에.) 어쨌든, 그 돈 가지고 나가서 한국 돌아왔을 때 남은 돈이 300만 원이었어요. 2년 반 여행하고 300만 원 남겨 왔으면 스스로 굉장히 잘한 거라고 칭찬해주고 싶었어요. 그랬는데, 사실 제주로 오기 전까지는 속으로 걱정을 좀 하긴 했죠. "이제 정말 다시 일을 해야겠구나" 하면서.

근데 지금은 제주에서 지내고 있잖아요. 어떻게 가능했던 거죠?

미나 그때 한국에 딱 도착했는데, 미세먼지가 너무 심한 거예요. 그래서였는지 까미노 걸으면서도 감기 한 번 걸린 적이 없었는데 한국 돌아와서 한 보름을 둘이 아파서 앓아 누워있었어요. 그러다 문득 제주도에 가고 싶다는 생각이 든 거죠. 예전부터 제주에 살아보고 싶었는데, 그게 지금인 것 같다고.

문규 그때 저희가 한 달 정도 서울에 있으면서 그마저도 쓰고, 남은 게 200만 원이었거든요. 제주에서 한 달이나 길어봐야 두 달 버틸 돈인 거죠. 집도 구해야 하고, 생활비도 있고. 근데 와이프가 그래도 가자는 거예요. 그걸로 일단 제주 여행하면서 지내보고, 어차피 일할 거면 거기 가서 일해도 되지 않냐고.

미나 저는 약간 여행하면서 과감해진 거 같아요. 그냥 지르고 나서 생각하는 타입으로 바뀌었어요. 그러다 돈 떨어지면 일하고, 한 1년 지내다 다시 또 다른 곳에서 1년씩. 그렇게 계속 여행하면서 살아보자 싶었죠.

문규 제주로 오게 됐을 때 블로그에 글을 올렸어요. '저희 이제 제주로 갈 계획입니다'라고. 그랬더니 그때 제주에 살고 계신 어떤 50대 부부분들한테서 연락이 온 거예요. 본인들도 곧 6개월간 세계여행을 떠날 건데, 그동안 저희가 자신들의 집에서 지내면 좋겠다고요. 그렇게 해서 집이 생긴 거예요. 6개월 동안 있을 수 있는 집이.

그렇게 집이 생길 수도 있다니, 생각지도 못한 일이었겠네요!

미나 그렇죠. 사실 저희가 이렇게 지내지 않았다면 생기지 않았을 일인 거죠.

문규 이렇게 1년 동안 숙박비 하나도 안 들고 지낼 수 있을 거라고는 생각도 못 했었거든요. 그렇게 50대 부부분들의 집에서 6개월을 지내다가 지금은 또 다른 분의 집에 머물고 있으니까요. 이분들도 저희 소식을 보고 연락을 주신 거예요. 세계여행을 꿈꿨지만 아이가 있고 해서 가슴속에 묻어뒀었는데, 저희랑 얘기하면서 다시 불씨가 타올라서 지금은 여행을 떠나셨어요.

미나 그분들 집이 본채와 별채가 있는 집이거든요. 그분들이 본채에 계시고 저희에게 별채를 내주셔서 내년에 떠날 때까지 거기서 지내게 된 거죠. 정말 감사하죠. 사실 여행하면서 그런 게 되게 많았어요. 좋은 분들을 너무 많이 만났죠.

문규 정말 우연찮게 사람들도 많이 만나게 되고 터키에서 1년이나 있을 수 있는 기회도 생기게 되고. 집 없이도 살 수 있는 방법들이 있더라고요, 여러 가지가.

터키에서 보냈던 1년도 특별한 에피소드가 있었던 거군요?

©Kimmina

미나 인도 여행 중에 만났던 친구가 있었어요. 라씨라는 친구인데, 우연히 만나서 같이 지내는데 너무 잘 맞고 재미있어서 처음에 4박을 예약했던 숙소를 계속 늘려서 인도에 한 달 동안 있었을 정도로 친해졌던 친구예요. 그리고 헤어졌다가 저희가 인도네시아에 있을 때 그 친구한테서 갑자기 연락이 온 거죠. 자기가 우연히 터키를 여행하다가 어떤 집에 뿅 반해서 충동적으로 1년 렌트를 했다는 거예요. 거기서 한 달밖에 안 지냈는데 갑자기 인도로 돌아가야 되는 상황이 됐다고요. 나머지 기간 동안에 월세도 내고 그 집을 쓸 사람이 필요한데, 자긴 가야 되니까 기왕이면 저희가 와서 있으면 좋겠다는 거죠.

문규 사실 그때 원래대로라면 저희가 호주를 갔어야 하는 상황이었어요. 워킹홀리데이를 하려고 비자랑 항공권을 다 준비해놓은 상태였거든요. 여행은 더 하고 싶은데 돈도 거의 떨어져서 워킹홀리데이로 돈을 벌면서 있을 수 있겠다 싶어서 선택한 거였어요. 근데 이렇게 연락이 온 거죠. 호주 가려면 며칠 안 남은 상황이었고, 만약 여기서 터키를 가려면 워홀은 포기하고 비행기도 다시 끊어야 되는데, 성수기인 데다 터키 비자도 새로 받아야 되는 복잡한 상황이었어요.

미나 고민이 돼서 얘기하다가 결정적으로 신랑이 "우리가 호주로 가면 외국인 노동자로 사는 거지만 터키로 가면 사장님이 되는 거다"라고 얘길 하는 거예요.(웃음) 그 집에 빈 방이 많아서 민박으로 운영할 생각이 었거든요. 그렇게 한 시간 정도 얘기했나? 바로 터키로 가는 비행기를 새로 끊었죠. 그렇게 해서 그때 터키 안탈리아라는 지역에 있는 전망 좋은 집에서 1년을 살게 됐었죠. 물론 민박은 성공하진 못했어요. 하지만 그런 아름다운 곳에서 언제 살아보겠어요.

그런 거 같아요. 여행하다 보면 생각지 못한 일도 일어나고, 우연하게 좋은 인연들이 연결되고. 그게 두 분을 좀 더 용기 있게 만든 거 같아요.

미나 항상 그렇게 생각하고 있어요. 언제 어떤 일이 생길지 모른다고. 사람이 항상 비슷한 패턴으로 살다 보면 새로운 일이 일어날 가능성이 되게 적잖아요. 근데 우리가 여행 시작하고 항상 새로운 환경에서 살다 보니까 안 생길 것 같은 일들이 자꾸 생기고, 만나지 못했을 수 있는 사람들을 만나게 되고. 그런 것 같아요.

만약 여행을 하지 않았다면, 지금 두 분은 어떤 생각을 하고 있었을까요?

미나 사실 여행 생각을 못 했을 때는 그냥 걱정했었죠. 집이 보증금 500만 원에 35만 원짜리 원룸이었으니까 뭔가 더 큰 데로 가야 되지 않을까? 전셋집이라도 얻어야 되지 않을까? 나중에 애라도 생기면 어떻게 하지? 그런 보통의 사람들이 하는 걱정과 불안을 항상 안고 있었거든요. 근데 여행을 하면서 많이 바뀐 거죠.

하지만 계속 이런 생활을 유지하려면 어느 정도 생활비가 들잖아요. 어떻게 충당하고 있나요?

미나 엄청 많은 걸 해요. 그냥 저희가 할 수 있는 걸 다 하는데, 저 같은 경우는 매체에 여행 관련 글을 쓰거나 블로그에 올리는 것들로 수익을 내기도 하고요. 남편은 스냅사진을 찍기도 해요.

문규 저희가 제주 와서 올레길을 계속 걷고 있거든요. 총 스물일곱 코스 중에 이제 두 코스가 남았는데, 사실 이것도 걸으면서도 돈 벌고 있는 거거든요. 로컬 큐레이터 활동을 하게 되면서 소소하게 수입이 생기는 거예요. 또 저희가 '시간을 빌려드립니다'라고 만나는 분들하고 같이 사진도 찍고 여행도 하는 자체 프로그램을 만들어서 그걸로도 좀 충당하고요.

미나 이런 식으로 그때그때 일을 찾아서 해요. 거의 비정기적인 것들이긴 한데, 둘이 먹고살 정도는 되는 거 같아요. 그리고 또 여행하면서 좋은 분들을 많이 알게 되니까 여러 가지 연결이 되고 일할 기회가 생기고 있고요. 저희가 가진 능력으로 할 수 있는 것들을 하면서 살고 있어요.

누군가는 두 분이 원래 글 쓰고 사진 찍는 능력이 있어서 가능했던 거 아니냐고 물을 것 같은데, 어떤가요?

미나 그렇지는 않은 거 같아요. 여행을 다니면서 사진 찍는 취미가 생겼고, 썩히기 아까워서 블로그에 써서 정리하다 보니까 재미가 붙었던 거죠. 여행하면서 각자 재능을 찾게 된 셈인데, 그게 시간이 흐르면서 쌓이고 지금은 다행히도 이걸로도 먹고살 수 있게 된 거니까요.

어떤 사람들 눈에는 여행하며 산다고 하면 팔자 좋다고 할 수도 있겠지만, 사실은 원하는 삶을 살기 위해 그만큼의 노력을 해야 하고 감수할 것들도 많을 것 같아요.

문규 가끔 드는 생각이, 우리 참 백조 같다 싶은 거예요. 물 위에서는 한가로워 보이는데, 물 밑에선 엄청 열심히 발길질 하고 있거든요. 어느 정도냐면 와이프가 회사 다닐 때보다 컴퓨터를 더 많이 해요. 그래서 손목터널증후군이 걸릴 정도예요. 글 쓰면서 스트레스 받고 하니까 탈모도 오고요.(웃음)

미나 머리 막 빠지고 눈도 되게 아프고.(웃음) 쉽지 않죠. 또 불안정한 삶이잖아요, 이게. 꼬박꼬박 정해진 날짜에 월급이 들어오는 것도 아니고 매달 다르니까. 어떤 달은 괜찮고 어떤 달은 안 괜찮고.

문규 또 퇴근 시간이 따로 없잖아요. 회사 다닐 때는 오히려 일 끝나고

퇴근하면 집에 와서 맘 편히 TV도 보고 했는데, 지금은 끝나는 시간이 정해져 있지 않으니까 숙소 들어와서 계속 일할 때도 있고요.

미나 마감 날짜에 항상 쫓기죠.(웃음) 또 저희는 집이 없고 계속 장소를 옮겨 다니다 보니까 일하는 환경도 편치만은 않잖아요. 그래도 그런 것들은 감수하고 이겨내야죠. 저희가 원하는 삶은 여행을 하고 끝나면 일상으로 돌아가는 게 아니라, 여행과 일상이 공존하는 삶이거든요. 계속 여행하는 삶을 살고 싶어서, 그렇게 살 수 있도록 계속 노력하는 중이에요.

요즘 여행하며 일하는 사람들을 '디지털 노마드'라고 하잖아요. 두 분도 그런 형태로 가고 있는 거 같아요.

미나 여행하면서 그런 분들도 되게 많이 만났거든요. 예전에 터키 안탈리아에 있을 때도 한 달 동안 저희 집에 묵었던 프로그래밍 하는 친구가 있었는데, 거기서 바로 화상으로 회의하고 그렇게 일을 하더라고요. 요새는 그렇게 굳이 회사를 나가지 않아도 되는 일들이 많이 있잖아요. 그게 디지털 노마드든, 그냥 노마드든 한번 이렇게 살아보고 있어요. 돈은 별로 없지만 빚이 없으니까, '요샌 빚 없으면 부자야' 이렇게 생각하면서요.(웃음) 그리고 저희가 적금이라든지 혹시 모를 상황에 대비를 못 하니까 보험은 하나 살려둬야겠다 생각해서 한 달에 20만 원씩 보험도 넣고 있고요.

문규 사실 그것도 쌓이면 저희한테 되게 큰돈이거든요. 그래서 부담되기는 하는데, 그래도 혹시 모를 상황에 대비해서 여행 중에도 한 번도 안 밀리고 내고 있어요. 저희 스스로 참 기특하게 생각하는 부분이죠.(웃음)

#길_위의_결혼생활

"여행길 위에서의 결혼생활, 싸우기보다 서로 더 이해하게 됐어요."

두 분은 결혼생활의 거의 절반을 여행하면서 보낸 거잖아요. 그래서 다른 결혼생활과는 좀 다르겠지만, 그래도 나름의 역할 분담 같은 게 돼 있나요?

문규 저희는 아내가 가장이고 제가 살림을 해요. 여행 다니면서도 음식도 해 먹고 숙소도 계속 치워줘야 하니까 나름 자잘한 집안일들이 있거든요. 예를 들어 요리하기, 청소하기 같은 건데, 그런 건 보통 제가 다 맡고 있어요. 와이프는 경제적인 부분을 담당하고 있죠. 글을 쓴다거나 블로그를 한다거나 하면서요.

미나 저는 남편이 한 요리를 맛있게 먹는 걸 잘하죠.(웃음)

여행할 때는 각자 어떤 걸 맡고 있나요?

미나 저는 계획 세우고, 숙소 잡고, 길 찾고 그런 걸 하는 편이고요. 남편은 매일 일기를 쓰고, 사진을 찍고요.

문규 여행 시작할 때부터 꼭 지키자는 게 몇가지 있었는데, 그중 하나가 일기 쓰기는 매일 거르지 말자는 거였어요. 그래서 야간 버스 안에서도 쓰고, 기차 안에서, 히말라야 산자락에서도 썼어요, 일기를.(웃음)

미나 그게 여행이 길어지니까 하루만 정리를 안 해도 다음날 생각이 잘 안 나더라고요. 밀리다 보면 다 잊어버릴 거 같아서 무조건 매일 쓰기로 했어요. 처음에는 제가 좀 쓰다가 이것저것 챙기려다 보니 너무 힘든 거예요. 그래서 신랑 보고 써 보라고 했는데, 요점만 잘 잡아서 쓰더라고요. 나중에 그것만 봐도 그때 생각이 다 날 수 있게.

문규 욕도 많이 들어가고요.(웃음) 근데 그게 나중에는 하루 마무리처럼 되더라고요. 오늘 하루도 잘 보냈다, 그런 느낌으로요.

사이 좋은 연인이 짧은 여행을 가도 십중팔구 싸운다고 하잖아요. 두 분은 거의 3년을 매일같이 붙어 있는데, 싸우진 않나요?

미나 회사 다닐 때는 아침에 보고 퇴근하고 보다가, 지금은 3년 이상을 24시간, 365일 붙어있는 거긴 하죠. 근데 그래서 오히려 안 싸워요. 싸워 봐야 어차피 둘밖에 없잖아요.

문규 맞아요. 싸우지 않는 방법을 아는 거 같아요. 예를 들어 저희는 서로 뭘 같이 안 하거든요. 요리도 같이 하면 좀 손발이 안 맞아요. 의견도 다르고. 그래서 제가 그냥 맡게 된 거고요. 그 시간에 와이프는 다른 걸 해요. 그러니까 같이 있지만 뭐든 같이 하려고 하지 말고, 각자 서로 잘하는 걸 하자는 거고. 그렇게 하니까 덜 싸우는 거 같아요.

두 분은 원래 친구 사이였고 연애와 결혼 기간까지 정말 오래 봐온 사이라서 서로 모르는 게 없을 것 같은데, 여행하면서 새롭게 알게 된 게 혹시 있을까요?

미나 그런 거 있었어요! 저희 남편은 항상 일관된 사람이라서 화를 잘 내질 않거든요. 감정 기복도 거의 없고, 짜증 내는 것도 본 적이 없었어요. 근데, 까미노Camino de Santiago에서 처음으로 짜증을 내더라고요.(웃음) 맨날 오락가락하는 거예요. 어떨 때는 너무 좋다고 하다가, 조금 힘들면 힘들어 죽겠다고, 이거 왜 걷는 건지 모르겠다 그러고. 하루에도 몇 번씩 왔다 갔다 하는 거예요. 근데 그게 싫지가 않고 '아 이 사람 짜증 낼 줄 아네?' 이런 느낌이었던 거 같아요.

문규 저도 거기서 처음 발견했어요. 제가 감정 기복이 그렇게 심할 수 있다는 걸.(웃음) 사실 까미노가 계속 걷는 여행이라 힘들잖아요. 그때가 여행 막바지였는데 아내가 마무리하는 느낌으로 거길 걷자고 제안을 한 거예요. 근데 저는 그 시간 그 돈이면 차라리 못 가본 도시 여행하는 게 낫지 않을까 생각했던 거죠. 그래서 걷기 시작하고 처음 열흘 동안 좀 많이 투덜댔던 거 같아요. 누가 까미노를 두 번째 걸으러 왔다고 하면 이해가 안 가서 "이걸 왜 두 번이나 걸으세요?" 물어보고 그랬죠.(웃음)

미나 그때 고생을 많이 하긴 했어요. 베드버그에 엄청 많이 물렸었거든요. 근데 보름이 지났을 즈음부터 신랑 마음이 좀 바뀌었던 거 같아요. 지금은 다시 가고 싶다고 그래요.

문규 네, 그때는 가을이었는데 봄에 한 번 더 걷고 싶어요.

그 마음 너무 잘 알 것 같아요. 저희 부부도 까미노 걸을 때 제가 딱 그랬거든요! 사람의 밑바닥 감정을 볼 수 있는 아주 대단한 곳이죠.(웃음) 그래도 끝까지 잘 걸었다니 다행이에요.

미나 그게 싸움으로 발전되지 않았던 건 서로 잘 이해하니까 그랬던 거 같아요. 아무래도 계속 여행을 하다 보니까 일반적인 부부들보다는 대화하는 양이 훨씬 많거든요. 그래서 공유할 수 있는 기억이라든지 경험이 많아지다 보니까 점점 더 서로 이해하는 폭도 넓어지고, 더 애틋해지고 그런 거 같아요.

문규 서로 옛날 얘기를 진짜 많이 하거든요. 우리가 서로 몰랐던 어린 시절 이야기들이요. 얘기하다 보면, 아 이 사람이 그래서 이런 면이 있었구나, 이런 사람이었구나를 더 세세하게 알게 되는 것 같아요. 정말 세상에 둘도 없는 친구죠. 그게 저는 진짜 행복인 거 같아요. 와이프랑 있을 수 있어서 하루하루 행복해요. (좀 재수 없나요?)

일반적인 결혼생활과는 좀 다른 생활을 하고 있는데, 결혼하면 당연히 해야 된다고 생각하는 것들에 있어서 주변에서 참견을 한다거나, 고민이 되는 부분이 있을까요?

문규 저희는 지금 가진 거라고는 배낭 딱 하나밖에 없거든요. 집도 없고 차도 없고. 배낭 딱 하나에 모든 살림이 다 들어있는 거니까. 그걸로 지금 3년째 살고 있고요. 근데 일반적으로는 결혼을 하고, 집을 장만하고, 아기를 낳고. 그렇게 사는 게 보통 정석이라면 정석인데, 저희는 그 틀에서 많이 벗어나 있으니까 좀 안 좋게 보시는 분들도 있죠. 가끔 저희한테 대놓고 물어보시는 분들도 있어요. 나중에 어떡하려고 그러냐면서.

미나 사실 결혼한 지 좀 됐으니까 제일 많이 듣는 얘기는 '아이는 정말 안 낳을 거니, 언제 낳을 거니' 이런 거죠. 그럴 때마다 얘기해요. 지금은 아기를 낳고 싶은 생각이 없는 거라고요. '저흰 아이 안 낳을 거예요' 이건 아닌데, 생각이라는 건 계속 바뀔 수 있는 거잖아요. 나중에 시간이 조금 지났을 때 우리가 부모가 될 준비가 어느 정도 된 거 같다, 마음의 준비가 된 거 같다 싶으면 그때 낳을 수도 있는 거고요.

문규 근데 만약에 우리가 애를 낳아도, 그때는 또 '그럼 둘째는 언제 가질 거냐' 이럴 거잖아요. 이런 말을 한국 사회에선 그냥 인사말처럼 하죠. 근데 사실은 그게 되게 실례되는 얘기라고 생각해요. 외국에서 남의 집에 놀러 갔는데 그런 거 묻는 사람 없거든요.

미나 그리고 사실 제가 아이도 낳고 해야 할 걸 다 한다고 해서 그 사람들이 우릴 도와줄 건 아니잖아요. 내 인생 누가 대신 살아줄 거 아닌데, 우린 그냥 우리 소신대로, 우리가 살고 싶은 대로 살자. 그렇게 생각하는 편이에요.

#현재_여행_진행형

"여행할수록 이런 생각이 들어요. 계속 이렇게 살아도 괜찮을 것 같은데?"

아직 여행이 끝나지 않았잖아요. 또 어디로 떠날 생각인가요?

문규 제주에서 1년 동안 지낸 뒤에, 내년(2018년) 3월에는 태국으로 갈 예정이에요. 어떻게 보면 지금 제주에서 다시 틀을 마련하고 있는 거죠.

미나 태국에 4개월간 있었는데 너무 좋았거든요. 그래서 다시 한 번 가려는 거고요. 나간 김에 미얀마랑 못 가봤던 북인도, 파키스탄 쪽도 여행하고 돌아올 수도 있고요. 내후년쯤에는 남미에 가려고 생각 중이에요. 사실 막상 가면 계획이 달라질지도 모르지만요.

근데 여행도 오래 지속되면 어느 순간 익숙해지고 생활이 되잖아요. 이제 좀 집에 가고 싶다, 한 곳에 정착하고 싶다는 마음이 들었던 순간은 정말 없었나요?

미나 여행이 길어지다 보니까 이제는 그게 더 이상 구분이 안 되는 거예요. 여행이 일상이고 일상이 여행이고. 그게 단점도 있겠지만 저는 그런 삶이 좋은 거 같아요. 그래서 집에 가고 싶다거나, 정착하고 싶다는 생각은 아직 해본 적 없어요. 대신에 여행하면 할수록 좀 더 많이 여행하고 싶다는 생각이 들어요. 가고 싶은 곳이 자꾸 더 많아지고. 몰랐을 때라면 모르는데, 알게 되니까 더 가고 싶고, 갔던 데도 다시 가고 싶고. 지금 저희가 배낭 하나씩밖에 없다고 했잖아요. 저희의 바람이라면, 여기서 우리 짐을 더 늘리거나 하지 않고 딱 필요한 것만 가지고 언제라도 쉽게 떠날 수 있는 그런 삶을 살았으면 좋겠다는 얘기를 많이 해요. 딱 '배낭 하나의 삶'을 살고 싶어요.

결국 용기를 내서 떠난 여행이 다시 두 분에게 용기를 준 거네요.

미나 사실 한국에 있으면 어떤 평범한 길을 가는 사람들, 비슷한 사람들만 많이 만나게 되는데, 여행을 하다 보니까 정말 내가 생각하지 못한 방향으로 사는 사람들을 많이 만났어요. 저희가 2년 반 세계여행 했다고 하면 한국에서는 엄청 길게 했다고 얘기들 하지만, 나가보면 5년, 10년, 20년 여행하면서 사는 분들이 있거든요. 심지어 아이를 낳아 키우면서

여행하시는 분들도 계시고. 그런 사람들을 보면서 '저렇게도 살 수 있구나, 저 사람들은 저렇게도 사네' 이런 생각을 자꾸 하게 되다 보니까 '우리도 이렇게 살아도 괜찮을 거 같은데?' 이렇게 바뀐 거죠, 생각이.

모두가 이렇게 살 수는 없겠지만, 이렇게도 살 수 있다는 걸 저희도 두 분을 보면서 깨닫고 있어요.

미나 저희는 여행을 막 권유하지는 않아요. 왜냐면 우리가 좋았다고 해서 '떠나세요~' 이렇게 얘기하는 게 무책임할 수 있고, 그 사람한테는 그게 정답이 아닐 수 있잖아요. 서울이든 제주든 파리든 어떤 사람한테는 지옥일 수 있고, 어떤 사람한테는 천국일 수 있으니까요. 어디에 있든 마음이 제일 중요한 거 같고 그래서 여행이 정답이라고 생각하진 않지만, 우리한테는 정답이었던 거죠. 그래서 저희는 늘 오늘만 사는 것처럼 살자고 얘길 해요. 그게 미래를 대비하지 않고 흥청망청 살겠다는 게 아니라, 돈에 끌려가지 않고 마음이 이끄는 대로 살자는 거거든요. 그렇게 살다가 내일 갑자기 죽어도 잘 살았다, 후회하는 거 없이 잘 산 거 같다고 생각할 수 있으면 그것보다 좋은 삶이 있을까 생각해요.

문규 그렇게 생각하니까 욕심도 없어지고 남들과 비교도 잘 안 하게 되더라고요. 우리 인생이니까 우리 마음대로 행복하게 살자. 죽을 때 뭐 갖고 가는 것도 아니니까.

미나 그냥 이렇게 할 수 있는 만큼 생각하는 대로 한번 살아보자. 그렇게 생각하고 있어요.

문규 아직 우린 젊으니까요.

미나 젊지. 엄청 젊어.

Epilogue 백구부부의 요즘 생각

우리가 던진 질문에 부부들이 내놓았던 대답들은, 다시 우리에게 질문이 되어 돌아왔다. 우리 부부는 프로젝트를 함께 진행하는 동안 오가는 차 안에서, 집에서, 카페에서 시시때때로 전에 없던 주제들로 대화를 나눴다. 그동안 굳이 말하지 않았거나 꺼내기 껄끄러웠던 이야기도 조금씩 꺼내보며 서로의 솔직한 생각을 마주했다.

내가 가고 싶은 결혼식은

혜민 솔직히 결혼식 가는 걸 좋아하는 사람이 있을까?

현우 별로 없지 않을까. 어쩔 수 없이 가는 거지. 다른 것보다 솔직히 좀 귀찮기도 하고.

혜민 사실 결혼이라는 게 마땅히 축하받아야 할 일이잖아. 어떤 사람이 누군가와 평생 함께하기로 했고, 그 중대한 결정을 나에게 축하받고 싶어 한다면 기꺼이 가서 축하를 전하고 싶을 거잖아. 그건 당연한데 어쩌다 이렇게 '결혼식 가는 일' 만큼은 썩 내키지 않은 신세가 돼 버렸는지 모르겠어.

현우 일반적으로 결혼식 자체가 좀 불편하고 딱딱한 구석이 많잖아. 그래서 우리는 아예 안 하기도 했으니까.

혜민 결혼식을 준비하고 주최하는 사람의 입장과 별개로, 하객의 입장에서 생각해봐도 보통 결혼식에 참석하는 일이 썩 유쾌한 경험은 아닌 거 같아. 내 생각에 결혼식에 참석하겠다는 말엔 '결혼 당사자들에게 민폐를 끼치지 않는 무난한 하객이 되겠다'는 뜻도 포함되는 것 같거든. 그날 하루는 그런 결혼식이 주는 어색함과 불편을 감수하고 내가 그런 하객 중 한 명이 기꺼이 되어야 하는 거니까.

현우 식장에서 200명, 300명 정해주고 채우라고 한다잖아. 그러다 보니까 사실 그중 한 명으로 동원되는 느낌이긴 해.

혜민 내가 그런 걸 제일 많이 느끼는 게 '하객 패션'이거든. 남자는 어떤지 모르겠는데, 여자 같은 경우는 좀 힘들어. 예전에 거의 처음 결혼식에 참석하는데 아무 생각 없이 흰색 옷을 입고 갔다가 '흰 옷은 결혼식에 안 입는 게 예의'라고 해서 놀랐었잖아. 신부의 하얀 드레스가 묻힌다는 거지. 그렇다고 너무 화려한 것도 안 되고 어두운 색도 안 되고 '무난하고 적당한' 게 필요한데, 그런 게 나한테 있을 리 없잖아. 내 옷장에는 좀 흐느적거리거나 완전 튀는 옷만 잔뜩 있었으니까. 그래서 결국엔 결혼식 앞두고 급하게 평소 입지도 않을 '적당한' 옷을 산 적도 여러 번 있었던 거 같아.

현우 맞다. 나랑 결혼식 같이 갔을 때도 네가 안 신던 구두 신고 정장 같은 옷 입고 와서 불편해하는 거 보면서 나도 좀 답답한 느낌이었어. 나도 정장 입는 거 별로 좋아하진 않으니까.

혜민 평소에 그런 옷을 즐겨 입는 사람이면 모르지만 난 아니니까. 근데 그런 거랑 상관없이 '무난한 하객'이 되려면 그런 차림으로 구색을 맞추는 게 예의라는 거지. 이렇게 하고 결혼식장 찾아가는 내 모습부터가 나는 항상 어색하고 부자연스러워. 그러다 보니 '축하의 마음'을 식장까지 온전히 들고 가는 것부터 쉽지 않은 거지.

현우 결혼식에서 축하의 마음을 전하는 방법은 사실 딱 하나지. 축의금.(웃음)

혜민 근데 그것도 늘 고민이 돼. 요즘 5만 원은 너무 적다고 하니까 적당히 10만 원 정도로 하는 편인데 또 다른 하객들은 얼마 했는지도 신경이 쓰이는 거야.

현우 그렇지. 내 기준에서 적당한 금액인데 상대적으로 보면 아닐 수도 있으니까.

혜민 그래서 늘 돈을 내고도 찜찜해. 축의금을 얼마나 했느냐가 내 마음을 가늠하는 기준이 되어버리는 느낌이잖아.

현우 저번에 누가 그러던데. 나중에 네가 결혼식에서 받고 싶은 금액을 내라고.(웃음) 뭐 틀린 말은 아닌데, 그런 '기브앤테이크'가 너무 결혼식의 명목이 돼버린 거 같아서 씁쓸하긴 하더라.

혜민 정말 결혼식이 축하의 장이라면 손도 잡고, 포옹도 하고, 대화도 많이 하고 그러면서 축하의 마음을 충분히 전하고 싶은데, 정작 신부대기실에서 거대한 드레스에 파묻혀 있는 신부를 보면 행여라도 새하얀 드레스가 밟히거나 더럽혀질까 세 뼘은 떨어진 자리에서 어색하게 기념사진만 얼른 찍고 나와야 하는 경우가 많은 거야. 그리고 결국 축의금으로 갈음하는 건데, 그게 식권 한 장으로 뿅 돌아오는 거지.(웃음)

현우 저번에 보니까 '사람이 몇인데 식권을 한 장만 주냐'면서 호통치는 사람도 있던데? 또 요즘엔 '얼굴도 비쳤으니 밥만 먹고 가자'면서 아예 예식은 볼 생각도 않고 식당으로 직행하는 사람도 많잖아. 그리고 그게 전혀 이상한 일로 여겨지지도 않고.

혜민 사람들 비집고 들어가서 예식 봐 봤자 늘 비슷비슷하니까. 10분만 지나도 여기저기서 '언제 끝나?' 같은 말들 속속 들려오고. 돈 냈으니 밥이나 먹고 가자고 본전 생각하는 게 이상한 일도 아니야.

현우 그렇다고 정말 뷔페 온 것처럼 한가롭게 식사를 즐길 수도 없잖아. 이번 식, 저번 식, 다음 식 손님들까지 섞여서 북적거리는데 종종거리면서 음식을 가져오는 것도 민망하고. 모르는 사람들과 한자리에 앉아서 식사 하는 것도 좀 그렇고.

혜민 그래서 빨리 먹고 빠져주는 게 예의라잖아. 이러다 보니까 '편하게 와서 밥 한 끼 먹고 가'라는 말이 편하게 안 들리는 거지. '무난한 하객'이 된다는 건 이렇게 하루쯤은 달갑지 않은 문화에 동의하고 부자연스러움도 참아야 한단 뜻인 거니까.

현우 그렇다고 그런 결혼식을 준비한 결혼 당사자들을 탓할 생각은 없어. 부모님 뜻일 수도 있고, 편의상 그랬을 수도 있고, 또 대부분이 하는 방식이니까 어쩔 수 없었다는 걸 알잖아.

혜민 맞아. 그리고 나도 내가 좋아하는 친구나 지인의 결혼식이라면 기꺼이 하루 정도는 맞춰줄 용의도 있어. 지금까지 그래왔고. 하지만 다들 그렇게 말하는 그 '예의'를 차린 '무난한' 결혼식의 모든 형식들이 사실은 그다지 인간적이지도 않고 정겹지도 않다는 건 다 알 거야.

현우 그런 생각은 들어. 과연 그 예의 있고 무난한 자리에서 정말 만족한 건 누구였을까? 부모님? 웨딩업체? 결혼 당사자인 신랑 신부는 과연 괜찮았을까? 혹시 본인들도 맞지 않은 옷을 입은 것처럼 진땀을 흘리는 순간이 더 많지는 않았을까?

혜민 그러니까. 나는 언젠가는 신랑 신부도 하객도 편안하고 자연스러울 수 있는 결혼식에 한번 가보고 싶어. 평소 내 모습 그대로 참석해도 이상하지 않고, 결혼식 당사자와 하객들이 자연스럽게 대화도 나눌 수도 있고, 정말 편하게 마음을 주고받을 수 있는 그런 결혼식. 넌 그런 결혼식 가본 적 있어?

현우 나도 아직 없어. 우리 인터뷰 했던 부부들처럼 파격적인 방식으로 결혼을 한 친구들이 아직까지는 내 주변엔 없네.

혜민 근데 정말 그런 결혼식이 내 주변에서 열린다고 하면, 난 초대 못 받았어도 가보고 싶을 거 같긴 해.

우리 집 명절은요?

혜민 인터뷰 때마다 다른 부부들하고 명절 얘기, 제사 얘기 잔뜩 하잖아. 근데 정작 우리는 어떻게 되는 거야? 넌 장남이잖아. 만약 내가 제사나 차례에 참석하지 않는다고 하면 어떻게 할 거야?

현우 음… 잘 모르겠어. 어떻게 해야 할까? 사실 그냥 참석하는 게 편하긴 하지. 할머니도 계시고. 사실 주최자는 할머니잖아. 단, 조금 간소화했으면 좋겠다는 생각은 있지. 만약 나한테 선택권이 주어진다면 아예 제사나 차례는 안 할 거 같지만, 지금은 나한테 그런 선택권은 없잖아.(웃음)

혜민 나도 사실 명절에 다 같이 전 부치는 거 자체엔 불만은 없어. 아버님부터 집안 남자들도 다 같이 하니까. 근데 사실 그 전에 며칠 동안 재료 손질하고 준비하시는 건 어머니랑 할머니잖아. 음식을 그렇게 많이 안 하고 간소하게 하면 고생이 덜하실 텐데. 그냥 하루 모여서 간단히 식사하는 걸로만 해도 좋지 않을까?

현우 나도 그건 같은 생각이야. 우리 엄마 아빠도 언젠가는 간단히 하거나 안 했으면 한다고 얘기하시는 걸 들은 적도 있고. 근데 아직은 아닌 거지. 차례나 제사를 주최하시는 건 할머니니까 당분간은 유지하지 않을까 싶어. 그리고 제사라는 것의 원래 의미가 돌아가신 가족을 기리고 추억하는 자리인 거잖아. 물론 이걸 우리한테 하라고 한다면 좀 더 현대적인 방법을 찾겠지. 함께 찍었던 사진을 찾아서 본다든지 그 사람이 좋아했던 걸 같이 한다든지. 근데 할머니 세대는 다른 방법은 모르시는 거야. 그냥 음식을 차려서 제사라는 형식으로 기리고 기도하는 것밖에는. 그 행위를 통해서 그날만이라도 그 사람을 기억하는 거지. 그러니까 내 생각에 그걸 따른다는 건 이전 세대 어른들의 방식에 존중을 표하고 동참한다는 뜻인 거 같거든. 그래서 어느 정도 의미는 있다고 생각하는데, 그걸 너무 과대하게 하면 안 된다고는 생각해.

혜민 '존중을 표하고 동참한다'는 표현은 좀 좋네.(웃음) 하지만 그건 어디까지나 너희 집에서의 존중이고, 우리 집은 거기서 빠져있다는 거 알아? 지금 우리 명절 패턴이 그렇잖아. 전날 너네 집에 가서 다 같이 전 부치고, 오후에는 다 같이 카드게임 하고(이것도 너무 오래 해서 기다리는 난 좀 지치더라), 다시 다음 날 아침 일찍 차례 지내러 갔다가, 아침 먹고 또 너네 외갓집까지 들러서 인사드리고 나서야 오후에 우리 집에 내려가잖아. 우리 집은 지방이라서 도착하면 밤 되고, 다음 날 점심 먹고 나면 다시 올라와야 하는 그런 식인데. 그게 난 좀 그래.

현우 너네 집에 너무 잠깐만 있다 오는 것 같아서?

혜민 뭐 하루 정도 있다 오는 게 나도 적당하다고는 생각하는데, 결혼하고 나서부터 명절 전날과 당일에 무조건 너네 집을 먼저 가야 하는 상황이 됐잖아. 근데 우리 엄마도 그 시간에 혼자 차례 음식을 만들고 있거든. 너희 집보다 많이 하지는 않지만 결혼 전에는 나도 조금씩 도와서 전을 같이 부쳤었어. 근데 이제는 엄마 혼자 해야 하는 거지. 게다가 남동생은 외국에 사니까 명절에 맞춰 못 올 경우가 많고. 나는 너희 집에서 복닥거리며 있는데, 우리 집에는 엄마 아빠 둘만 덩그러니 계시고 하니까, 문득문득 좀 불공평하다는 생각이 들어.

현우 그렇긴 하네. 그런 부분 때문이라면 우리도 명절에 앞으로 각자의 집으로 가는 것을 한번 추진해볼까? 그냥 결혼 전처럼 나는 우리 집에 가고 너는 너네 집에 가고. 그게 어쩌면 더 편할 수도 있을 거 같아. 서로 어색한 상대방 친척들 마주치는 부담을 가질 필요도 없잖아. 명절 때는 각자의 집으로 가되, 명절이 아닐 때 오히려 양가에 한 번씩 같이 다녀오고 그러는 게 더 나을 수도 있어.

혜민 그걸 어른들이 받아들일까?

현우 왠지 엄마는 괜찮다고 할 거 같은데, 아빠랑 할머니가 어떻게 나오실지 잘 모르겠어. 한번 물어봐야 될 것 같아.

혜민 난 오히려 우리 집에서 반대할 거 같아. 엄마는 왠지 우리가 그렇게 하기로 했다고 하면 별말 안 하실 것 같은데, 우리 아빠가 네가 명절에 함께 안 내려오는 거에 대해서 서운해할 것 같은 느낌도 들거든.

현우 그런 식으로 얘기해보는 건 어때? '지금부터 우리는 명절에 따로 가겠다'가 아니고, 지금 테스트 하는 기간이라고 얘길 하는 거지. '이런 방식은 어떤지 한번 해보려고 한다' 그러면서 어떨 때는 추석에만 같이 왔다 가고, 어떨 때는 따로 갈 때도 있고, 어떨 때는 한 집만 가고. 이런 식으로 차근차근 다양한 형태로 하다 보면, 정말로 나중에는 네가 우리 집에 안 오거나 둘 다 없어도 이상하게 여기지 않게 되지 않을까?(웃음)

혜민 그게 정말 가능할지는 모르겠지만, 지금은 명절에 꼭 둘 다 양가에 가야 된다는 걸로 정해져 있는 게 좀 답답하긴 해. 만약 그 기간에 다른 일이 있어도 꼭 시간을 빼놓아야 하는 거잖아.

현우 사실 지금도 급한 일이 있으면 얘기하고 빠질 수는 있다고 생각해. 근데 그게 마음이 불편한 거지. 꼭 급한 일이 아니더라도 이때 우리가 뭘 해야겠다 마음을 먹었으면 편하게 다른 선택을 할 수도 있는 분위기가 되면 좋겠다 싶어.

혜민 근데 이게 큰 반대 없이 잘 받아들여질까?

현우 그니까 이것도 천천히 진행을 해야겠지. 갑자기 선언하기보다는, 우리 결혼식을 그렇게 설득했던 것처럼 조금씩 하면 될 거 같아.

혜민 사실 결혼 전에는 연휴 때 맞춰서 길게 여행 가기도 했었는데, 이젠 아예 꿈도 못 꾼다는 것도 아쉬워. 꼭 여행이 아니더라도 그 시간을 정말 그동안 일하면서 쌓인 피로를 푸는 연휴로 보내고도 싶은데, 이제 우리에게 명절은 쉬는 날이 아니잖아. 피로가 더 쌓이지.

현우 근데 나는 그 의견에 대해서는 몇 가지 이유로 약간 반대하는 입장이야. 왜냐면 첫 번째로 명절 연휴 기간에는 비행깃값이 엄청 비싸잖아.(웃음) 저가 항공만 타는 우리에겐 어차피 어딜 갈 수 있는 날이 아니야. 그리고 어딜 가도 사람 엄청 많을 거고. 두 번째 이유는, 난 그래도 명절의 본래 의미는 좀 지켜줘야 한다고 생각하거든. 처음에 명절을 연휴 기간으로 만든 게 가족들과 모여서 함께 보내라는 건데, 그 기간에 여행을 가버리면 사실 본래 의미를 퇴색시키는 거지. 만약 사람들이 계속 이런 식으로 빠지다 보면 결국엔 명절의 의미가 없어지게 되고 나라에서도 연휴 기간을 길게 잡을 이유가 없어져서 줄어들게 되겠지. 하루만 쉰다든지 그렇게.

혜민 네 말은 전통의 형식을 챙기자는 게 아니라, 처음 생기게 된 그 본래 의미가 가치 있다면 그건 계속 기리고 지켜야 한다는 의미인 거지? 나도 그건 좋다고 생각해. 지금은 본래 의미보다 그 외에 지켜야 할 형식들이 더 많아서 문제인 거지. 음식 종류나 양이라든가. 그래서 난 차라리 명절에 하루만 휴일인 거 찬성인데.(웃음) 명절 기간 길어도 어차피 쉬지도 못하는데. 가족은 다른 때도 모일 수 있는 거고.

현우 누가 저번에 그런 말 했었잖아, 남자가 '우리 집 제사 안 지내' 그랬는데, 결혼하고 보니 절만 안 하고 음식은 다 하더라는. 근데 난 요즘 그 기분이 뭔지 알 거 같아.(웃음)

혜민 왜? 내가 너한테 뭐 사기 친 거 있어?

현우 결혼 전에 너희 친척들이랑 잘 안 만난다고 했었잖아. 근데 결혼해서 인사드린 후로 명절 때마다 모이고 있잖아.(웃음)

혜민 그러니까. 근데 정말로 나 결혼 전까지 거의 10년간 안 모였었거든. 나도 왜 이렇게 된 건지 모르겠어. 아마도 나 결혼하던 시기 전후로 친척 언니 오빠도 결혼을 하면서 그 계기로 다시 모이기 시작한 거 같아.

현우 사실 친척들 모이는 것 자체는 괜찮아. 우리 쪽도 항상 모이니까. 근데 내가 부담되는 건 술을 많이 권하는 분위기랑 노래방이야.

혜민 나도 그거 사실 정말 안 좋아해. 술 많이 먹고 노래방 가고 그런 거 내 취향도 아니고 우리 엄마도 안 좋아하거든. 우리 엄만 아예 술 한 잔도 못 하시기도 하고. 근데 아빠 쪽 가족분들이 그런 걸 좋아하는 타입이라 자꾸 그렇게 분위기가 흘러가는 거 같아. 우리 처음 결혼하고 인사드리는 자리에서도 2차로 노래방을 갈 가능성이 높을 것 같다고 해서, 너 노래 연습까지 했었잖아.(웃음)

현우 응. 완전 회식 참석하는 신입사원이 된 기분이었어. 그래도 그때까지는 정신력으로 버텼지. 그걸로 끝날 줄 알았거든.

혜민 그때는 처음 인사드리는 자리여서 분위기 좀 맞춰야겠다는 생각이었는데, 지금 생각해보면 그때 이미지를 잘못 잡은 거 같아.

현우 난 솔직히 우리 집 분위기랑 너무 다르니까 주눅이 좀 들어. 자꾸 술을 따라주면서 이런저런 조언 같은 걸 하시는데, 처음 입대했을 때 군기 잡히는 것 같은 느낌도 들고.

혜민 아마 그게 전라도식(혹은 내 친가 쪽 스타일)으로 너를 반긴다, 친해지자는 의미였을 거야. 근데 나도 사실 그런 일방적인 방법은 별로라고 생각해. 그래서 저번에 그 자리에서 엄마랑 내가 너한테 술 그만 주라고 몇 번이나 얘기했었잖아. 근데 잘 안 통하는 거 같아.

현우 사실 나도 어떻게 해야 될지 모르겠어. 내 입장에서는 어른들이나 손윗사람한테 단호하게 거절할 수가 없잖아.

혜민 그렇지. 만약 내가 너희 집에서 그런 상황을 겪었다면 나도 제대로 거절하지 못했을 것 같아. 근데 내가 끼어들면 '남자들끼리 얘기하는데 여자가 나선다'는 식인 거야. 그렇지만 이건 우리 집 문제니까 내가 해결하는 게 맞다고 생각하거든.

현우 나는 그러다 혹시나 큰소리가 나올까 봐 그냥 웃고 마는 거지.

혜민 네가 웃으니까 괜찮다고 생각하시는 거 같아. 앞으로는 웃지 말고 그냥 '그만 마시겠다'고 말해. 내가 옆에서 계속 같이 얘기해줄게. 말이 나와서 말이지만 솔직히 너희 집보단 우리 집안이 가부장적인 문화가 더 강한 건 사실인 거 같아. 내 의지와는 상관없이 그래.

현우 한쪽만 신나고 한쪽은 불편한 방식이 어떻게 친목 도모인지 모르겠어. 회사 회식도 요즘엔 그렇게 안 하는데. 만약 모여서 정말 밥만 먹고 헤어질 수 있다면 잠깐 있다 올 수는 있을 거 같은데.

혜민 나 혼자였다면 그냥 안 가고 욕 먹고 말았을 텐데, 이게 너한테까지 화살이 갈까 봐 참 난감해. 다음 명절에 또 모임이 생기면 그땐 아예 술은 안 먹는 걸로 못을 박아야겠어. 식사만 한두 시간 하고 나오는 걸로.

계속 놀고 싶은 사람은 놀고, 갈 사람은 자율적으로 가는 거지. 그게 안 되면 앞으로 아예 참석 안 하겠다고 선언을 해야지.

현우 근데 자꾸 빠지니까 아버님이 서운해하시는 것 같아서 신경이 쓰여. 우리 지난번 명절 모임에 두 번 다 빠졌었잖아. 그때는 물론 다음날 할 일이 있어서 좀 일찍 올라온 거긴 하지만.

혜민 근데 계속 핑계나 이유를 대면서 신경쓰이는 것보다는, 차라리 그 자리에서 큰소리가 나오더라도 그렇게 털어버리는 게 좋을 거 같아.

현우 일단 우리가 지금 만들고 있는 책을 좀 읽어보시면 이해하시지 않을까? 요즘 젊은 사람들의 심정을?

혜민 정말 그랬으면 좋겠네.

토요일 독립하기

혜민 우리 주말 저녁마다 시댁에 가잖아. 결혼하고부터 지금까지 쭉 그렇게 가고 있는데, 난 이거 좀 바뀌었음 좋겠어.

현우 꼭 안 가도 돼. 못 가게 되면 그냥 못 간다고 말씀드리면 알겠다고 하시잖아.

혜민 그게 허락을 받는 느낌이잖아. 언젠가부터 아예 늘 가는 거로 고정되어버리니까 못 가는 상황에 늘 말씀을 드려야 하고. 토요일 저녁은 항상 우리 것이 아닌 느낌이야.

현우 너도 가끔 저녁 해 먹기 귀찮아하고, 집도 가까우니까 그냥 가서 밥 먹고 오는 게 크게 불편할 거란 생각은 못 했어.

혜민 물론 어머님 음식 정말 맛있지. 누구 하나 불편하게 대하는 사람도 없고 항상 반갑게 맞아주시고. 그래도 난 처음엔 갈 때마다 긴장이 됐었어. 일상적인 대화도 자꾸 긴장하면서 듣게 되고. 괜히 '아침은 먹고 다니냐'는 말이 나보고 네 아침밥 챙겨주냐는 말로 들려서 신경도 쓰이고. 과일이라도 깎으라고 하실까 봐 조마조마하고. 설거지도 왠지 내가 해야 될 것 같은 느낌이고. 그때 나도 '며느라기'였나?

현우 지금은 설거지 나랑 같이 하잖아.

혜민 내가 그렇게 하자고 해서 하게 된 거잖아. 너랑 나랑 같이 가서 얻어먹는 건데 넌 밥 먹자마자 자연스럽게 소파로 가버리고, 왜 나만 설거지 해야 되나 말아야 되나 신경 쓰는지. 그게 난 기분이 나빴던 거야. 여튼, 그래도 지금은 항상 같이 하는 걸로 정착돼서 그건 괜찮아. 그리고 나 스스로도 못하는 걸 괜히 잘하려고 하는 것보다는 그냥 있는 모습 그대로 보여드리자는 생각을 하게 되면서 많이 편해졌지. 지금은 시댁 식구들과도 꽤 친해진 것 같고.

현우 그런 것 같아서 나도 좀 안심이야.

혜민 그래도. 그렇다고 해도 주말마다 가는 걸 당연하게 생각하지는 않았으면 좋겠어. 내 생각엔 어른들이 우리가 평소에 뭘 잘 안 해 먹는다고 생각하셔서 주말에라도 잘 해 먹여야겠다는 생각을 하신 게 아닐까 싶어. 우리 엄마도 그랬으니까. 근데 사실 우리 잘 챙겨 먹고 있잖아. 너무 잘 먹어서 탈이지.(웃음)

현우 그렇지. 사실 안 바쁠 때는 일주일에 다섯 번은 집에서 해 먹을 때도 있고. 나는 꼭 국이나 반찬이 없어도, 우리가 좋아하는 거 너랑 나랑 번갈아가며 요리해 먹는 것도 좋고 그거에 불만은 없거든.

혜민 그러니까. 근데 너무 걱정하시는 거 같으니까. 아직도 너를 품엣자식으로 생각하시는 거 같고. 네가 결혼 전에 한 번도 혼자 살아본 적이 없어서 그런 것 같기도 해. 우리 엄마도 나 대학 가면서 처음 자취 시작했을 때 맨날 뭐 먹고 사는지만 걱정하셨거든. 근데 내가 계속 알아서 잘 먹고 다닌다고, 자꾸 안 보내도 된다고 몇 년에 걸쳐서 얘기했더니 점점 신경 쓰는 게 많이 줄었어. 그리고 이제는 내가 간혹 뭔가 해달라고 할 때만 해 주시거든. 그게 낫잖아. 이제 다른 살림에 따로 사는데.

현우 그럼 앞으로는 좀 안 가는 횟수를 늘려보면서 자연스럽게 없어지도록 해볼까? 평소에 잘 먹고 산다는 것도 어필하고.(웃음)

혜민 나도 당장 앞으로 주말에 안 갈 거라고 선언하는 건 좀 아닌 거 같아. 사실 갔을 때 별 문제가 있었던 것도 아닌데 괜히 서운해하실 것 같거든. 그리고 할머니께서는 그렇게 손주 얼굴 보는 맛으로 사실 텐데.(웃음)

현우 그럼 나만 혼자 갔다 오는 건 어떻게 생각해?

혜민 평일엔 서로 바빠서 엇갈릴 때가 많고 주말은 부부가 같이 보내는 유일한 시간인데, 주말 저녁을 나 혼자 보내는 건 좀… 차라리 가끔 평일에 너 혼자 다녀오거나 하고, 주말은 되도록 같이 보내는 게 난 좋을 것 같아. 그리고 혼자든 둘이든 주말에 가는 게 늘 기본값이면 못 갈 때마다 허락을 받아야 하는 절차는 여전히 있는 거잖아. 난 그냥 별 생각 없이 있다가 우리가 가고 싶을 때 가고 싶어. 솔직히 나도 이제 시댁 식구들이랑 정도 들고 안 보면 궁금하기도 하고 보고 싶기도 하고 그렇거든. 그러니까 그냥 자연스럽게 둬도 가게 될 거 같아. 그게 꼭 주말일 필요는 없는 거고, 꼭 밥을 함께 먹어야 할 필요도 없는 거잖아. 자연스럽게 토요일마다 안 간다고 굳이 얘기 안 해도 되는 분위기가 됐음 좋겠어. 그런 패턴으로 고정되어 있는 게 우리가 아직 독립된 가정으로 인정받지 못한 느낌도 들거든.

현우 그래. 근데 지금 우리가 너무 가까이 살아서 그렇게 되는 부분도 있는 거 같아. 차로 5분 거리니까. 이사를 가서 거리가 좀 생기면 자연스럽게 해결될 거 같기도 한데.

혜민 그게 아니어도 이사는 하긴 해야지. 올해부터 슬슬 알아보자.

우리가 부모가 될 수 있을까

현우 요새 내 주변에는 아이에 대한 질문 스타일이 좀 바뀐 거 같아. 저번에 팀원들이랑 얘기하는데 '아기 계획 있냐'고 물어보더라고. '언제 낳을 거냐'가 아니라. 그래서 아직 잘 모르겠다고 대답했지.

혜민 그나마 여지를 주는 질문이긴 하네. 언제 낳을 거냐는 건 사실 이미 '결혼했으니 애는 당연히 낳아야 하는데 그걸 언제 할 거냐'라는 전제가 깔려있는 것 같거든. 근데 어쨌든 그런 계획도 굳이 안 물어봤으면 좋겠어. 사실 임신이라는 건 엄청 사적인 영역인 거잖아. 근데 누구나 아이 문제는 공적인 영역인 양 아무렇지 않게 꺼내는 게 좀 이상해. 그건 부부끼리 할 얘기지. 그래서 말인데, 넌 혹시 언제쯤 아이를 가져야겠다 생각해본 적 있어?

현우 아직은 시기를 정해서 생각해본 적은 없어. 그리고 사실 아직까지는 우리가 아이를 갖는 자체에 대해서도 좀 반반인 거 같아. 좋을 거 같기도 하면서, 한편으로는 불안하거든. 그래서 선뜻 가져야 한다는 생각을 하기 어려운 상태야. 좀 더 시간을 두고 지켜봐야겠다는 생각을 해.

혜민 사실 나도 당장 아이를 낳겠다 안 낳겠다 이런 건 아니야. 아직 좀 더 선택을 유예할 수 있다고 생각하거든. 근데 자꾸 사람들이 나이 얘기를 하잖아. 여자가 35세 이후에 아이를 갖게 되면 기형아를 출산할 확률도 높아지고, 각종 검사 비용도 비싸진다고. '낳을 거면 빨리 낳아라' 그러면서 마음을 조급하게 하는 거지.

현우 때가 되면 느낌이 오지 않을까? 우리가 사귀다가 언젠가 이제 결혼하고 싶다는 느낌이 와서 결혼을 추진했던 것처럼, 애가 있으면 더 행복하게 살 수 있겠다는 그런 느낌이 올 때 시도를 하면 될 거 같아. 그리고 그때 생기는 문제는 그때 가서 해결해야 하는 거지.

혜민 난 굳이 그게 언제냐고 묻는다면, 우리가 육아를 정말 평등하게 할 수 있는 상황이 됐을 때라고 생각해. 그 상황이라는 것에는 너와 나의 육아 의지도 포함되는 거고. 사실 아이를 여자 몸으로 낳기 때문에 '아이에 관한 건 여자의 일'이라는 생각을 하기 쉬운 것 같거든. 근데 그렇게 생각하기 시작하면 육아를 할 때도 남자는 어떻게 해도 엄마보단 못할 거라고 생각하게 되는 거지. 사실은 꼭 그렇지만은 않은데도 말이야. 그런 마음가짐부터 점검해보고 준비를 해야 된다고 생각해.

현우 사실 처음 하는 육아는 둘 다 서툴겠지. 엄마라고 해서 자동으로 알게 되는 건 없잖아. 같이 공부해가면서 해야 된다고 생각해, 나도.

혜민 지난번에 번외편으로 '아빠 육아'를 하시는 분 인터뷰 했을 때 그런 말을 하셨잖아. 엄마를 대신할 수 없는 한계를 느낀다고. 애가 젖을 빨고 싶어 우는데 빨려줄 젖이 없어서 슬펐다고 말하면서. 물론 그렇게 신체적인 차이에 의한 결핍은 있을 수 있겠지만, 그 외에 아빠가 엄마보다 육아를 잘하지 못할 이유가 있을까?

현우 물론 아빠가 엄마를 대체할 수 없는 것들도 분명 있겠지만, 그 반대의 경우도 존재하는 거고. 그리고 오히려 아빠가 육아에 참여할수록 아이의 사회성이 좋아진다는 기사를 본 적도 있어.

혜민 "아빠 또 놀러와" 이런 카피 나왔던 광고 있잖아. 난 그렇게 되는 게 제일 안 좋은 상황 같아. 아빠는 아이에게 잠깐 놀아주고 가는, 돈만 벌어주고 가는 존재가 돼버리는 거잖아. 우리 세대가 사실 그렇게 자라기도 했고. 아빠는 늘 돈 벌러 나가고, 집에는 엄마만 있고. 그래서 아빠와

서먹하고, 할 말이라고는 용돈 달라는 말밖에 없고. 그렇게 되면 너무 슬픈 일이라고 생각해.

현우 근데 사실 애를 키우려면 어느 한쪽은 일을 계속해야 하니까, 어느 한쪽이 아이를 많이 볼 수밖에 없게 되는 거 같아.

혜민 그렇긴 하지만, 아이가 스스로 뭔가를 할 수 있기 전까지 최소 몇 년간만이라도 둘 다 시간적으로 온전히 육아에 전념할 수 있는 상황이 마련돼 있어야 한다고 생각해. 그땐 정말 육아에 전념해야 하는 시기잖아. 그걸 한 사람이 혼자 견디는 건 너무 힘들 것 같아. 같이 하면 그나마 그 상황을 조금이라도 견딜 수 있을 것 같거든. 만약 네가 회사에서 육아휴직을 못 낸다고 한다면 난 퇴사를 권할 수도 있어. 1~2년 정도 둘 다 돈을 안 버는 한이 있어도 아이를 같이 볼 수 있는 상황을 만들어야 한다는 거지. 그 시간을 위해서 준비를 충분히 해둬야 하는 거고. 그런 협조가 되지 않는다면 나는 아이를 낳을 엄두를 애초에 못 낼 것 같아.

현우 만약 우리가 정말 애를 낳기로 결정을 했다면 그런 것까지 감수를 하겠다는 뜻이겠지. 육아휴직도 최대한 고려해 봐야 하는 거고. 근데 일단 지금은 아직 그런 걸 감수할 만큼은 아이를 갖고 싶다는 생각이 없는 거 같아.

혜민 근데 난 사실 지금까지 육아에 자신이 없어서 고민되는 부분이 컸는데, 최근에는 임신과 출산에 대한 두려움도 조금씩 인지되는 것 같아. 그런 글을 봤거든. 당사자인 여성이 출산에서 소외된다는 얘기 말이야.* 실제로 임신과 출산의 과정에서 여자의 몸에서 일어나는 변화나 위험요

* 〈여성은 출산에서 어떻게 소외되는가〉(전가일 저). '전문가에게 맡기라'며 질문을 거절하고, '배가 왜 이렇게 작냐'며 아무렇지 않게 몸을 평가하는 의료진으로부터 소외된 산모의 두려움에 대해 이야기하는 책이다.

소가 산모에게 굉장히 축소돼서 알려지고, 바깥으로 드러나지 않은 정보들이 많다는 거야. 그 얘길 들으니까 공포심이 들더라. 보통 아이를 낳아서 좋은 점을 얘기 많이 하잖아. 생리통도 없어지고 체질도 바뀐다 뭐 이런. 하지만 실제로 여전히 애 낳다가 죽은 사람도 있고, 애 낳고 나서 뼈가 다 벌어져서 고생하는 사람도 많고. 사실은 그만큼 엄청난 위험을 감수해야 하는 일인 거지. 그러다 보니까 나 같이 평소 체력도 좋지 않고 여기저기 성하지 않은 사람이 과연 아이를 낳을 때 문제가 없을까 걱정이 되기도 해. 그래서 만약 정말 내가 아이를 낳기로 마음을 먹게 된다면 그땐 체력적인 준비가 엄청 많이 필요할 것 같아.

현우 까미노라도 한 번 더 걸어야 되나?(웃음)

혜민 응? 그랬다가 무릎만 더 안 좋아질 거 같은데.(웃음)

어떻게 살고 싶어?

혜민 저번에 우리 몇 년 정도는 여행하면서 살아보자는 얘기했었잖아. 그리고 돌아와서 같이 공간을 운영해보거나 사업을 같이 해보면 어떨까 얘기도 했었고. 그게 언제쯤 가능할 거라고 생각해?

현우 지금도 우리 둘 다 투잡 개념으로 살고 있잖아. 난 회사 다니면서 너랑 프로젝트도 하고 책 만드는 일도 돕고 있고. 너도 출판도 하지만 프리랜서로 외주 일도 하고 있고. 당분간 이렇게 같이 투잡을 하면서 차근차근 이뤄나가 봐야지.

혜민 그럼 너 회사는 언제까지 다닐 생각이야?

현우 일단은 내 디자이너로서의 수명이 다할 때까지? 그러니까 회사에서 실무를 할 수 있는 나이까지는 다녀보고 싶어.

혜민 그럼 한 마흔 정도 되려나? 관리자급으로 올라가면 실무는 많이 안 하게 되잖아. 근데 너 이제 대리인데 아직 한참 남았네.(웃음)

현우 그리고 요즘 회사 일에 조금 애착이 생기기도 했어. 내가 여기 처음 들어와서 시작한 프로젝트가 이제 조금씩 커지고 부서도 커지면서 같이 성장해가는 느낌이 들거든.

혜민 음, 다행인 건가. 그럼 일단 유지해야겠네. 만약 엄청 야근에 시달리거나 지긋지긋하게 일을 하고 있다면 좀 더 적극적으로 그만두라고 꼬셨겠지만(웃음), 지금은 다행히 썩 나쁘지 않은 회사생활이잖아. 나도 니의 커리어는 커리어대로 꾸준히 쌓는 것도 필요하단 생각이고. 그래도 회사에만 올인하는 것보다는 계속 자기 콘텐츠도 따로 가지고 가는 것도 필요하다고 생각해.

현우 내 생각도 그래. 그리고 혹시 그 전이라도 어느 정도 준비가 된다면 나올 수도 있다고 생각해. 왜냐면 회사에서 느끼는 성취감도 있지만, 더 작은 일이더라도 우리가 우리 일을 하면서 느끼는 성취감이 또 있거든. 농부의 마음 같은 거랄까?

혜민 온전히 내 것을 주체적으로 하고 싶은 거잖아. 회사 일은 결국 회사에 소속되어서 하는 거니까 내 것이 아닌 거고. 근데 그렇게 나와서 우리 먹고살 만큼 벌 수 있을까?(웃음) 사실 지금 우리가 꿈꾸는 그런 삶이 안정적인 삶은 아니잖아.

현우 물론 당장에는 월급처럼 일정한 수입이 없을 수 있지만, 난 오히려 장기적으로 봤을 땐 우리가 생각하는 삶이 더 안정성은 높다고 봐. 회사에 올인하는 삶보다는.

혜민 정말? 근데 지금 당장 네가 회사 그만두려고 한다고 말했다가는 주변에서 다 뜯어말릴 거야. 부모님도 걱정하실 거고. 일반적으론 그렇잖아. 정기적으로 월급 받는 직장에 다니는 삶을 더 선호하니까. 여행 다니면서 프리랜서로 산다고 하면 불안정하다고 생각하고.

현우 근데 난 그게 잘못된 생각 중 하나라고 생각해. 회사는 사실 언젠가 잘릴 수 있는 가능성이 늘 있는 거잖아. 그런데도 직장생활 말고 다른 대비를 하지 않는다는 게 오히려 불안정적이란 거지. 만약 작게라도 여러 가지 형태에 대해 가능성을 열어두고 있으면, 회사를 나오게 되더라도 타격은 입겠지만 먹고사는 데 큰 두려움은 없을 거란 거지.

혜민 맞아. 그래서 요즘 '퇴사학교' 같은 데 젊은 사람들이 많이 관심을 갖잖아. 요즘은 평생 직장이란 것도 없고, 퇴직 시기도 빨라졌으니까. 근로자의 삶에만 너무 의존하지 않고 다른 형태의 삶도 계속 생각을 하고 있는 게 맞다고는 생각해. 근데 사실 결혼한 사람들이 안정된 월급을 추구할 수밖에 없는 건 '딸린 식구' 때문이잖아. 아이가 있는 경우 그 아이가 클 때까지 돈이 필요하니까.

현우 사실 이런 부분은 나라에서 해결해줘야 한다고 생각하는데. 결혼한 사람이든 안 한 사람이든 당장의 생계에 대한 불안 때문에 조금이라도 다른 도전은 할 수 없고, 삶의 전환은 엄두도 못 내고 계속 쳇바퀴처럼 살아야 한다면, 나라가 잘못한 거지.(웃음)

혜민 그래서 요즘 기본소득 얘기도 많이 나오잖아. 그거에 대해 부정적으로 생각하는 사람도 있긴 하지만, 기본소득이 있다면 당장 굶어 죽지 않으면서도 어느 정도 자기 계발할 시간도 가질 수 있고, 새로운 일도 시도해볼 수 있고, 공부를 더 해볼 수도 있을 거야. 돈을 안 버는 노동도 필요하다고 생각하거든. 돈에 얽매이지 않는 삶을 살 수 있다면 얼마나 다양한 삶들이 만들어지겠어. 취직이 아닌 다른 방식으로 진로 선택을 하는 경우도 늘어날 거고, 그러면 지금보다는 취직 경쟁률도 줄어들 거고. 너무 뜬구름 같은 얘기인가?

현우 기본소득이 이루어지지 못하더라도, 난 사람들이 우리가 인터뷰

한 부부들처럼 다들 조금씩이라도 다른 삶을 살려고 시도를 해봤으면 좋겠어. 우리도 그렇고.

혜민 맞아. 처음에 인터뷰할 부부들을 찾으면서 조금씩이라도 정답에서 비켜난 삶을 사는 사람들이었으면 좋겠다는 생각을 했었어. 그렇게 살아도 괜찮다는 걸 보여주고 싶었거든. 그리고 실제로 그런 사람들과 이야기를 나누고 영상도 만들고 글로 정리하다 보니까 그런 가능성들이 조금씩 뚜렷해지는 느낌이야. 근데 약간 걱정되는 건 그런 거야. 우리가 예전에 퇴사하고 결혼식 대신 여행 다녀왔다는 이야기가 기사로 나왔을 때, 그런 댓글 쓰는 사람들 꼭 있었잖아. '결혼은 현실이다', '애 낳고 살아봐라, 그런 거 꿈도 못 꾼다' 이런 말들. 이번에도 그럴까? 결혼을 했으면 책임감을 갖고 살아야 하고, 책임감이란 모험 같은 건 하지 않는 거라고 생각하는 사람들이 더 많잖아.

현우 우린 오히려 결혼하고 나서 더 모험적으로 살고 있는 거 같은데. 그렇지 않아?(웃음) 물론 우린 아직 아이가 없긴 하지만.

혜민 근데 네가 저번에 그런 얘기한 적 있잖아. 애를 데리고 다니면서도 여행하면서 살 수 있다고. 진심이야?

현우 그니까 난 우리가 꿈꾸는 걸 우리가 둘일 때도 할 수 있지만, 셋일 때도 할 수 있다고 생각하거든. 마이쏭 부부가 그랬잖아. 아이가 생겨도 삶에 큰 요동은 치지 않았으면 한다고. 나도 그 맥락에서 얘기한 거였어. 아이가 생기더라도 우리가 꿈꾸는 삶이 무너지지 않았으면 하거든.

혜민 정말 그럴 수 있을까? 그래도 만약 정말 그렇게 된다면 플랜을 좀 수정하긴 해야 할걸.(웃음)

---

* EBS 다큐프라임 〈인간의 두 얼굴, 상황의 힘〉 프로그램에서 진행했던 실험. 실제 실험에서는 길이가 같은 막대기를 고르는 문제가 주어졌고, 실험자 중 70%가 틀린 답을 따라 했다.

현우 이게 적절한 예시인지는 모르겠지만, 몇 년 전에 그런 실험이 있었어.* 어떤 강의실에서 사람들한테 문제를 줘. 딱 봐도 답이 보이는 쉬운 문제야. 예를 들어 2+3 같은. 답은 5잖아. 근데 한 명씩 돌아가며 답을 얘기하는데, 앞사람들이 전부 정답을 7이라고 얘기하는 거야. 맨 마지막에 앉은 사람은 처음엔 그게 이상하다고 느끼면서도 나중엔 결국 다른 사람들이 하는 대답을 따라서 말하게 되는 거야. 끝나고 나서 피실험자한테 왜 그렇게 대답했는지 물으니까 '남들은 정상인데 나만 비정상인 것처럼 보일까 봐' 그랬다고 하더래. 나는 이게 지금 우리 사회와도 비슷하다는 생각을 해. 기본적으로 사람들은 남들이 하는 대로 하는 것에서 안정감을 느끼는 것 같거든. 그래서 지금 닥친 상황이 불합리하고 잘못됐다는 걸 아는데도, 내 진짜 생각과는 상관없이 그냥 많은 사람이 하는 대로 사는 게 맞다고 믿고 싶은 게 아닐까?

혜민 그 압박을 견디고 모두가 말하는 답이 아닌 다른 답을 말한다는 게 쉽지는 않으니까. 근데 그런 면에서 보면 오히려 부부가 더 유리할 수도 있지 않아? 일단 혼자가 아닌 둘이잖아. 둘이니까 서로가 서로에게 힘이 돼주면 조금 더 용기 내서 다른 답을 말할 수도 있는 거 아닐까?

〈요즘 것들의 사생활 : 결혼생활탐구〉는 2017년 가을부터 2018년 여름까지 저희 부부가 함께 진행했던 인터뷰 프로젝트입니다. 기획부터 섭외, 취재, 영상과 사진 촬영, 영상 편집, 책 제작까지 두 사람이 일당백으로 진행하며 서툰 점도 어려운 점도 많았지만, 많은 분들의 격려와 응원 그리고 참여가 있었기에 가능했습니다. 서울, 경기, 강원, 제주 등 전국 각지에서 기꺼이 자신들의 보금자리에 초대해 이야기를 나눠준 10쌍의 부부들, 영상과 책에는 담지 못했지만 결혼에 관한 다양한 생각들을 들려줬던 12명의 비혼·기혼 남녀들, 영화 'B급 며느리' 공동관람 수다회를 개최했을 때 늦은 시간까지 참석해 거침없는 이야기를 나눠줬던 커플과 부부들, 꿈꾸던 기획에 힘을 실어줬던 경기문화재단 청년실험 공모사업 '광프로젝트' 심사위원과 담당자분들, 그리고 이 프로젝트를 책으로 엮을 수 있도록 도와준 텀블벅 후원자 265분께 감사의 마음을 전합니다.

2018 경기도
'올해의 책'
선정작

2019 세종도서
교양부문
선정작

요즘 것들의 사생활 | 결혼생활탐구

초판 1쇄 펴낸날 2018년 8월 1일
3쇄 펴낸날 2021년 5월 28일

인터뷰•글 이혜민
사진•디자인 정현우
편집 이혜민
교정교열 권진아, 다미안

펴낸곳 900KM
출판등록 2016년 10월 31일 2016-000019호
이메일 900kmbooks@gmail.com
페이스북 facebook.com/900km
인스타그램 @900km_official
홈페이지 900km.net

ISBN 979-11-959388-1-0 03330
값 15,000원

이 도서의 국립중앙도서관 출판예정도서목록(CIP)은 서지정보유통지원시스템 홈페이지(http://seoji.nl.go.kr)와 국가자료공동목록시스템(http://www.nl.go.kr/kolisnet)에서 이용하실 수 있습니다.(CIP제어번호: CIP2018020879)